罗大伦 著

古代的中医

——七大名医传奇（第三版）

中国中医药出版社
·北 京·

图书在版编目（CIP）数据

古代的中医 / 罗大伦著 . —3 版 . —北京：中国中医药出版社，
2017.12（2024.10 重印）
ISBN 978 - 7 - 5132 - 4556 - 2

Ⅰ.①古…　Ⅱ.①罗…　Ⅲ.①中医师—生平事迹—中国—古代
Ⅳ.① K826.2

中国版本图书馆 CIP 数据核字（2017）第 259822 号

中国中医药出版社出版
北京经济技术开发区科创十三街 31 号院二区 8 号楼
邮政编码　100176
传真　010-64405721
三河市同力彩印有限公司印刷
各地新华书店经销

开本 710×1000　1/16　印张 23.5　字数 361 千字
2017 年 12 月第 3 版　2024 年 10 月第 4 次印刷
书号　ISBN 978 - 7 - 5132 - 4556 - 2

定价　69.00 元
网址　www.cptcm.com

服 务 热 线　010-64405510
购 书 热 线　010-89535836
维 权 打 假　010-64405753

微信服务号　zgzyycbs
微商城网址　https://kdt.im/LIdUGr
官 方 微 博　http://e.weibo.com/cptcm
天猫旗舰店网址　https://zgzyycbs.tmall.com

如有印装质量问题请与本社出版部联系（010-64405510）

　　时光流逝得飞快，一晃，此书已经出版几年，在这几年里，我收到大量的读者来信。很多人读罢此书深受感动。从这本书里，读者了解了古代的中医，这些名医能为救治患者，付出自己的一切努力，他们有着令人动容的济世活人之心，有着淡泊名利的高远境界。甚至，有很多人形容自己是流着眼泪看这些故事的。

　　后来，我在中央电视台《百家讲坛》栏目中，也讲述了这些故事，令更多电视观众了解到中国古代的李东垣、朱丹溪、缪希雍、徐灵胎等诸多德艺俱佳的大医，领略了中国古代文化的灿烂。

　　而在这个过程中，我把自己定位为一个讲述者，这些大医的故事，同样感动着我，同样指导着我。在我人生的很多阶段，需要我静静思考的时候，我会把自己写的这本书拿出来，看看李东垣的故事，看看朱丹溪的故事，想想自己未来的人生。

　　当年书中写的很多愿望，今天我已经实现了，比如书中我写：如果哪位朋友路过义乌，请替我去丹溪翁的墓地，代我焚香拜祭。而前年，我已经受朱丹溪后人之约，来到丹溪翁的墓前，焚香拜祭，记得当时自己泪水涟涟。

千秋万代，转眼即过；人生百年，倏忽而逝。唯愿，大医精神永存，泽被苍生，济民水火。

在这次再版的时候，请允许我再次对古代的这些大医，致以最高的敬意！

罗大伦

2017 年 10 月

在外人看来，中医是一门很神秘的学问。

因为中医的术语让人听起来摸不着头脑，比如什么阴虚阳虚、疏肝和胃等。

所以中医很难学习。

而且，经常有这样的感觉：找个好的中医医生有点难。你到中医院看病，很多中医也都是给你开一堆检查单，然后开好多西药。

有些医生治病的疗效很差，这导致很多被他们"信手"治疗过的患者很愤怒，提出了"取缔中医"的呼喊。

不过，喊取缔中医的人先别着急，因为中医业内有人说：新中国成立以后，在中医院校培养的中医人才中，出的中医大师不多，现在的中医大家大多是新中国成立前留下来的。而这些人的年龄很大，至少在八九十岁吧，你总不能指望人家再坚持个几十年吧，所以别急，别急，中医的确不需要大家呼喊"取缔"，如果不努力，它自己有可能会不断退化，当剩下的都是看化验单开西药的中医后，它的命运会怎么样呢？我想，就像一支蜡烛，当蜡烛的芯没有了以后，蜡烛自己就会灭掉的，无烦他人来吹。

这个蜡烛的芯是什么呢？在后面的故事里面，希望大家和我一起去寻找。

那么，古代的医生也是这样的吗？

什么样的医生才能算是大师级的医生？

什么是医道？医道？！医道到底在哪里？！

在这支蜡烛火焰微弱之际，让我们借着这点光亮，回到历史的长河中，看看那些古代的医生吧，看看他们怎样从一个极其普通的人，最后成长为一代大师，成为中医历史中最为耀眼的明星！

让我们与他们一起，寻找成功之道，登上涅槃之路，饱尝破茧而出时撕心裂肺的痛苦，体会最终获得至高境界的欢愉心境！

在看故事的同时，我还要告诉你，这些古代的医生们，这些真正的名医们所提供给你的养生之道，算是额外的回报吧。

下面，请大家随我一起开始这段旅程吧。

我原来想写的是一个讲稿，在写好后，把这些故事贴到了天涯社区的煮酒论史版块，结果没有想到，受到了网友的欢迎，大家非常热情地在我的帖子里讨论中医，甚至讨论中医的废存问题，有好多网友也一起讲述了自己找中医看病的经历，让我深受感动，结果就一路写了下来，越写越多，最后达到了几十万字。

首先要感谢的是各位网友，是你们的鼓励一直支持着我，使我有种要把中医仔细地讲述给大家的动力。网络上好多网友的名字我都非常熟悉了。我在讲述中医故事的同时，也从各位的讨论中获益匪浅。

中医是很难讲述的，理论体系太深奥了，搞得大家很难理解，所以到目前能够真正用大白话把中医解释一下的书不多，我也是尽了力了，如果讲述得不好，各位千万别拍板砖，我再努力就是了。

严格地说，这是一本写信念的书。各位看的可能是故事，但是从中体悟的可能是一种精神，有了这种精神，在各行各业里您都能够出成绩。

这也是一本学习养生的书。古人的养生智慧太让人惊叹了，大家学习一点，就是对古人的继承，对自个儿的身体有好处，对古人也算有个交代——没把前人的好东西都丢了。

首先我要感谢辽宁中医药大学的陆秀兰教授、北京中医药大学的梁嵘教授在我求学期间给我的指导。

还要感谢我在北京中医药大学攻读博士期间的同学们，是你们，让我认识到了什么是医道，什么是大医精诚。难忘我们在食堂边吃饭边讨论医案的情景，难忘我们在寝室里热切地分析病情的时光。你们的名字我时刻记在心里：彭欣博士、李林森博士、武冰博士、马成杰博士、张治国博士……（名单太长，恕不一一列举）

在北京中医药大学求学的时光，是我一生中最幸福的时光。那种酣畅淋漓的幸福，无可比拟。

另外，我还要感谢王富龙博士、张明明博士夫妇，我们是老朋友了，我在学习中医的道路上，一直得到你们的帮助，如果没有你们的鼓励，我不会一直前行至今的，再次感谢了！

我写的这些故事，其实严格地说不是故事，都是古代医家记录的真实的医案，我本着真实的原则，把一些离奇的民间传说都给去掉了，除了语气有时夸张些，其他基本是可靠的。

有的网友说我妙笔生花，看得很多次都流眼泪了。其实各位说错了，我的文笔一点都不好，实在是古代的中医们太感人了，他们秉持着一心赴救的大医精神，为人类的健康做出了巨大的贡献，他们的人生精彩无比。

最后，要感谢一直支持我的父母，还有我的妻子，家人多年的默默支持对我至关重要。

就不请名人作序了，因为我里面写的个个都是中医历史上的名人。

不耽误各位的时间，故事是精彩的，大家开始看吧。

目录

李东垣

◎ 南宋的北边

乱世。

没法儿再乱了。

李东垣出生得很不是时候，在他出生的时候宋朝皇帝已经跑到江南去了，扔下北边的百姓和土地，把他们交给了从更北边打过来的金朝统治者。李东垣的家位于真定，就是现在河北省正定县以南，正属于被扔下的地方。对于大金国统治者的模样大家都比较熟悉，这种熟悉来源于我们小时候常听的抗金故事，比如《岳飞传》之类的评书，这些人的名字比较怪，什么金兀术、哈密赤的，都是翻鼻孔大眼睛，相信李东垣对他们的面孔的熟悉程度要超过我们，因为他打生下来那天起就压根没见到过宋朝统治者长什么样，一睁眼看到的都是金兀术的兄弟们。

我们历来都比较关心同大金国对抗的宋朝这边的事儿，因为可歌可泣的事儿比较多。

但是被宋朝统治者扔在北方的这帮如同没娘的孩子般的老百姓呢？他们过得怎么样呢？他们是否也得娶妻生子混饭吃？

从我们对李东垣的叙述中，或许可以找到点儿线索。当然，没有什么可歌可泣的，老百姓永远是打工仔，不管老板怎么换，生活都还是要过的，只是老板有抠门和不抠门的区别而已。从我们的观察来看，打工仔并没有因为老板姓金就觉得特跌份儿，特抬不起头，还是照常过日子。

所以，我们必须客观对待金姓老板手下的打工仔们。

说李东垣出生在乱世，还因为在他生活的年代，比大金国统治者更北边的蒙古人已经向南逼近了，也就是说，李东垣基本上生活于一浪压过一浪的向南边打的战争浪潮中，这是当年的流行浪潮——都觉得南边的特好欺负。

李东垣

现在介绍一下这位新同学——李东垣同学正式的名字吧。

他的名字叫李杲，字明之，晚年自号东垣老人。古人的这个号，学问是比较大的，有的是自号，以自己的喜好和志向或长期居住的地方命名，比如我们的李东垣同学；有的是谥号，是皇帝或者什么人封的，这种一般都觉得特有面子，所以后人基本上随时都用——但特点是，活着的时候没有；有的号是别人给起的外号，比如朱丹溪，这是一种尊重。这个号是怎么来的，古人必然写得清清楚楚，如自号，别人尊称，或皇上给的等，这是古代的文体。古人特重视名号的问题，您给说错了，他会很不高兴的，如同现在把处长介绍成科长了。

好了，介绍完毕，为了方便，我们还是把李杲同学称呼成李东垣吧。

◎ 李东垣家里很有钱

不幸中的万幸，李东垣出生于一个富裕的家庭。

他出生的家庭是富豪兼地主，如果要选择两个字形容他们家，那就是——有钱。

不是一般的有钱，当大金国的统治者初来乍到的时候，曾经想了解一下当地都谁家是大款，就搞了一次统计，统计的结果是李家被曝光了出来，原来首富是很低调的李家啊。

有很多的房子，没人住的都租给来真定打拼的白领了；有很多的地，空闲的都让农民种植经济作物了，所以李家的生活很是舒坦。

那么李家到底是做什么生意才发的大财呢？

历史的记录似乎很不清楚。

《元史》的说法儿是他们家早就这么富了，好多代了都是这个地方的"盛族"。但是也有人讲了个绘声绘色的灵异故事，说李东垣的祖上年轻的时候还很穷，晚上坐在屋子里读书，接着聊斋式的故事就发生了。说他正读着书呢，从屋里西边的地下就冒出来一个美女，这就有点不靠谱了，从地里冒出一人来，甭管长得多美，一般见了都会吓晕的。这李东垣的祖父不但没吓晕，还坐着和这位美女聊了起来。一般和美女聊天总是要问您住哪儿啊，做什么工作啊，这位李东垣的祖上也不例外，就问人家姑娘了：

您是什么鬼神啊？属于哪个部分的啊？美女听了，嫣然一笑，没说话，拿起笔来，在案几上写了行字，写的是"许身愧比双南"。

写完了，就又回到地里去了。

这么看，这位美女的脾气确实比较古怪，还没怎么着呢就走了。

后来这位祖上阅读了杜甫杜子美写的诗，恍然大悟，明白了原来她是说自己是金子，然后就在那个美女消失的地方狂挖，结果就挖出了一个竹篮子（掘地得一筥），上压着一块石头，石头上刻着："金一筥，畀李氏，孙以医，名后世。"

这是个典型的不靠谱的"书中自有黄金屋"的故事，而且尤其不靠谱的是竟然还预言了李东垣日后从医，显然是读书人无聊的杜撰。但是我认为它至少也说明了一个问题，就是李氏家族的富裕在当年就引起了猜测。

那么，问题再提一遍：李氏家族到底是为什么这么有钱呢？

现在，让我们来彻底揭开这个历史谜团吧！

原来，李东垣的祖上是宋朝驻守边关的大元帅！这位李大元帅晚年奉命镇守边关，防止西夏的入侵，现在在陕西省黄陵县还发现了这位李元帅的墓葬，李东垣正是这位李元帅的四世孙。这下大家明白了吧，一个大元帅的后代有些钱是正常的。但是，你一个宋朝元帅的后代，现在生活在人家大金国的管辖范围内，这总是容易惹祸的事情，于是李氏家族就编出了一些类似神话的故事，分散公众的注意力，这是一个非常聪明的做法。果然后世的许多人就被蒙了过去，现在，历史的真相终于被揭开了。

◎ 儒家子弟

这么个富豪家庭出身的孩子会是一个什么模样呢？

通常大家想象富豪的孩子一定是会提笼架鸟，到处游玩的吧。

但是李东垣同学的家长毕竟是读书人出身，所以在李东垣稍微懂事时就让他学习儒家思想，先后拜了进士王从之和冯叔献为老师。

结果是，少年李东垣的性格与其他富豪子弟截然不同，他变得异常严谨、端庄和洁身自好。

这是非常不容易的，一个富豪家的子弟，每日做事谦恭、不苟言笑，不是圣贤的事情不谈论，不是高尚的道理不学习，这就如同是一群黑鸭子里长出了只白天鹅，简直太不寻常了。

以李家首富的地位，往来应酬的事情一定少不了。但李东垣却与家族的其他人不同，他只交往那些名士，就是有学问的、道德修养高的。其他的人连理都懒得理。

比如哪位想结交李东垣，递上帖子，李东垣该找人打听了，这位人品如何啊？学问如何啊？什么？曾经和母亲骂过架？得嘞，把帖子退回去，您请回吧，我们李大公子忙，不见。

品行上有问题的，您就甭想交往这位李东垣了。

即使是已经交往了的朋友，在大家相处的时候，李东垣也表现得异常成熟稳重。

比如大家在一起的时候，难免说说笑笑，谈论一下天气，谈论一下新闻，尤其是容易谈论一些桃色新闻之类的。

碰到李东垣走过来，大家立刻闭嘴不谈了。

因为李东垣身上带有一股严肃之气，使得大家觉得谈论这些东西自己都有点过意不去。

看来李东垣比现在的教导主任还有效果。

李东垣自己呢，人家也从来不和大家谈论这些内容，文献记载李东垣是"忠信笃敬，慎交游，与人相接无戏言"。

李东垣还是一个青少年的时候，他已经是一个远近闻名的儒生了。

附近方圆几十里的都知道，本地首富李家出了一个纯粹的、高尚的、脱离了低级趣味的学子。

但是时间长了就出问题了。

李东垣的这帮朋友中有个别的人受不了了，有他这么个严肃的朋友，搁谁谁也受不了啊。

太正统了，生活中哪里还有滋味啊。

回头大家一交流，敢情都有这种感觉啊。

于是这帮兄弟们就拍着脑袋，设计出了一个考验李东垣同学的计划。

这个计划如果李东垣同学知道了，一定会后悔得用头撞墙的——怎么交了这帮朋友？

看来即使是这么严谨，最后还是交了一些不该交的朋友啊。

◎ 考验李东垣的 A 计划

计划开始实行了。

一个春日的傍晚。

暖风吹得人心都醉了，真是一个容易犯错误的好日子啊。

大家在有名的"一笑楼"楼上订了个包间，设了酒席，都是年轻的学子，举杯畅谈，不亦乐乎！

然后把李东垣也请了来，落座后，先喝了点儿小酒，吃了两口糖醋鱼。

这时脸上有点粉刺的张学长向王学弟眨了眨眼睛，王学弟心领神会，拍拍巴掌。

从包间外面立刻款款走入几个美丽如花的歌妓，坐在大家的身旁。

李东垣皱了皱眉，低头不语。

张学长暴露出了自己的本性，仔细地看着美女："喂！真的很像桃花啊，来，为了漂亮美眉，大家干一个！"

大家狂饮，李东垣纹丝不动。

张学长看到了，急忙说："咦？东垣同学很不给面子啊，怎么没喝？来，几位美眉去好好劝劝他。"然后使了个眼色。

歌妓们早就接到了任务，于是都跑到李东垣的身边，用手拉住李东垣的衣服："李公子，您就喝了呗。"（使妓戏狎，或引其衣）

接下来李东垣的反应绝对超出了大家的想象。

李东垣忽地站起来，怒斥歌妓们："别用你们的脏手玷污了我的衣服！"

说完，把衣服迅速地脱下来，拿把火就地就给烧了（解衣焚之）。

然后穿着贴身的小褂，扬长而去。

留下目瞪口呆的众人反应不一。

诸位同学：天呐，这位老兄是真的啊！

诸位歌妓的自尊心绝对受到了严重的打击，相信若干个月内是没法儿接客了。

楼下的老鸨也很奇怪：发生什么事情了？先是着了把火，然后一个光膀子的小伙子跑了，接着我的姑娘们怎么就都废了？谁能告诉我这是为什么！

相信这件事情在当时一定非常轰动，是当地该年度的八卦头条。

大家议论之余，纷纷添油加醋，最后搞得尽人皆知。

我这么说是有根据的，因为接下来的事情更超出了大家的想象。

这个事显然已经不是青年学子之间的话题了，连大人们也兴致勃勃地加入了讨论与猜疑的队伍。

大家纷纷想知道这位李东垣同学对歌妓耐受的域值是多少，搞科研的同学一直在琢磨如何设计一个随机双盲对照实验来测试一下他的忍受程度。

不知道李东垣同学被大家研究的心情如何？

估计他还是依旧看自己的书，思考自己的道理。

但是别人的兴趣却与日俱增。

◎ 考验李东垣的 B 计划

机会终于来了。

南宋的使臣出使大金国了。

这可是件大事，虽然被宋朝的皇上抛弃在这里已经很多年了，但毕竟是旧主人嘛，在大金国的官府接待过后，各地乡绅纷纷宴请南宋的使节。

这为研究历史的人提供了一些信息，可见虽然当时政府间时有冲突，但民间的气氛还是不错的，不知道这样理解对不对。

南宋的使节就和当地的乡绅聊天啊，怎么样啊？有什么有趣的事情啊？

不知道哪位欠扁，为了讨好使节，竟然把李东垣拒绝歌妓的事情讲了。

看来人类的好奇心都是相似的，没想到这位使节大感兴趣：真的吗？有这等事情，这我可要考察考察啊！

这下这个事情大了，在有关人员的积极敦促下，迅速地组成了一个李东垣品行考察团，考察团的组成人员级别是非常高的，您只要看看他们的职位就知道了：南宋外交使团的使节，大金国地方政府的首脑，地方乡绅。

当然，计划是在李东垣不知情的情况下进行的，否则李东垣一定会气晕的。

在各方的积极促成下，考察团举办了一次宴会。

会议开始后，大家都心怀鬼胎地用余光偷看着年轻的李东垣。

李东垣也是一头雾水，搞不懂这么一个高级别的政府首脑磋商会议，怎么会把自己这个八竿子打不着的人给请来。

宴会开始后，宾主双方在友好的气氛中畅谈了一下大宋朝和大金国的交往历史（实际上两国官员这个时候早已经化敌为友，此刻大家都站在一个立场上等着看李东垣的笑话），然后宾主互相敬酒。

接着行动开始了，也不知是在南宋使节的倡议下还是当地政府官员的提倡下（这个我还没有考证清楚），歌妓们又出场了，当然，这些歌妓已经不是上次的那些姑娘了。

上次的那些姑娘们还在家里疯狂地洗手呢。

现在由主办方提议，让姑娘们给李东垣敬酒（讽妓强之酒）。

这下所有人的目光都刷地集中在了李东垣的身上。

屋子里瞬时变得静悄悄的，可以听到张三刚咬到嘴里的西瓜流出的一滴西瓜汁滴到盘子上的声音。

李东垣很为难，面对艳若桃花的歌妓端过来的酒杯。

本能地想不喝，但这是什么场合啊！

于是一咬牙，喝！接过歌妓手中的酒杯，一扬脖，喝了（不得辞，稍饮）。

"好！"大家齐声喝彩。

南宋使节笑了，咬了口放到嘴边的鸡大腿。

本地政府首脑也都乐了，原来如此啊，开始伸筷子夹菜。

然后，大家突然发现李东垣站了起来。

所有的人又愣了，他想干什么？

只见李东垣不看任何人，径直走向门口。

刚一出门，就站在了那里，一动不动。

大家都摸不着头脑地看着。

片刻，李东垣弯下腰，"哇"的一声，把刚才吃的喝的全部都吐了出来（遂大吐而出）。

南宋使节的鸡大腿一下掉到了面前的菜汤里。

服了！这是个什么样的年轻人啊！跟哪位老师学的啊！彻底服了。

我曾经说过，在历史资料中，由于医生的地位问题，留下的信息是很少的，只能从留下的医学记载中仔细地搜剔出更多的内容。

实际上对李东垣的记载也不多，我看到上面两则记载后曾经反复分析李东垣这个人，难道他就真的是这样一个不食人间烟火的人吗？

后来在看李东垣治疗他的好朋友元好问的医案时，发现李东垣也是有说有笑的，还颇为幽默，这说明，李东垣在一些不健康的场合，或者是看到违背他的做人原则的事情时是很严肃的，但是在同一般朋友相处的时候，还是比较随和的。

我们并没有美化李东垣的意思，虽然他的品行在当时是比较出众的，但是他毕竟是出身于一个如此富裕的家庭，也难免受些影响，在后面的叙述中我们会看到，李东垣是如何不断地被生活锤炼，最终成为一个伟大的医生的。

在经历了美女的考验后，李东垣在当地声名鹊起，成为有节之士的典范。

但由于他的家庭条件太好了，似乎他对功名什么的没有兴趣。

所以日子就在这样舒坦的方式中一天天度过，似乎再过些年头，由家里托人给安排个工作，就可以安稳地度过一生了。

◎ 悲愤

这个时候，发生了一件事情，这件事情的发生，使李东垣的命运发生了转折。

疾病袭击了这个家庭，在疾病的面前，无论贫富贵贱，谁都无法躲藏。

李东垣的母亲王氏病了，王氏患的是什么病，已经无法考证了，我们只能知道此病很重，因为李东垣为了照顾母亲的病，"色不满容，夜不解衣"。

整个李家陷入了一派紧张的气氛中。

仆人们不敢再像平时那样说笑了，外人只看到李家大宅子的门不停地开，一顶顶载着医生的轿子悄无声息地从大门进出。

熬中药的气味不停地从院子的高墙中飘出来。

间或有眉头紧锁的仆人在夜里悄悄地把药渣倒在大门的旁边。

在夜里，李东垣疲惫地坐在母亲的床头，看着病痛中脸色苍白的母亲，无声地哽咽。

白天，他拿着更多的钱，四处打听，哪里的医生更好？

他像迷雾中的一头困兽，在迷茫中绝望地乱撞。

但是，病情并没有好转，医生们这个说是寒证，当用热药，那个说是热证，当用寒药，莫衷一是。

最后，李东垣的母亲在病痛中去世。

去世的时候，竟然连到底患的是什么病都不知道。

没有人能够形容李东垣失去母亲时的那种心痛，这是一种在很多年以后，在睡梦中梦到母亲了，醒来却发现母亲早已不在了，还会放声大哭的那种痛！

在出殡的时候，人们发现李东垣的脸色很凝重，如同暴雨来临前的天空。

出殡以后，大家发现李东垣消失了。

他一个人在一处没有人的空地。

号啕大哭。

什么是孝？

难道这就是孝吗？当自己的母亲病了，自己只能束手旁观，丝毫无法解除母亲的痛苦？

难道这就是孝吗？当自己的母亲去世了，最后连病名都不知道？

自己以后还有资格谈论这个孝字吗？！

自己以后还有脸面再做一个儒生吗？

千百年来，不知道有多少个儒生这样扪心自问过，也不知道有多少人最后走上了从医的道路，但是我们知道，这是一个长长的名单，在这个名单中，就有李东垣的名字。

在擦干眼泪后，李东垣变得非常冷静。

一种可怕的冷静，与年龄极不相称。

他开始四处打听，到底天下哪位医生是真正的高手？

有人告诉他，是易水的张元素。

张元素是谁？

回答是：一个真正的高人。

此人开创了中医历史上著名的"易水学派"。

此人一扫宋以来靠计算五运六气来看病的古板风气，把《黄帝内经》中的脏腑理论进行了系统发展，并在中药的气味沉浮等理论领域有着重要的贡献。

这位张元素先生八岁考童生，二十七岁考进士。

本来前途似锦，但是在答卷的时候一个不留神，犯了已故皇帝的庙讳，结果落第。

于是他选择了学医。

他学医的思路是：深入地、反复地研究《黄帝内经》。

研究到了什么状态呢？他在晚上睡觉的时候，想的都是《黄帝内经》。

真的恨自己有的地方不懂了，就会把这种气愤带到梦里，于是竟然做了个怪梦。

梦见有人用大斧子把他的胸口打开，把一本关于《黄帝内经》的书放了进去，连书名他都瞥见了，叫《内经主治备要》。

古代人会认为这是哪位神仙看不过去了，亲自下手干的。

我们认为这是用心至深的效果。

好比在狂听六级单词的时候，晚上做梦会和老外对话。有时候说梦话都是英语。这不是洋神仙附体了，是用心太深了。

当时中国的北方还有着另一位著名的医生，叫刘河间，也是位在中医历史上非常了不起的医生。

但是有一天这位刘河间得了外感病，呕吐，吃不下饭。有时候这医生自己得病了还真不知道怎么办才好，自己开的方子也不灵了。硬是挺了八天，"不知所为"。

这时候也不知道是哪位，把张元素给请来了。

刘河间一听请来位年轻的医生，很是不舒服——估计是面子上过不去吧，就把脸面向墙里，不理睬人家张元素。

张元素笑了，说："为什么就这么瞧不起我呢？"然后诊脉，诊脉过后，张元素对刘河间说：你是不是有什么什么症状啊。

刘河间有点吃惊，说：是。

张元素又问：你是不是一开始服用了个什么方子，里面有某某药啊。

刘河间：是啊。

张元素：你把药给用错了，这味药性寒，药性是往下走的，直入足太阴脾经，伤了你身体的阳气，阳气缺乏了，汗就发不出来，现在这个情况，再服用另外的什么什么药就可以了。

刘河间听了大为佩服。

然后按照这个方法，服药后就好了。

把当世的顶尖名医都给治好了，张元素从此名声大振。

"明白了，这是位真正的高手。"李东垣对告诉他消息的人说。

"是的，的确是高手。"

"谢谢你告诉我这消息。"李东垣开始收拾衣服。

"你要干什么？"

"我该出发了。"李东垣平静地说。

◎ 高山之巅

深秋。

易水。

落叶从厅堂前的石板上飘过，发出沙沙的声音。

李东垣坐在张元素的对面，桌子上放着李东垣从家里带来的厚厚的金帛，不知其价几何。

"我要向您学习。"李东垣放好东西说。

"学习什么？"

"您全部的医术！"李东垣一个字一个字地回答。

张元素没有看摆在桌上的东西，他的目光一直在盯着眼前这位年轻人的眼睛。

这双眼睛里，有一种他所熟悉的锐利。

之所以熟悉，是因为他自己曾经有过。

多说一句，我曾经遇到过一些正在考硕士博士的同学，他们经常向我抱怨，如何难考，如何落榜，考研咋就那么难呢？

我通常会看着他们的眼睛说，那是因为你还不够锐利。

如果你是因为找不到工作而考研，或者是为了毕业后工资高点而考研，那么你的原动力是很小的，这样的话任何事情都可能使得你分心，任何的挫折都可能让你放弃努力。

可是，如果你有足够的境界和理想，你是为了达到这个领域的至高境界而读，是为了成为这个领域的最高手而读，则任何事情都不会使你分心，你会全身心地投入到学习中，你的学业会在痛快中狂飙猛进！

别人付出七分努力已经觉得很痛苦了。

你会付出两百分的努力还觉得不过瘾。

这样的人势在必夺，无人与其争锋！

让我们回到故事里吧。

张元素面对着这个年轻人，心里逐渐地亮了起来：这个人终于出现了。

已经等了很久了，一个愿力大到可以传授学问的年轻人。

本来他还想问些"学医是很苦的有思想准备吗"之类的问题。

可是此刻，他突然觉得一切都是多余的。

于是他只说了五个字：明天开始吧。

山顶。

两个人站着。

视野辽远。

秋风吹动他们的衣摆，不停地抖动。

张元素开始了他授徒的第一课。

张元素老师：学习医学的第一步，要体会大自然的规律，人是活在自然之中的，大自然里面的种种变化对人体都有影响啊。

李东垣凝视远方，认真地听着。

张元素老师：大自然中的风、寒、热（如今言暑）、湿、燥、火，这是大自然中的六种气啊，这六种气，在正常的时候是随着季节的变化而出现的，但是，当人体的状态失常的时候，或者天气反常的时候，这六种气就变成了让人患病的原因，我们称之为六气。

李东垣同学：难道说，每次诊病的时候都要考虑大自然的状况？

张元素老师：是啊，不要胳膊痛就只看胳膊，作为一个真正的医生，要想到什么季节患上的病，今年的这个季节与往年的这个季节有什么不同，哪种气偏盛，人体是如何不适应才患的病。这才是诊病之道啊。

李东垣同学慢慢地点头。

张元素老师：你现在开始体会吧，秋天的万物是一种什么样的状态，然后我会告诉你，哪些药物是与它对应的。

如此对话，每天都在进行。

地点不同，或在水边，或在田野。

或者是在屋子里的厅堂。

或者是在面对着前来诊病的患者的时候。

教材是张元素老师自己编写的《医学启源》，手抄的，还没有几个人看到呢。（现在这本书已经校勘好了，而且还出版了，大家不用像李东垣同学那样一个字一个字地抄了，各位想报考张元素老师的同学一定要第一时间到书店买来做参考教材啊）

谁也没有想到，中医历史上一个新兴的学派"易水派"正在形成。

若干年以后，当该学派的学问大盛的时候，才有人回忆起当年那到处聊天的一老一少。

值得一提的是，在张元素老师教授李东垣同学的教材中，有本他写的叫作《脏腑标本虚实寒热用药式》的教材，这本书将药物按照脏腑进行了分类，讲述了每一个脏腑的本病、标病，然后用哪些药补之，哪些药泻之，以及该脏腑在各种病态时期的用药法则。

这是一本给后人很大启发的书，现在很多中医用药仍然遵循着书中的规律。

在明朝的时候，有一位叫作李时珍的医生，在看到了这本书后，也惊呼：张元素老师真不是盖的，教材编得太好了！

然后把这本书收录到自己正在编的叫作《本草纲目》的教材中。

◎ 必须参加工作

四年以后，李东垣同学毕业。

张元素老师已经把自己的学问倾囊相授了。

在毕业典礼上（当然，该典礼有可能只有当事人两人参加），张元素老师满怀深情地对李东垣同学说："你现在的医学知识已经知道得够多了，但是，你还不是一个出色的医生。"

李东垣同学："为什么？"

张元素老师："因为，你的临床经验还太少，只有在你得到足够的历练之后，才能成为一个真正优秀的医生，这个历练的过程可能很长，但是我相信你迟早有一天会完成的。"

他言中了，后来，李东垣确实用了很长的时间来磨炼自己的医术。

二十来岁，该参加工作了，一天，李东垣的父亲找来了李东垣："你真的打算要做医生吗？"

李东垣："是啊，这是我的志愿啊。"

李父："可是你现在还不能去做医生。"

李东垣："为什么？"

李父："你忘记了你的母亲是如何去世的吗？"

李东垣："刻骨铭心，为庸医所害。"

李父："可是，你现在只是学了四年的理论，还没有丰富的临床经验，如此行医，能保证自己就不是个庸医吗？"

这话如同一记钟声，震荡在李东垣的耳旁。

他的面容凝固在那里，是啊，自己真的有把握保证吗？

半晌，李东垣才问："那我该怎么办呢？"

李东垣的父亲叹了口气，放下手中精致的茶杯，慢慢地说："山西济源那个地方税务局的局长和我打过交道，估计安排个工作没有问题，你可以到那里先工作，业余时间搞搞医嘛。"

李东垣沉默不语。

李父："在工作中慢慢总结经验，等经验成熟了，到时候再想搞什么你自己决定，我就不管了。"

李东垣抬起头："好吧，那我就先去工作吧。"

在一个优秀医生的成长过程中，有很多因素在起作用。

李东垣学医的缘起是受母亲去世的刺激，产生了很大的动力。

这使得他能够寻找当时的国手学习，学到很高的医学技术。

但是，由于他的经历，他此时并没有达到那种悲天悯人、普救众生的境界。

此时的他，只有医术，尚不懂医道是什么，因此，很容易找不到自己的方向。

只有当他在后来经历了人世间的苦难，寻获了医道的真谛的时候，他才最终成为伟大的医生李东垣。

那些故事我们将在后面讲述。

就这样，李东垣在二十岁的时候，踏上了去济源的道路，并很顺利地坐上了公务员的位置。

历史上记载："进纳得官，监济源税。"

这件事情使得后世的很多人对李东垣有些非议（很多书里都有类似的评价），认为你医学成就是可以的，小时候洁身自好也是有记载的，但是靠交钱当上公务员这个事情搞得影响不大好嘛，给大学毕业生树立了一个不好的榜样。

事情果真如此吗？

记录这件事情的是李东垣的朋友砚坚先生写的《东垣老人传》，文中对李东垣褒奖备至，试想，如果"进纳得官"在当时是一件为人不齿的事情，他怎么能如此大方地记录下来呢？这就好比说您写了本书，让朋友在书的前面写个你的传记，您的朋友就记录了"该人曾经贪污若干"，您觉得这合适吗？

同样，在李东垣的学生罗天益帮助整理的《东垣试效方》一书中，也

李东垣

记录了"泰和二年，先师以进纳监济源税"。

这就更让人觉得不可思议了，如果"进纳"是件当时的人认为很有违节操的事情，您觉得以罗天益那么尊敬老师的人，能记录这种类似于"该人贪污若干"的事情吗？

那么事情到底是怎么样的呢？

原来，"进纳"——也就是交钱当官，在当年是正常的事情。

在古代的某些朝代，国家规定当官的途径可以有很多种，比如有恩荫（任子）、科举、军功、进纳等方式。也就是说，有老子当官比较有功劳，儿子可以继承爵位的；有通过科举做官的；有在边防上建功立业的，也给官位；也有在工商等行业赚了钱的，把钱交给国家，和在边防上杀敌一样有功劳，也给官做。

可见，进纳是国家规定的正式的和科举、军功等一样的做官渠道，不但没有被人瞧不起，还是比较荣耀的立功表现。

这样就不难理解为什么当时的人们在写李东垣的时候要特别殷切地加上："进纳监济源税"，不但不是贬低的意思，还是以一种崇敬的笔调来写的呢。

李东垣去做公务员那年是泰和二年（1202），这个时候的大金国实际上已经陷入了严重的财政危急，已经不是当初的那个风头十足的日子了，因此我们可以想见，在这个时期的大金国，用进纳的方式来收敛资金应该是一种常态，因此对这样的事情应该是鼓励的。

总之，不管李东垣同学是否犯了错误，公务员是当上了，变成了李东垣同志。

就在李东垣同志刚刚走马上任的时候，有状况发生了。

简直是树欲静而风不止啊，李东垣同志本想坐下来，想好好地研究一下税务手册。

就在这时，一场可怕的瘟疫来了。

◎ 令人恐惧的瘟疫

在中国的古代，一般的小病小灾人们是不大害怕的，真正让人害怕的，是大规模流行的瘟疫。

由于古人的卫生条件有限，比如大家的饮水往往来自河水或者是公用的井水，食品的卫生和垃圾的排放都存在着比较大的问题。所以往往瘟疫一旦来临，则会横扫大地，导致成千上万的人家被感染，出现千里横尸骨，户户有亡人的景象。

就在李东垣刚刚到济源的那年春天，一场瘟疫席卷了北方大地。

那年的春天，热得稍微早了点，气候干燥，到阴历四月的时候，出现了很多症状类似的病人。

这些人最初的感觉跟普通的感冒有点相似，感觉身上发冷，浑身没有力气。

但是，很快情形就和普通的感冒不同了。

原来，这些人的头面开始出现肿大的表现，肿胀到几乎眼睛都难以睁开，脑袋也显得比平时的大些。

咽喉里也在发炎，感觉很疼痛，说话的声音都哑了，喘气也有阻塞感。

然后症状很快恶化，很多人没有多久就死去了。

一开始，人们还没有注意到这种病的可怕性，别人有病了，还前去探望。

结果是，回来后自己也马上出现了类似的症状，找医生来看也没有用，过几天，也死了。

这时候，大家才意识到：天啊，这是瘟疫来了！

于是各家开始房门紧闭，不敢再轻易与人接触。

但为时已晚，瘟疫已经开始肆虐，几乎到了无法控制的地步。

人们很快为这种瘟疫起了个形象的名字：大头天行——大头瘟。

想象一下当时的情景吧，白天，燥热的风卷起灰尘从街上刮过，街上人烟稀少，偶尔有出殡的人家，稀疏的送殡队伍扶老携幼，在骄阳下抛洒着纸钱。

夜晚，天气变得依旧寒冷，乌鸦在树上冷叫几声，街上空无一人，可以听到房屋里传出的阵阵哭声。

医生们呢？

李东垣

医生们此刻手脚忙乱，病家不断地来请，但是医生却无方可出，手里拿着方书，来回地翻，心里不断地嘀咕：这是哪门子病啊？这些症状怎么书里面没有记载啊。

没办法，书里没有记载啊，怎么办，那就胡乱试着治治吧！

于是采用了各种办法，什么下法啊，解表啊，总之是不见效。

最后患者还是死去。

患者家属还是很理解医生的：算了，这是瘟疫太厉害了，跟先生您没关，您甭过意不去了，来，这是给您的诊费。

李东垣呢？李东垣此时在做什么呢？

东垣，你都看到了吗？你看到这些人的惨状了吗？

李东垣："我看到了。"

你难道能够无动于衷吗？你难道没有看到隔壁的孩子已经失去了他们的母亲了吗？

李东垣："我怎么会看不到！我怎么会不知道他们的痛苦？！我难道能够忘记我的母亲离开我时的情景吗？！我的心里与那些孩子是一样痛苦的！"

那你为什么还不出手！你还等什么？

李东垣："我能保证我出手就可以救活他们吗？如果我失手，岂不是变成了和害死我母亲的人一样的庸医？那样我更会痛苦一辈子的！"

可是，你难道没有看到人们在不断地死去吗？

李东垣："这些我都知道！可是我的心里真的很矛盾，难道我真的有把握治疗吗？我真的有把握吗？"

◎ 普济消毒饮子

李东垣的眼睛充满了血丝，他把自己关在房门里，苦思苦想两天不曾出屋。

在最痛苦的时候，是第二天夜里，他无法入睡，他的思绪乱到了极点，几近崩溃。

在痛苦中，他想起了他的老师张元素，他的心中出现了一幅场景，那是在幽蓝的星空下，他和老师坐在旷野里的广阔画面，那是他们在体悟自然之道的时光啊。

老师说：要以自然之理参悟人身之理。

原来是这样啊。

李东垣的心中慢慢地明亮了起来。

第三天，早晨的时候，他打开了房门，走了出来。

大家不要问我了，我已经想好了。

你真的肯出手治病了？

是的，我已经想通了，在别人面临死亡威胁的时候，我辈唯一能做的，就是去帮助他们。

那么，你现在有把握吗？

不知道，我只是知道，我会全力救治！

患者家里。

患者躺在床上，头面肿大，呼吸困难。

患者的家属在叙述着病情：前面的医生给泻下了几次，开始还好点，但马上又重了，现在连呼吸的力气都快没了呀。

李东垣诊脉，不语。

然后来到外屋，洗了洗手，认真地对患者家属说："人的身体和自然是一样的。人的上半身，与大自然中的天气相通；下半身，是与地气相通的啊。"

大家睁大眼睛听着，看来这是个讲道理的医生。

李东垣："现在病邪进攻在了心肺那里，邪毒向上攻，则导致了头面肿大，而泻下这种方法只是泻去了胃肠里的热，并不能集中攻击处于上半部的邪毒啊，现在我来开方吧。"

患者的家属听了这些闻所未闻的话，感到有道理，不住地点头。

旁人递上纸墨。

李东垣闭上了眼睛，凝神片刻。

在他的头脑中，此时一片寂静。

思考片刻，病邪的位置，药物进入的经络，药性需要到达的位置，一切都慢慢地清晰起来。

李东垣睁开了眼睛，开始出方："方用黄连苦寒，泻心经邪热，用黄芩苦寒，泻肺经邪热，上二药各半两为君药；用橘红苦平、玄参苦寒、生甘草甘寒，上三味各二钱泻火补气以为臣药；连翘、鼠粘子、薄荷叶苦辛平，板蓝根苦寒，马勃、白僵蚕苦平，上六味散肿消毒、定喘以为佐药，前五味各一钱，后一味白僵蚕要炒用七分；用升麻七分升阳明胃经之气，用柴胡二钱升少阳胆经之气，最后用桔梗二钱作为舟楫，使上述药性不得下行。"

然后嘱咐："去买药吧，记住，要让店家把药研成粉末。"

在药买回来后，东垣帮助患者家属把药一半用水每次煎了五钱，另外的做成了药丸让病人含在嘴里。

忙完后，已经是半夜了。

太疲惫了，可是还不知道药后效果怎么样啊。

下半夜，患者忽然咳嗽起来。

大家赶快围了过去，怎么样了？

只见患者咳嗽了一阵，平静了下来，然后突然说了句："我饿了。"

天啊，大家喜出望外，他已经几天不吃东西了。

大家忙着给患者准备粥。

谁也没有注意到李东垣，在他疲惫的脸上，露出了历经痛苦后的笑容，眼泪流了出来。

天亮了，李东垣在患者家被各种嘈杂的声音惊醒，走出来，发现院子里站满了前来求药方的人。

后来，这个方子被人们刻在各个主要道路路口的木牌上，供患病的人们去抄用。

因为古代的医生太少了，对付大规模的瘟疫，通常的方法是把有效的方剂刻下，让大家抄去。

再后来，有人把这个方子刻在石头上，希望它永远流传下去，如果后代再遇到这种大头瘟，希望可以用这个方子来解除病痛。

甚至有人传说这个方子是上天可怜凡间的百姓，派仙人创出的。

这个方子的名字叫普济消毒饮子，现在叫普济消毒饮，是中医院校每个医学生都要学习的方子。

在治疗热性传染病的时候，这个方子还在经常用。

没准您哪天感冒发烧，嗓子肿得厉害，到医院看个中医，开了方子后，您一看，咦？这里面的药味怎么这么熟悉？

对，没错，您猜对了，这个医生就是根据普济消毒饮进行加减化裁为您治病的。

◎ 一个叫元好问的才子

李东垣创普济消毒饮治疗瘟疫是在公元 1202 年。

就在比这稍晚些的时候，一个年轻人和几个学子走在去并州赶考的路上，那是一个苍凉的秋天，荒凉的原野上行人并不多。

在行进中，年轻人看到路边有一个猎人在那里发愣。

年轻人很奇怪，就问："老兄，你没事吧？"

猎人看了看年轻人，慢慢地说："我没有事，可是我眼前的事情却很奇怪。"

年轻人也很好奇："什么事呢？说来听听。"

猎人："我今天用网捕捉到了一只大雁，就杀死了它，很遗憾，本来那是一对儿大雁，给跑了一只。"

年轻人："这有什么奇怪的呢？"

猎人："奇怪的是，跑掉的那只大雁却并不飞走，而是在死去大雁的上空盘旋着飞，还悲鸣不止。然后，一头扎下来，撞到地上死了。"

猎人茫然地看着自己手中的大雁："难道它们也有夫妻感情吗？"

年轻人听后，对大雁肃然起敬："原来它们不但有感情，还是人世间少有的至真之情啊！"

感慨之余，年轻人用钱买下了两只大雁，在汾水边埋葬了它们，筑起一个小土堆，命名为雁丘。

然后，他写了首词，来纪念这一对儿生死不渝的大雁，该词流传千古，全文如下。

摸鱼儿·雁丘词

问世间、情是何物，直教生死相许。天南地北双飞客，老翅几回寒暑。欢乐趣，离别苦，就中更有痴儿女。

君应有语，渺万里层云，千山暮雪，只影向谁去。

横汾路，寂寞当年箫鼓，荒烟依旧平楚。招魂楚些何嗟及，山鬼暗啼风雨。天也妒，未信与，莺儿燕子俱黄土。千秋万古，为留待骚人，狂歌痛饮，来访雁丘处。

这个年轻人叫作元好问，后来成为一代文宗。

在若干年以后，他将与李东垣相遇，然后，他们两个人将成为真正的朋友，他们互相鼓励，在风雨飘摇的战乱年代里，他们用自身的行动，告诉了后世的人们友谊的珍贵。

在防治瘟疫的过程中起了一定作用的李东垣，接下来的生活是什么样的呢？

此时的他还没有想成为一个医生，还不需要每天面对愁眉苦脸的患者。那么，有官做，有钱花，应该是一种很舒服惬意的日子吧。

如果您这么想就错了，老天爷是残酷的，仿佛是为了故意锤炼一个人的意志，它为这个时代安排了一个又一个悲惨的灾难，在这样的安排中，很少有人会感到幸福的。

◎ 又赶上了旱灾

饥荒来了。

原因是山东、河南等地大旱。庄稼基本没有什么收成了，老百姓也就没有了粮食吃，大家开始到处逃亡。这次旱灾严重到大金国的皇帝都宣布要采取放弃骑马、把御膳房的伙食标准降低等措施以示节约。可见严重。

李东垣走在街上，望着满目疮痍的街道，心中一片凄凉。

一家门口，一个瘦弱的小女孩在无力地哭着。东垣拿了个饼给她："你们家大人呢？"

小女孩边哭边指着里边。李东垣向里面望去，大人已经饿死在床上了。

再向街那边望去，一个女人无力地坐在街头，怀里是已经饿死的孩子，身边是另外一个孩子，在哭着喊饿。

远处有个濒死状态中的老人目光呆滞。

很多房子都空了，能走动的人都逃荒去了，到庄稼有收成的地方去讨饭吃。

李东垣慢慢地走着，感到了一种从未有过的迷惘。

人世间是这么痛苦的吗？

我自己的家里很有钱，我可以不为吃饭而发愁。

可是，面对着这个如同地狱的人间，难道我可以如此潇洒地过我自己的日子吗？

应该可以的，我似乎可以帮助他们，当然也可以不帮，没人会指责我的。

可是，为什么我的心里一片凄凉？为什么我想在没有人的地方痛哭一场？

为什么我感觉到他们每个失去亲人的痛苦都如锋利的匕首刺进我的骨髓？

此时，富家子弟李东垣正在经历着一种精神上的煎熬过程。

对父母的爱是孝，但那是一种基于个人感情的爱。

但是这个世界上还有一种对众生的大爱啊。

一个人，只有当他将对父母的小爱转化为对众生的大爱时，他才能够成为一个伟大的医生。

但是，这一定会是一个痛苦的过程。李东垣要用很长的时间来完成这一过程。

李东垣回到住处，拿出自己的钱。

然后买到了贵得出奇的米，熬成米粥，在街上施舍。

在粥棚边上，李东垣在为前来要饭的灾民施粥，太阳把他的脸晒得失去了往日的白皙。

大家喝点儿粥吧，只要每天喝点粥，人就可以活下去了。

大家一定要活下去啊！

不管多么苦，大家也要坚持活下去啊！

文献记载，李东垣在这次饥荒中竭力赈济灾民，"全活者甚众"。

李东垣

在饥荒过后，李东垣发现有很多人的身体出现了一些奇怪的病证，比如少气懒言，四肢无力，稍一活动就疲乏得不得了，还有的感觉身体恶寒发热等。

对于这种身体发热，如果按照一般的外感疾病来治疗，没有任何的效果。

就是从这个时候开始，李东垣开始思考人的脾胃受到损伤后对健康的影响。

由于不断地见到这样的患者，这种思考持续了很久，从摸不着头脑，到逐渐清晰，一直到许多年以后，他最终创立了独特的脾胃学说。

◎ 蒙古兵来了

我在开篇的时候就说过，这是一个十足的乱世。

庆幸吧！您没投生在那会儿。

在饥荒过去后，似乎应该有几天太平日子了吧。

是啊，听上去似乎应该过得比较不错——毕竟是监税官嘛。

可实际李东垣基本上没过几天好日子。

因为在这个时候，蒙古的成吉思汗已经制定了进攻大金国的策略，强大的蒙古军队开始对河北、山东等北方地区展开攻势，此时是烽烟四起，警报频传。

我们只消看一下当时的战况就清楚了。

1210年底，蒙古兵开始侵扰金西北边境。

1211年秋，成吉思汗挥师南征金国。成吉思汗派哲别为先锋，进攻金西北边疆的乌沙堡。

同年八月，金军40万进驻野狐岭，蒙古军以少胜多，金军主力被歼灭。蒙古军队长驱直入。

十月，蒙古大军越过长城，包围了金的中都（今北京），金军坚守，蒙古军久攻不下，大肆抢掠一番后北退。

1213年，蒙古又分兵三路攻金：术赤、察合台、窝阔台率右路军，沿太行山南下，攻今河北、河南、山西诸州县；哈撒儿、斡赤斤率左路军，攻今河北东部诸州县；成吉思汗、拖雷统领中路军攻中都以南诸州县，大掠黄河以北及山东西部各州县而还。其间，成吉思汗派其重臣木华黎率领一支蒙古军深入山东东部，攻破密州（今山东诸城），屠城而去。

……

在这些年里，我们没有得到任何的李东垣在做什么的记录，但是，我们却完全可以推测出李东垣的生活状态，无非就是和一般老百姓一样，突然听说蒙古军打来了，跑啊！于是大家全部逃散到似乎安全的地方，等蒙古军走了，再回来。没两天，警报再起，蒙古军又来了！

这几乎是一种完全混乱的生活，人们无法正常做事，大家的耳朵都像兔子一样警觉地竖着，有动静就跑。在逃跑中，已经没有了尊卑之分，甭管您是富家子弟还是什么，到时候都是背起家当撒开两条腿狂奔（当然，也有可能雇条驴）。就是在这个时期，李东垣彻底地融入了老百姓的生活之中，彻底地体会到了他们的悲惨生活。如果说在这之前的李东垣还过着有点矜持的体面生活的话，那么，从这个时期开始，命运把他这种矜持彻底打破，使他变成了一个和普通百姓一样的逃亡者。

这期间，发生了一件事情。

一个青年人，从很远的地方来，找到李东垣。

李东垣望着这个陌生的面孔，很奇怪："你是谁呢？"

青年人跪下："我是张元素老师的学生，叫王好古。"

李东垣："原来是这样，老师他老人家身体可好？"

青年人涕泗纵横："老师他老人家，去世了。"

李东垣的面容凝固了，泪水从眼睛里涌出。

迷蒙的泪光中，他仿佛又看到了经常浮现在他心中的那个情景：在高山之巅，老师和他两个人站着，老师在为他讲述着自然之理，风吹动两个人的衣摆，不停地抖动。

半晌，李东垣抑制住悲痛，问王好古："老师他，去世之前，情况如何？"

王好古："老师让我把这些书交给你，还说，我还没有学成，让我跟着您继续学习。"

李东垣看着他，仿佛看到了很多年前的自己。

一眨眼，这么多年过去了，恍若隔世啊。

自己都已经成为一个中年人了。

这个青年人在学习了几年后走了，若干年后，他成为中医历史上的另一个著名医生——王好古（注意，不是那个文豪元好问，名字有点相似，好多人搞错了），他著有中医历史上一本比较著名的书《阴证略例》，还有《医垒元戎》。同时他还整理了老师张元素的药物学经验，写了《汤液本草》一书，整理了李东垣在教授他时说过的话，成为一本著名的医著《此事难知》。

他在《此事难知》的序言中，曾经深情地描述过自己的师兄兼老师——李东垣："天其勤恤，俾我李公明之，授予及所不传之妙。旬储月积，浸就编帙，一语一言，美无可状……"

我有的时候感觉，这些古代的中医就像是一支一支的蜡烛，用自己点亮别人，而被点亮的，则努力把自己蓄积的所有能量都燃烧出来，发出更强烈的光亮，就这样，中医的薪火一代代地传承了下来。

这种传承，有的是发生在和平的年代里，发生在宁静整洁的书斋中；有的则是发生在战乱年代，发生在逃亡的路上，发生在救治灾民的过程中，硝烟、饥饿、颠沛流离甚至死亡的威胁都无法阻拦这种传承。

在你无法想象的，连饭都经常吃不上的最艰难的环境里，蜡烛发出祥和的光芒。

如果用一个关键词来概括李东垣此时的生活的话，那就是：动荡。

只要听到警报，大家就开始跑，必须跑，因为跑晚了很可能就会挂了，也可能就变成奴隶了，当时的一个也是很著名的医生叫麻九畴的，就是跑得实在是厌烦了，就在一次蒙古军到来前算了一卦，算的结果是逃跑不吉利，于是就很不幸地相信了算卦的结果，没跑，等到蒙古军杀到后就这么挂了，不但自己挂了，还连累了对他算的卦深信不疑的兄弟们。

跑到哪里去呢？好多人都跑到汴梁（现在的河南开封）去了，大家都认为大城市安全，等警报过去了，再回家乡。

这么来回几个折腾，于是就想，算了，甭来回跑了，干脆在汴梁住下吧。

各地逃难的人纷纷涌入，使得汴梁变成了一个无比拥挤的超级城市，交通拥挤，塞车严重（当然，应该塞的是马车或驴车），环境恶化（因为马、驴、人每天需要排泄），总之一个大城市能够有的毛病都出现了。

李东垣也跑得烦了，干脆，监税官也不当了（实际上也没法儿当了，人都跑没了），也留在汴梁住下吧。

《东垣老人传》中说"遂以医游公卿间"，并且疗效"大验"。

这种说法真是客气啊，古人如果要尊敬某个人那可真是不得了，用词稍微一改，就显得这个人的身份高了很多。"游公卿间"这种话当年的原意是要显示李东垣很牛的，但是现在的人则会认为李东垣的医德有问题，只给官老爷看病。

实际上，整个汴梁都乱哄哄的，每个人都灰头土脸的，还什么公卿啊，大家全都琢磨蒙古军来了要躲到哪儿呢，全都惦记着下顿饭上哪儿混呢，都到这个份儿上了，写出东西来还那么优雅呢——游公卿间。

我看就甭客气了，直说吧，就是李东垣正式开始行医了。

也谈不上什么正式开始，您想啊，当时环境条件如此差，又都是人饥马饿逃难过来的，加上也没地方住，休息不好，这人还不得病？看到这么多的痛苦中的病人，难道能够袖手旁观吗？得，什么都别说了，挽起袖子，开干吧。

讲讲李东垣治病吧，大家等好久了吧。

◎ 李东垣开始看病了

有一天，一个穷人因为吐血来找李东垣。

李东垣一诊脉，双手六部脉弦细而涩，重按的时候感觉指下空虚。

再一看脸，颜色惨白，面上没有光泽。

李东垣在色脉互参后判断，这是个大寒证啊，同时还伴有气虚，于是就制定了治疗法则：用气味辛温的药物来补血、养血，用气味甘温、甘热、滑润的药物来作为佐药，开了个叫作人参饮子的方药。这个方子是用来治疗因脾胃虚弱而引起的吐血，同时伴有气短、精神头不足等症状的。

您该说了，李东垣怎么给穷人看病上来就用人参啊？

您放心，其实李东垣开的方子都很有特色，有的时候药的味数很多，

李东垣

看着吓人，后世有人评价李东垣开方如韩信点兵，多多益善。实际上李东垣的方子药味虽多，但每味药的分量却是根据病情来的，通常是很轻。

比如这个人参饮子，是人参三分，黄芪一钱，五味子五个，白芍药一钱，甘草一钱，当归身三分，麦门冬二分。每味药的分量都不重，将药打成粗散，用水煎着喝就可以了。

这个穷苦人吃了药后，病就好了，但是到了冬天，因为睡在大热炕上，结果又犯了，还是吐了几回血。

这不，又找李东垣来了，因为上次是找的这位东垣先生看好的啊。

李东垣就琢磨了，这是个虚证没错啊，可是怎么睡了次火炕就犯了呢？

其中必有蹊跷，于是让患者躺下，检查患者的肚子进行腹诊。

在患者的肚脐周围，发现有结块的感觉（附脐有形），这才恍然大悟。

原来这是个虚实夹杂型的患者啊，这个患者"火热在内，上气不足，阳气外虚"。

冬天由于穿的衣衫单薄，这使得阳气更加损伤，而表有大寒，则里面的火邪散不出来，所以才导致的吐血。

这时李东垣想起了张仲景在《伤寒论》中在治疗太阳伤寒时，对于脉紧无汗，但却衄血的患者使用的是麻黄汤的治疗方法，于是就写了张方子，叫作麻黄桂枝汤。

方用：麻黄一钱，用来去除外寒；黄芪一钱，用来实表益卫气；桂枝半钱，用来补表虚；白芍药一钱，益脾（实际也有和营血，清里热的作用）；甘草一钱，用来补脾胃的虚弱；人参二分，益上焦之气同时实表；麦门冬三分，用来保脾气（实际是清肺中伏火）；五味子五个，用来安肺气；当归身半钱，用来和血养血。

先煎麻黄，去上沫，然后下入剩下的药，临睡觉前服用。

由于精细地分析了病情，所以获得了较好的疗效，这个穷苦人只喝了一次药就好了，从此再没有犯过。

从李东垣这次看病的过程我们发现，他对《伤寒论》有着比较深的了解，但是他的思路并不是死套张仲景的方子，而是用他的思想，然后自己灵活运用，随时组方。

他还曾经写了本书叫作《伤寒会要》，有"三十余万言"，请元好问作过序，但遗憾的是，这本书现在找不到了，遗失了。

另一个医案很著名，是我们在学习中医医案的时候经常会读到的。

说李东垣曾经跟着学习《春秋》的那位冯叔献先生，他有个侄子，才十六岁，得了伤寒病（需要说明一下的是，古代所说的伤寒同现在西医讲的那个伤寒不是一个病，古代把外感病统称伤寒，后世从里面又分出了温病），弄得眼睛通红，烦躁，口渴，这些都似乎是明显有热的表现。一个医生来看了，觉得这是热证啊，用承气汤吧，就是要用泻法，药买来后已经煮好了，就差喝了。这个时候，李东垣恰好从外面来，这位冯老师说：刚才人家医生说要用承气汤。

李东垣说：是吗？我也切一下脉吧（其实我估计本来是要客气一下，以表示对这个孩子很关心吧）。

可谁知道这脉一切还真切出问题来了，李东垣自己都吓了一跳：多亏切了脉，要不然这个医生差点要把这个孩子害死啊（几杀此儿）！

大家也都晕了，忙问：为什么啊？

李东垣：这个医生的确是知道脉搏跳得快是热证，跳得慢是寒证，现在这个脉呼吸之间有七八至，应该是热极了，但是殊不知《黄帝内经》里就说过脉和病有相反的时候啊，这个病证是阴盛格阳于外（就是体内阴气太盛，虚弱的阳气反而被挤得没了地方，跑到外表来了，这是中医里的一个术语，这种情况往往能够迷惑医家，看到外表的热象就以为是热证，而病情的真相却是大寒证）。"速持姜附来（干姜和附子，都是大热之药）。"

在这种紧急的情况下，李东垣开的方子量也大了，让患者一次就服用八两。

药还没有煎煮好呢，果然，患者的情况就开始变化了，手指开始变成青色，这是剩下的一点虚阳之气开始散掉了，说明患者已经非常危急了（这个时候如果真的还用承气汤让患者泻肚子的话，那么确实是要死人的）。

在服用了汤药后，患者汗出而愈。

天啊，好险！在以前，由于诊断多依靠脉诊，这个脉诊很微妙，比较难以学习，所以学习不好的人很容易出错，到后来出现了舌诊，这样的情

李东垣

况就有所好转了。

这个事情在当时看来有个小规模的轰动，有的人还写了一首长诗来做纪念，诗很长，大意就是对李东垣的景仰犹如滔滔江水连绵不绝之类的，如果有感兴趣的朋友可以拿《东垣试效方》这本书来参观一下。

顺便说一句，李东垣的书有个好处，就是基本上挑自己用过，疗效比较好的方子，写下来，所以叫《东垣试效方》，当然，这本书是他后来收的弟子罗天益给整理的，这个徒弟的故事我们在后面谈。

◎ 大金国的灭亡

写到这里，我觉得有点没法儿跟各位交代了，因为净写些悲惨的事情了。

瘟疫、旱灾、兵乱，几乎没什么好事了，似乎故事的名字应该叫《悲惨世界》。

李东垣只是在青少年时代过得还潇洒点儿，后来几乎是一直处于颠沛流离的状态中。其实，不只是他这样，当年所有的老百姓都是这样的，每天一睁眼，就要想到不知道有多少个倒霉事在等着呢。

我实在无法写出来"从此大家就永远幸福地生活下去"之类的谎言，因为要尊重历史，所以要告诉各位，马上又要出大事了。

大家都觉得汴梁是首都，大金国的皇帝在这，这里应该是最安全的，可事实上全错了，这里即将遭受空前的劫难。

公元 1232 年，蒙古大军挥师南下，直取汴梁，结束大金国命运的战争开始了。

蒙古铁骑首先消灭了几路前来救驾的金朝大军，有的金军几乎全军被屠杀，这样，汴梁就变成了一座孤城。

在进行了惨烈的攻城后，双方伤亡都较大，于是蒙古军队采取了围城的方法，将汴梁百姓和十几万金军围得水泄不通。

汴梁城变成了一座饥饿之城，连野菜都成了奢侈用品。

围城从三月开始，一直到四月初七，暂时议和。

然后又从七月围起，一直到第二年的正月。正月初一，金哀宗出逃，正月下旬，守将崔立弃城投降。再下一年，金哀宗被围自杀，金朝灭亡。

这第二次围的时间更长，城内粮草断绝，百姓饿死无数。

在两次围城的中间阶段，也就是五月开始，疾病开始在城内流行。

李东垣就被围在城内。

他亲眼见到了大金国的灭亡过程，也亲眼见到了两国相争时百姓所受的摧残。

李东垣记录，解围以后，"都人之不受病者，万无一二"。

病死的人多到什么地步呢？当时汴梁几个城门每个门每天往外送的尸体"多者二千，少者不下一千，似此者几三月"。

当时任左司都事的元好问后来记录的是"五六十日之间，为饮食劳倦所伤而殁者，将百万人"。

以这种病死的规模，很多人都想到了是否是瘟疫，因此在治疗的时候都用治疗外感的方法，但是，不但没有效果，病人却死得更快了。

为什么呢？难道除了瘟疫，还有其他原因？

长期以来，李东垣一直在观察着因饥饿劳倦引起的脾胃受伤的情况，难道这次的疾病也与脾胃受伤有关？

别人都还把精力放在了瘟疫上，李东垣却认为，围城时所遭受的饥饿与这次疾病的关系是不言而喻的。

◎ 拯救灾民

我们已经无法想象李东垣当时的心情了，但是我们知道，他此刻一定急得要发疯了。

每天有大量的患者在他的面前死去。

这是为什么？难道用外感病的方法治疗错了？

是的，千万不能用外感病的方法治疗！因为这根本就不是外感病！

那这是什么病引起的？

别着急！让我想想，只差那么一点儿了，别着急！老天爷啊，能让时间先停下来吗？我马上就要知道为什么了？

每天仍然有数以千计的患者死去。

老天爷，让时间等等我吧，我马上就要想出为什么了！

李东垣的脑子疯狂地运转着，治疗，思考，再治疗，再焦急地思考！

如此众多的患者，这是多么大的样本量啊！李东垣之前不会有，李东垣之后也不再会有了！历史如此残酷地把李东垣放在了这样一个人间地狱里，让他思考解脱之道。

李东垣，你行吗？你能担负起这样的重担吗？！

我不知道！但是，我感觉我马上就要知道了！大家先等等我！

但是，没有人会等的，每天仍然有数以千计的患者死去。

李东垣的眼睛早已血红了，因为疲劳，因为思考，因为焦急！

以前曾经思考过千万遍的内容在寻找一个理论体系的支撑，在寻找一个突破口！

他白天不停地看病，晚上不停地做记录，然后分析，再改进思路，白天再重新开方。

如果放弃，也就放弃了，没有人会抱怨的，因为似乎败局已定，似乎已经无人能够阻止死神的脚步了。

但是，有的人是凭着信念在活着的。

悲天悯人的种子在他的心中已经发芽，他此刻只有一个念头，就是必须一心赴救！

他如同一个在战场上的武士，面临着百倍的敌人，但是为了心中的信念，也必须挥剑到最后一刻！

苍天不负有心人。

终于，有的患者开始有起色了，没有像其他人那样很快地死去。

看来我的思路是对的啊，我终于明白了！

这绝对不是外感病啊，这是内伤病！必须放弃外感病的错误治疗方法，以治疗内伤病的思路来治病！

（注意，中医所说的内伤病不是武侠小说里被一掌震成内伤，五脏俱碎的那种，中医说的内伤是指因为饮食不当、劳倦、情志等原因引起的脏腑和气血的失调，是与外感传染病相对的疾病，这个不要误会了，现代人患内伤病的机会也非常多，这个我们将在后面介绍。）

来，大家来看看吧，大家来体会一下这些患者怕冷的感觉吧，外感病患者怕冷时，穿上厚的衣服也还是冷得发抖，可是内伤病患者的怕冷，披上衣服就马上缓解，这是不一样的啊！

再来体会一下这些患者的手温吧，患外感病时，手背的热度也很高啊，可是你们看看这些内伤病的患者，只有手心的温度高，手背并不发热啊。

等等。

其他医生都惊奇地望着李东垣，这个理论让他们感觉新鲜。

李东垣总结了大量的外感病与内伤病在诊断依据上的不同，其内容之丰富颇为可观，其中许多内容至今在中医诊断中还在应用，感兴趣的朋友可以去看一下李东垣所写的《内外伤辨惑论》。

从李东垣那里开始，中医学里面的内伤病学体系得到了质的飞跃，这个体系随着后世的完善，今天已经成为中医学的重要组成部分。

李东垣认为，饮食失节，寒温不适，会导致脾胃受伤，而情志失常、劳役过度则损耗人体的元气。一个人如果脾胃受伤，元气也不足，则病内伤。

李东垣特别重视脾胃的阳气，认为脾胃的阳气不足，那么身体就没有了补给的途径，这就是"生长之令不行"，"无阳以护其荣卫"，从而导致一个人怕风寒，身体出现忽寒忽热的症状，同时会有四肢无力，慵懒，气短，等等。

治疗这种病证，需要用甘温之药补其中气，升其阳气；用甘寒之药泻其火。

为此，他创立了补中益气汤、羌活胜湿汤、清暑益气汤、升阳益胃汤等诸多方药。

其中最著名的是补中益气汤，现在各个药店卖的是丸药，叫补中益气丸。

李东垣将这些药做成药丸或者打成粉末，"俾病者饵之"。

结果是，"其所济活者，不可遍举"。

我写这些内容的时候很简单，似乎这个过程是在瞬间完成的，但是，我们可以想象得出，这是一个多么艰苦而又漫长的过程啊。

李东垣自己的身体在围城中也受到了很大的损伤——因为大家都没有

李东垣

饭吃（连金朝皇帝都给饿得跑路了）。

此时他应该一边恢复自己，一边救治别人。

但是，做过医生的人都知道，在这种情况下，通常自己的身体是恢复不好的，因为一心只想救助别人了。

这一阶段，李东垣没有写书，他要面临大量的患者，进行工作强度很大的临床工作。

在十六年以后，他将这些经验总结了出来，写出了《内外伤辨惑论》。

◎ 去山东吧

解围之后，动乱还在继续着，蒙古人的铁骑随时会再来。

大家纷纷自个儿想辙，"往哪儿跑才更安全点儿？"——这是当时人们街头打招呼的问候语。

也就在这时，李东垣遇到了元好问。

元好问的处境也很尴尬，本来是大金国的官员（时任左司都事），大金国的首都汴梁现在投降了，皇帝出逃到另外的地方结果也被围着呢，估计也快交代了，这该怎么混下去啊。

更要命的是，带领投降的元帅叫崔立，怕后世骂他是软骨头，想写个歌颂自己说是为保护百姓而投降的文章刻在石碑上（实际上他的行为真的保护了剩下的百姓），谁来动笔好呢？

只能怪元好问的文笔太好了，所有的人立刻把手指向了他，异口同声：元好问。

元好问想钻地缝的心都有了，这都是什么兄弟啊，关键的时候把我供出来了。

但这实在是不能写啊，因为我们文人就靠"忠义"这个词混呢，您让我写了，我成了和您一伙儿的投降派了，以后可就没法儿在面儿上走动了。

于是把这个俏活儿连同稿费一起硬塞给了一个贫穷书生，说声"兄弟，全靠你了"，然后开溜了。

国家已亡，还留此何用？

其实元好问对大金国还真的有贡献，他认为：大金国虽然亡了，但毕竟是一个存在过的国家，应该把它的历史记录下来，于是后来自费用了很多的时间收集和记录这些资料，后人写的《金史》很多就是根据元好问的资料写的。

这时汴梁的民众开始散了，李东垣也正彷徨呢？该怎么办呢？

元好问看到这个情况，就说：兄弟，你就跟我走吧，我们到山东去，我管吃管住。

什么叫够义气，这就是够义气。

当然，吃饭钱也不是元好问出，而是山东的另一个人出。

这个人叫严实，必须介绍一下，此人很是了得。

此人是当时山东的一个军阀，但是这个军阀应该是军阀中的优秀分子，他眼光独到，在战乱中，很快就发现南宋政府和大金国都很不可靠，而蒙古气势正旺，于是就归附了蒙古，这样就保证了山东部分地区在动乱的年代里相对的稳定，老百姓没有遭到涂炭。

因此说这个人还不错。

更不错的是这个人重学问，喜欢招贤纳士，只要是有本事的，来投靠吧，管饭票还管旅游的银子，因此当时很多文人都大老远地跑来投奔。

在全国大乱的情况下，您可以看到山东这里修道的修道（全真派就是在这个时候蓬勃发展的），到名山题词的题词，办学教课的教课，俨然一副和平景象。

李东垣和家人在山东一住就是十二年，其中大约有六年是和元好问住在严实的家里的。

在这里，李东垣一边继续行医，一边开始整理思路，将自己的内伤脾胃学说加以丰富完善。

李东垣和元好问都是历经劫难的文人，因此比较有共同语言，经常在一起活动，元好问有病了，也是李东垣给看。有一次元好问从济南回来，赶上秋天，"伤冷太过，气绝欲死"，李东垣给开了方子，服下去就好了，对此元好问佩服之极，认为是东垣帮他捡回了条命。

有的时候，李东垣还与元好问一起到处逛逛，其中经常去的，就是范尊师的正一宫。

范尊师对李东垣的影响很大，李东垣在书中曾几次提起。那么，这位范尊师到底是何许人也呢？

◎ 范尊师是谁

范老师是宋代范仲淹的后代，范老师自己的名字叫范圆曦，是位道人，"尊师"是道教中的尊称。这位范尊师的地位不得了，为什么呢？这要从他的老师说起。

大家都知道全真派吧，当年王重阳在山东传道，收了七个弟子，称"全真七子"，他们分别是：丹阳子马钰、长真子谭处瑞、长生子刘处玄、长春子丘处机、玉阳子王处一、广宁子郝大通、清静散人孙不二。

其中广宁子郝大通，号太古真人，郝大通后来创立了华山派。这位范圆曦就是郝大通的大弟子，是道教的一位杰出人物，号普照真人，在李东垣来的时候他正负责主持山东的道教事宜，其人"言议宏深，胸怀洒落，飘飘然非尘土中人"，当时的文人都喜欢到他那里做客，一来是尊敬范仲淹，二来是听听高人论道，提高自己的修养。

这里面我们要顺便纠正一个医史文献中的错误，这个错误是因为繁体字和简化字的翻印而造成的。

我们在看全真教的资料的时候总是觉得很神秘，这帮高手一会儿在泰山开会，一会儿在华山，一会儿在昆仑山，要说这泰山和华山还有可能，这昆仑山可就远了点儿了，这么来回一跑，时间可就都耽误在路上了，难道他们真的没事儿就去趟西域的昆仑山开会？（武侠小说也跟着起哄，只当他们是坐飞机去的了。）

实际上，古代文献里记载的全真派的一个主要修炼场所是山东境内的昆嵛山，该山被称为"海上仙山之祖"，在现在的威海附近吧，传说麻姑在此升仙，王重阳在昆嵛山开辟烟霞洞，带领弟子修炼，后来丘处机也在昆嵛山修炼很久，郝大通不但在此修道，还是在昆嵛山授徒的，估计是使用简化字的时候，大家看这个昆嵛山的"嵛"字和昆仑山"仑"字的繁体字"崙"字很像，看走了眼了，就以为是昆仑山了，结果现在翻开李东垣的书，但凡提到人家范尊师的地方，都写个昆仑范尊师，我自己以前就特奇怪，这位先生跟昆仑有什么关系呢？

原来，人家正确的称呼应该是：昆嵛山普照真人范尊师。

其他简体版的文献也一样，包括道教文献里的，武侠小说里（或者武侠小说例外，它是希望越远越好，天山才好呢），好多都写成了昆仑山。

这回您明白了，全真教今天在泰山开会，说下周的会议改在昆嵛山开，这是比较靠谱的，如果说下周改在昆仑山开了，得，大家回头施展法术吧，谁能飞去谁去。

那么，为什么大家这么尊敬范仲淹呢？因为范仲淹是一位不世出的贤人，是当年所有知识分子的榜样。

范仲淹的事迹大家都了解，做官做到了副总理的位置，政绩还是很卓著的，在国家无人的时候又被当作武将使用，派到西部的边关驻防，居然威慑得外族不敢入侵，使得边境平安若干年。这种能力已经够让各路学子们羡慕的了，他还顺手在岳阳楼写下了"先天下之忧而忧，后天下之乐而乐"这样前无古人后无来者的句子，让所有听了的学子都自叹境界不如，鼻孔喷血。

现在的人已经不了解了，范仲淹在过去读书人心目中的地位到底有多高，那简直是超级偶像啊！

但是有此政绩，有此学问的人历代也不少，为什么单单这位范仲淹在读书人中的地位这么高呢？

这要从范仲淹的修为谈起。

范仲淹之所以成为儒者心目中的典范，主要是因为他的清修苦节。

他做了几乎是副宰相的大官，工资应该是不少了，但是他家里却穷得一塌糊涂，四个儿子只有一条像样的裤子，谁有事儿的时候穿出去，没有什么事就在家里穿破的。

您该觉得这是胡说八道了，世界上哪有这样的事啊，他的工资都哪儿去了？

都施舍给需要帮助的人了。

别人说他是"忠义满朝廷"，就是这个意思。他见到读书人穷困没有钱了，就帮助人家，见到谁家丧葬嫁娶困难了，也帮助人家。

还买了田地千亩，把家族的人都聚集起来，将地交给家族的族长管理，田地的收入就供给这些家的老人啊，读书人啊，等等。古人对家族是非常重视的，一个人如果能够使家族繁荣兴旺，那是儒者们津津乐道的事情啊，是大事，是要记功德的。这跟现在不一样，现在都是以一家三口为单位了。

范仲淹还建了给学子们学习的地方，我的印象中好像在苏州就建立了文庙，苏州的同学帮着考证一下，是否正确。

总之净干好事了，凡是忠义之事，听说了，没有不做的。

自己却廉洁操守，不收回扣，不贪污，不乱花公家一分钱。

有了这样的员工，他的老板皇上大人一定晚上在被窝里偷着乐。

历史上的评价是，范仲淹在朝廷一出现，搞得其他朝臣们谁都不好意思奢靡了，风气为之一振。

文的可以了吧，武的更加厉害。北宋人才紧缺，边关告急，把范仲淹给派了过去当大元帅，范仲淹治军有条，西夏不敢来犯，在范仲淹去世后，边关人们焚香痛哭，连敌人那边都给点香跪拜，以示敬重。

这就是德行的力量啊！

但是在他去世的时候，家里穷得连买棺材的钱都没有，四个儿子居然无钱为他举办葬礼。最后棺材是大家凑钱买的。

其清廉若此！！！千古无人出其右。

我们现在给范仲淹的评价是：军事家、政治家、文学家。

但是，我知道，范仲淹心中想做好的只是——一个儒者。

所以他以无懈可击的品行，成为读书人心目中的超级偶像。

过去有人评价，历史上能够以自己的德行佑护子孙千年的只有那么两个人，一个是孔子，一个就是范仲淹。

什么意思？就是说，他的后代，一提自己的祖先，大家都礼敬，都客气，都给面子，还有可能给提供生活来源的，就只有这两个人能够做到。

比如孔家的后代，历代皇上等各级人物都尊重着呢。范仲淹的后代呢？因为现在学儒的少了，所以大家不了解，在过去，儒生们如果谁和范仲淹的后代有交往，那是荣幸的事情呢，写本书绝对是要请人家来给写个序的，就是给写句话，大家也都觉得脸上有光。

那么，您该问了，说了这么多，这范仲淹到底和中医有什么关系啊？

有，而且关系还很大。

因为范仲淹说了一句功德无量的话：不为良相，则为良医。

这话有多种版本，还有"不为良相，愿为良医""不为良相，必为良医"两种。

这是范仲淹在读书的青年时代，还没当官的时候，有一次到庙里烧香祷告，对神仙所发的誓言，意思是我范仲淹一生只为老百姓做事，对百姓好的我就做，让我当官，我就当个好的官，如果不让我当官，那就一定让我做个好的医生，也是为老百姓解除痛苦。

这不是一句普通的话，大家切勿等闲看过。

这话里面包含了极其坚定的信念。

此语与佛教中地藏王菩萨所发的大愿"地狱不空，誓不成佛"具有相似的感召力。

过去做医生的地位并不高，都混到与算命打卦的基本是同一个份儿上了，一个读书人，眼巴巴地期待着功名呢，一朝落第，心里特承受不了，跳楼的心都有了。

那个时候还没有"一个高考，两种选择"这样的话，只有"除了登科，还是登科"这样的思路。

所以有人考了一辈子，有人放弃了，给大官当个狗头军师幕僚什么的，有人回家种地去了，当然，还有的直接就疯了。

在这个时候，范仲淹的这句话起了作用，我们已经无法统计历史上到底有多少医生是因为落第后，在这句话的启发下走上了从医的道路的。

但是至少，在从医后以这句话作为自己的心理安慰的，几乎百分之九十九吧。

我看过了那么多的古代医书，几乎大部分书的序言里，别人在介绍的时候都要写上"昔范文正公（就是范仲淹）曾言：不为良相，愿为良医"这样的话，有的书好几个人写序，每个人都把这话说一遍。

可见此话影响之深！

◎ 痛苦的思考

所以，李东垣经常和元好问去拜访范尊师。

两人有时一起去看望范尊师，有的时候李东垣自己去。

范尊师的道观庄严肃穆，香火缭绕。

在这里，会使人想起很多前尘往事。

此时，李东垣已经五十多岁了。

回想自己漂泊、动荡的一生，别有一番苦涩滋味在心头啊。

李东垣很愿意和范尊师聊聊，因为自己的心里太沉重了。

尊师的茶室里。

淡雅的茶香从茶壶中溢出。

"东垣，你的面容为何如此疲惫？"范尊师缓缓地问，他身后的窗子外面，是青山与松柏。

李东垣："尊师，我觉得，人生太苦了。"

范尊师喝了口清茶，问："何有此言？"

李东垣："作为一个医生，太累了，看到成千上万的人在我的面前死去，我拼命地去救，却经常无能为力，我刚刚救活了一个，那边又死了一百个，天下为何如此之乱，苍生为何如此不幸啊。"

范尊师叹了口气："是啊，这是乱世。"

李东垣："他们要砍掉别人的胳膊、要杀掉一个人很容易，可是我们医生要让伤口复原是多么难！"

范尊师默默地听着。

李东垣："我经常感觉眼前一片黑暗。不知道何时，才能得见光明。"

沉默片刻，范尊师放下手中的茶杯，眼睛直视着李东垣，一个字一个字地说："东垣，你不要放弃，你所做的一切，不仅仅是为当世的人，更是为后世做的啊，要知道，天下总有国泰民安的那一天，那个时候的百姓，更需要你的学问！"

李东垣凝视着范尊师。

范尊师："你我可能都不会见到那一天了，但是，你现在就要把你的学问写下来，传下去，虽然你现在很累了，但也要坚持写下去（就令著述不已），即使有一天累死了（精力衰竭，书成而死），也在所不惜！因为学问传下去了，就和你还活着是一样的啊！"

两人的眼泪都慢慢地流了出来。

范尊师："这个世界现在一片黑暗，但是，有一线光明，在这里，"尊师指了指自己的心口，"为了这一线光明，拼命写下去吧！"

一个人，生在盛世还是乱世，是自己所无法选择的。我们已经无法知道，有多少生在乱世的医生，是凭着自己的信念活下来，创造出灿烂的中医文化的。

饥饿、杀戮、动荡，他们的眼前一片黑暗，上天没有给他们任何阳光，他们所能凭借的，只有心中的那一点小小的光明。

生活在盛世的人们，你们是否知道他们羡慕你们呢？

◎ 徒弟罗天益

公元 1243 年，李东垣离开了山东，告别了范尊师和元好问，回到自己的家乡真定。

这个时候，他已经六十二岁了。

家乡的土地早已荒芜了。

熟识的人剩下的也不多了。

一片凄凉景象。

刚回到家乡的李东垣比较疲惫，文献记载他"但依蒲团，唤童烫酒，看万里水绡染就"。

实际上，我倒是宁愿相信这是李东垣所向往的生活，是他的梦想，因为他没有时间了。

从他回到家乡到他去世这八年中，他做了大量的事情：

一、他治疗了大量的患者，从有时间记载的医案中的编年来看，《东垣试效方》中几乎全部的医案都出自这个时期。

二、他整理了自己的理论和经验，将已经写过的《内外伤辨惑论》重新整理成书，其他如《脾胃论》《兰室秘藏》《活法机要》《医学发明》等书的大部分内容也都整理了出来。

三、传授学问，他开始着手物色自己的传人，将学问传下去。

其中传授学问是一个最难以完成的工作，因为好的弟子是可遇而不可求的，王好古在跟随李东垣学习的时候，李东垣的很多思想还没有完全形

李东垣

成。因此，在此时寻找到一个合适的传人是非常重要的。

但是，去哪里去找呢？

李东垣把自己的想法和朋友周德父说了。

巧得很，仿佛是上天已经安排好了似的，周德父说：我知道这么个人，就是廉台的罗天益啊，他这个人性情敦厚，为人简朴，曾经痛恨自己所学的水平不够，有志于继续学习，"君欲传道，斯人其可也"。

李东垣很高兴，就让周德父安排罗天益来见见面。

罗天益是个穷苦人家的青年，人品非常好，为了见面，写了封信，信中表达了自己对李东垣的景仰和想拜师的心情。

这封信现在还可以看到，在罗天益后来写的书《卫生宝鉴》的序中全文收录了，只有几个字脱落了，大家有兴趣的可以拿来一看。

但是，没有料到的是，见面时，李东垣看到信后没有说什么，只是问了罗天益一个问题。

这个问题是："你是想来学挣钱的医生呢？还是想学个传播医道的医生呢？"（汝来学觅钱医乎？学传道医乎？）

这个问题问得很有趣，不知道如果各位的导师如此问您会怎么回答，因为不大好回答，您说挣钱的那个估计是没戏了，您说想学传道的，则很容易被认为是说大话。

罗天益同学虽然憨厚，但脑子还是蛮快的，立刻回答："亦传道耳。"

真是高啊，罗天益老婆孩子都有了，拖家带口的，如果说不赚钱仅仅是为了传道，谁信啊，所以说了个"亦传道"，说明养家糊口还是要的，但对您的学问的传播，少不了的。

真是个聪明的学生！李东垣听了很满意，当即决定，收下了这个学生。

入学的条件还很优惠，食宿全部由老师李东垣负责。

有这种好事？当然有，因为李东垣看中了罗天益的人品，知道他的家里很贫穷，为了让他能够放心地学习，就提供了助学金。

不但有助学金，还有奖学金。

在罗天益跟随李东垣学习了三年的时候，李东垣看到，这的确是个不可多得的人才，为了奖励罗天益能够如此坚定地坚持学习，李东垣拿出了"白金二十两"，放在桌子上，然后把罗天益叫来，对他说："我知道你家里的生活比较困难，怕你动摇了学习医学的信心，半途而废，现在这些钱给你，拿回家去养活老婆孩子吧！"

罗天益吓了一跳，哪有这样的老师啊，自己不交学费也就罢了，还白吃白住，然后还要给钱？

于是罗天益连忙极力推辞。

李东垣斩钉截铁地说了句非常有名的话，大意是："比这点儿钱更贵重的学问我都给你了，还在乎这点小钱吗？你就不要推辞了！"（吾大者不惜，何吝乎细？汝勿复辞！）

这是历史上比较有名的老师和学生的佳话。

不同寻常的老师，遇到了不同寻常的学生。

在李东垣的资助下，罗天益认真刻苦地跟随老师学习了八年，直到李东垣去世，尽得其传。

◎ 诊病之妙

有了罗天益做徒弟，李东垣治病的医案有人记录了，这样，我们就看到了更多的李东垣是如何诊病的资料。

举几个例子吧：

有个患者叫王善甫的，得了比较麻烦的病，小便不利，憋得眼睛都突出了，腹胀得像鼓一样，膝盖以上的皮肤变得十分坚硬，皮肤胀得像是要裂开，喝水和吃饭都无法进行了。前面的医生用了各种利小便的药，都没见效果。

于是请来了李东垣，李东垣一看，好家伙，这是个危急重症啊。

李东垣当时虽然已经是个名医了，但人家看病还是十分谨慎的，没把握的患者决不轻易处置，他说："这个患者的病已经很危急了，如果不仔细考虑好是无法处理的，让我回去好好思考一下吧（疾急矣，而非精思不能处，我归而思之）。"

然后回到家里认真地分析，但总是没搞清楚，为什么用淡渗利湿的药不起作用呢？

结果晚上也思考，都躺下睡了（估计没睡着，还想呢），半夜的时候，忽然又拿着衣服就起来了，大声说："我想明白了！"（忽揽衣而起，曰：吾得之矣。）

估计罗天益一定是被吓傻了，以为闹鬼呢，定睛一看，原来是自己的师父。

罗天益同学糊里糊涂地被惊醒，然后还要赶快拿笔记录老师的思考成果。

李东垣衣服还没穿好呢，就开始论述："《黄帝内经》说过：膀胱是负责津液的器官，只有在气化功能正常的时候，水液才能出来啊。可现在这些医生用了淡渗利湿的药，却没有效果，这是气化不正常的缘故啊。启玄子（就是唐朝的一个叫王冰的高人）说过：无阳则阴无以生，无阴则阳无以化。这些淡渗之药都是阳药，只有一个孤独的阳气在那里，这阴气从何而来啊！"（中国古代哲学认为阴和阳是一对儿总在一起的东西，离开谁都不行，它们互根互生，又互相制约。）

不知道罗天益迷蒙中是否听懂了，反正内容是都记下来了。

第二天开方，用了很多药性属阴的药物（以群阴之剂投之），患者很快就好了，尿也出来了，腹胀也消了。

没有再服第二剂药就痊愈了（不再服而愈）。

看来高手就是高手啊，一击而中。

再讲个治疗元好问的医案。

李东垣回到家乡后，元好问也来到过真定串门。

当然，他不是特别来看李东垣的，他是当时的大名人，朋友多，所以到了真定东家西家到处走。

他先去的就是前面这位患者王善甫家了，这位王先生是京城管酒的官，当然家里也有点儿酒，元好问估计就奔这酒去的，就多喝了点儿。

结果没两天元好问就发现自己脑袋后面，头颈部位生了个小疮，开始还没在意，两天后开始觉得疼，但也没在意。

第二天还见到李东垣了（见国医李公明之），两人光顾着见面高兴了，结果自己还忘了问自己的疮这个事儿了，这一天见到了好几次，都忘了问了。

再过两天，坏了，开始觉得脖子发硬，发麻，"势外散，热毒焮发"。

这个时候旁边开始有人吓唬他了：您没听说，本地有个刘大人就是脑袋长疮刚死的！

在古代，后背或者脑后长的疔疽是真的能导致人死亡的，比如著名的项羽的亚父范增就是患背疽死的。

元好问吓坏了。

第三天，这个疮疽疼得已经无法睡觉了。

也不知道这位元好问怎么了，居然没有找李东垣，而是去了另一个外科大夫那里。这点让我百思不得其解，估计是一开始没和人家讲现在不好意思找人家了？或者是觉得李东垣擅长治疗内伤病，外科治得怎么样不清楚？反正当时人家怎么想的我们搞不大清楚了。

这位外科大夫先给开了点药，然后看患者是这么大的名人，自己看不放心，就把一个师兄也找来一起看。

看的结果是说：现在没法儿弄，要等到十八天后脓出来后再处置吧，三个月后才能好（不知道这位跟谁学的，这么个治法儿没法儿不死人）。

元好问很狼狈，越想越害怕，心里琢磨：这么个疼法儿，十八天后我都该挂了！

于是这才赶紧找来了李东垣。

李东垣一看，一点没当回事儿，"谈笑如平常"。

元好问都急了，兄弟我都快挂了，您还不当回事儿？

其实我们李东垣很会使用心理疗法，如果此时他显示得很严重的样子，估计元好问会吓得晚上喝药自杀的心都有了。

李东垣说："这个疮疽当然有点严重，但是有我在这里，您就把心放肚子里去吧！"（子当恃我，无忧恐尔）

然后回家了，留下忐忑不安的元好问。

下午，李东垣带着装备来了，他拿出了枣核那么大的艾炷（艾蒿绒做

李东垣

047

成的柱状物，中医用来点燃做艾灸）。

元好问差点吓晕过去："您这是要干吗？！"

李东垣告诉元好问："要先用火攻之策，然后再用药。"

元好问："天啊！"

于是李东垣就开始用艾灸灸，灸了一百来壮，具体灸的位置看记载应该是创面，但这种治疗方法现在已经不大用了（您别回头长了疮用艾灸治，你我都不是李东垣，没那个把握啊）。

然后才开药。在开药之前先给元好问讲了一大堆的道理，还把《黄帝内经》背诵了好一大段，什么"必当伏其所主，而先其所因，以其始则同，其终则异"等的，估计几百字吧，我就不给您打出来了。

李东垣明白，对元好问这种特有学问的人，就要在道理上给他讲清楚，否则这种人特多疑，觉得自己也会分析，回头想歪了，治疗一半不定又跑哪个庸医那里去了呢。

结果背诵的这些大家都听不大懂的东西很起作用，元好问觉得这里面学问很大（他一定是这么觉得的，因为他把这些内容都记录下来了，还签上了自己的大名，收录在《东垣试效方》中），于是开始安心治疗。

李东垣开的方子是：黄连、黄芩、黄柏、生地黄、酒知母、羌活、独活、防风、藁本、防己、当归、连翘、黄芪、人参、甘草、苏木、泽泻、橘皮、桔梗。

并告诉元好问，服药后会精力大旺，胃口增加，筋骨健壮。

元好问也不管那么多了，一口把药喝了。

结果喝完后感觉很困，倒在床上就开始大睡（药后投床大鼾）。

第二天，太阳很高了才起来，手一摸，咦？疮消了七八分（以手扪疮肿减七八）。

元好问真是个多疑的人，疮变小了，他又怀疑是不是要从前面出来啊（予疑疮透喉）？于是赶快把李东垣给喊来了。

李东垣碰到这么个患者可真是倒霉了，没办法，谁让是朋友呢。就跑来了。

来了一看，说："您这马上就要好了，从今天开始记着天数（屈指记日），不出五七天，该结痂了，就可以出门了"（不五七日，作痂子，可出门矣）。

又过了三天，元好问睡觉中忽然有"宵寐之变"，这位多疑的人又觉得这是死亡的征兆吧。于是很痛苦，却又找不到人说（予惧其为死候，甚忧之，而无可告语之者）。

救星终于来了，李东垣正好来看望他，一进门，就逗元好问："您服药后有三个见效的事情，为什么不主动告诉我呢？"（子服药后有三验，而不以相告，何也？）

元好问装傻："啊？"

李东垣："您这几天，是不是饭量特好啊？"（子二三日来，健啖否乎？）

元好问："是啊！"

李东垣："您的脚和膝盖，以前没劲，现在是不是走路特有劲了？"（子脚膝旧弱，今行步有力否乎？）

元好问："是啊！"

李东垣："您昨天晚上睡觉，有宵寐之变，为什么不主动交代呢？"（子昨宵梦有宵寐之变，何不自言？）

元好问坏笑一下，心想：我就是不告诉你！（予为之一笑，终不以此变告之也）

再过了几天，就全好了，从开始治疗到平复如常，只用了十四天的时间。

实际上，李东垣在治疗疮疽的同时，也捎带把元好问的身体给调理了一下

元好问佩服极了，亲自记录了治疗过程，最后加了一段话，大意是：别的医生也可能有能够治疗好的，但是除了治疗好之外，还能把治疗的道理讲得一清二楚的（历数体中不言之秘），我平生只看到李东垣一个人能够做到啊。

他惦记的还是那个高深的理论呢！

真是做学问的人啊！

不知道这些医案大家是否愿意听，如果喜欢，我就再讲讲，反正医案很多，随便再讲一个吧。

有个叫李和叔的人，一直以来很不开心。

不开心是因为在子嗣的事情上出了问题，总是得不到解决，闷在心里。

有一天实在忍不住了，就找到了李东垣，说："我向您反映个问题，我中年以后啊，得了个儿子，可是长到一岁以后呢，出了问题了。"

李东垣很好奇："什么问题呢？"

李和叔说："他的身上长出了'红系瘤'，结果治疗后没有效果，死了。"（身生红系瘤不救）

现在看来，这是肿瘤一类的问题啊。

李东垣："有这等事儿？"

李和叔："是啊，还没完呢，后来我又有了三四个孩子，都是等长到一二岁的时候，长出了同样的红系瘤死了！请您帮着想想办法吧！"

李东垣听了也感觉有些挠头，甭说李东垣了，这事儿拿现在来也够北京各大医院专家研究一阵的（估计也未必能研究出个结果）。

最后，李东垣本着负责任的精神，对李和叔说："这样吧，我回去试着想一下，看看能不能拿出个思路来。"

回家以后，李东垣照例仔细地思考着这个问题。

第二天，李和叔又来了，李东垣告诉他："我已经知道为什么了！"

李和叔非常好奇，急迫地说："为什么？"

李东垣解释道："你的肾（中医的'肾'不单单是西医的泌尿系统的肾，还包括生殖系统在内）里面有伏火（也就是潜藏在里面的火邪），以气相传生子（用现在的话说就是：用这样的遗传基因生孩子），所以孩子都有了这样的疾病，'触遇而动'（意思是遇到诱因了，就开始发病），病发在肌肉之间，俗称叫作胎瘤的就是它了。"

李和叔表示很佩服，但是又对此理论有点不大理解。

于是李东垣又说："你可以观察一下你的精液，看看里面是否有红色的物质。"

李和叔迅速地跑回家，观察了一下，还真的有啊！（估计是已经引起炎症了）。

然后他又跑了回来，这回是彻底地相信了，于是李东垣开始开方，用了滋肾丸治疗，来"泻肾中的火邪，补真阴之不足"，然后告诉李和叔，一定要忌酒和辛辣的食物。

滋肾丸的方子特简单，就是酒制知母二两，酒制黄柏二两，肉桂一钱，做成丸，每次按量服用。

然后让李和叔的老婆服用六味地黄丸来补肾阴，如果再怀孕，五个月后要服用黄芩和白术做成的散，吃个五六次就可以了。

结果，李和叔在东垣的鼓励下，一鼓作气，又生了个儿子，长到三岁也没有发病，到后来一直长大成人。

经过了这个事情，李和叔对李东垣佩服得五体投地、心悦诚服，说："先生乃神医也！"

然后，拜李东垣为老师，"遂从而学之"，成为李东垣的又一个弟子。

不多说了，总之，李东垣在这个时期治疗了很多患者，并且许多医案被记录了下来，使我们今天能够得见高人的手眼。

◎ 最后的时光

时光荏苒。

八年的时间很快就要过去了。

此时的李东垣已经是一个老者了。

长年的奔波、饥饿与劳累过早地消耗了他的体力。

而近些年的写书、授徒、诊病这三样繁重的劳动最终使得这位老人精力日乏。

但是范尊师叮嘱过他的话却仿佛一直在他的耳旁响着，他知道，留给自己的时间不多了。

他必须加快进度。

在这八年里，他把自己的理论体系进行了梳理，然后全部写成了资料，有的是他自己亲自写成了书，比如《内外伤辨惑论》《脾胃论》《伤寒会要》，其中仅《伤寒会要》就有三十万字。三十万字，大家可以想象一下，那是用毛笔一点一点写的啊。

剩下的好多资料，他自己没有时间整理了，就分成了类，编成册。

告别的时刻终于要到来了。

在这段最后的日子里，他放下了手中的工作，常常久坐在那里，从窗子望出去。

看看远处连绵起伏的山脉，看云起云落。

回想自己这漂泊的一生。

罗天益这些天已经感觉到了，师父的精力开始衰竭了。

但是他没敢相信离别的时刻马上就要到了。

终于有一天，李东垣把罗天益叫到房间里来。

罗天益进来后吓了一跳。

只见案几上摆满了书稿。

虚弱的李东垣望着罗天益，望着这个即将接过重担的弟子。

然后吃力地对他说："天益，我自知时日无多了，这些，是我平时所整理的资料，全部是我的理论和经验总结，现在，我把它们已经分好类，全部交给你！"

罗天益听到这些告别的话语，泪水喷涌而出，跪到地上，望着老师，说不出话来。

李东垣叹了口气，接着说："这些书给你，不是为了我李东垣，也不是为了你罗天益，是为了天下后世的人啊，希望你一定要将它们传下去，千万不要让它们湮灭了！"（此书付汝，非为李明之、罗谦甫，盖为天下后世，慎勿湮没，推而行之！）

李东垣："你一定要答应我。"

罗天益已经哭得难以言语。

李东垣已经没有力气了，但仍期望地望着他。

罗天益终于边哭边磕头："老师，我答应您！我答应您！"

李东垣松了口气，慢慢地闭上了眼睛。

时在公元 1251 年 2 月 25 日。

这个昔日的富家少年，人们一直因他的财富而认为他的生活是潇洒的，而实际上在他一生的绝大部分时间里，都是生活在瘟疫、灾荒、战乱、饥饿、居无定所的过程中。他生活在暗无天日的动乱年代，他经历了人世间最为黑暗的一幕，但是，他却凭着自己的信念，领会了医道的真谛，挽救了无数人的生命，又为我们奉献了璀璨的中医财富。他的思想光辉，穿透时光的阻隔，一直照射到今天。

当你看到一本本他留下的书的时候，对他说声谢谢吧。

他是位值得我们尊敬的人。

◎ 尾声

七百多年以后。

北京。

中医药大学的图书馆。

洁净阅览室，窗明几净。

我的桌子上摆着一本本李东垣留下的著作。

我看着每一本书的序中记录的刊印过程。

心里感叹："罗天益先生，你终于做到了！"

是的，罗天益终于做到了，他用行动履行了他对老师的承诺！

现在从某个角度来看，他几乎就是为了李东垣而生的。

在李东垣去世后，罗天益伺奉李东垣的夫人如同自己的母亲，一直到老人家八十岁去世。

他自己也终成一代中医名家，在元代太医院任太医。

任太医期间，他把李东垣留下的书稿一本本地整理，然后拿去刊行，并最终流传了下来。

他在每本书里都写得清清楚楚，这是我老师李东垣先生写的，我只是在做整理工作。

在将老师的著作全部完成后，他才写了自己的著作《卫生宝鉴》。

在刊行《卫生宝鉴》一书的时候，他把当年到老师家拜师时，自己写给老师的那封信，放在了目录的前面。

这封信，放目录的前面显得很突兀，古人刊印书籍是没有这样的规矩的。

没人知道他的这个举动是为了什么。

但是，我知道，他是在用这种方式，来怀念他的老师李东垣。

我甚至都能够想象到，罗天益是含着泪水这样做的。

信里面每一个字、每一个笔画，都饱含泪水。

图书馆的电灯陆续亮了。

阅览室里一片通明。

原来到晚自习时间了，同学们鱼贯而入。

我的心里突然有种冲动，想把这封信给他们看看……

※ 补中益气丸与养生

今天要跟各位谈的是：千万别饿着自己！

很多人会感到迷惑：饿着自己？现在是什么年代？不是李东垣那个有上顿没下顿的饥荒年代了，现在不吃撑了就不错了！还能饿着自己？

没错，大家先别急，这个年代不但会有人饿着自己，还会把自己给饿病了，您且听我往下细聊。

很多白领的生活有如下特点：晚上尽可能地晚睡，觉得睡早了都对不住自个儿，当然，这样做的结果是早上起不来——没法儿起来，因为刚睡没几个点儿啊，等到闹钟响了无数次以后，才很愤怒地起来，先把闹钟砸了，然后才想起在砸前一秒钟看到的时间是八点整——上班晚了！

于是穿上衣服，跑出房门，从轻轨八通线通州北苑站上直奔四惠站换一号线，然后建国门换二号线，东直门站上来一气儿跑到了单位，还是晚了。

正碰上经理在门口，嘿！怎么你又迟到了，说你多少次了怎么没记性啊。回头再说你。来来，正好我们的货来了，得，就你了，你帮着搬一下吧。

这批货真叫重，差点把这位累趴下，回办公室后，再看这位就蔫儿了，满脑袋想得都是：中午什么时候开饭啊！

然后中午开饭的时候到食堂狂吃，吃下了令人瞠目的饭量。

这就是一个经常发生的片断，仔细分析其中的经过，您就会发现这跟围城之中的大金国军民有着同样的状态，饿着肚子，在饥饿的情况下干活，搬石头修城墙。然后，解围后，狂吃。

很多白领是长期不吃早饭，有的只是拿一点零食对付，然后在上午干各种活儿。

西医认为早晨不吃饭最大的问题是容易患胆结石。

但是中医认为还会出现其他的毛病。

李东垣认为人的脾胃一旦受伤；则身体的元气就也跟着受伤，这样会出现许多病症。

尤其是在饥饿的时候，如果在处于劳倦的状态下，则危害更大。

我经常会碰到很多白领向我咨询：我得了疲劳综合征怎么治疗啊？我的症状就是浑身无力，总是提不起精神，一干活就累，爱感冒，抵抗力低，容易闹肚子，等等。

您再看看现在教科书中补中益气丸的主治范围（这是李东垣的方子）："脾胃气虚，少气懒言，四肢无力，困倦少食，不耐劳累，动则气短"等。

不用说，您已经发现了吧，两者相差无几。

对，就是这样，如果一个人长期早晨不吃饭，然后在上午干活，这个时候对身体的损害是非常大的，会最终导致您身体的整个健康水平的降低。

民国时期有一个著名的医生叫张锡纯，他治疗过很多这样的病例，其中有一个车夫就是在饥饿的状态下，空着肚子奔走了七八里地，结果是呼吸短气，心中发热，不爱吃东西，肢体酸懒无力，稍微一动弹就觉得气短，最后张锡纯就是用补中益气法给治好了。

有的人会认为这个病与没吃早饭没关系，但是，在中医这里，它们是非常相关的。

上面所说的是最终患上了很严重的疾病的。

没有那么严重的，就是所谓的疲劳综合征了。

好多白领因为所谓的疲劳综合征非常痛苦，因为到西医那里去，医生会认为他没有病，需要休息，可是休息了却发现也没有什么用。

这种情况在国外特别多，他们那里也有大量的白领有这样的情况，然后医生觉得自己的压力非常大——解决不了人家的问题啊，于是在做各种努力，有的还说发现是某种病毒什么的导致了疲劳综合征。

我认为他们说反了，是因为患者的健康水平下降才导致细菌、病毒容易入侵。

当然，"疲劳综合征"在中医里面也还有其他的原因，比如情志方面的原因，但是脾胃受伤绝对是一个非常重要的因素。

所以各位，千万别跟自个儿过不去，一定要吃好早饭。

还有一部分把自个儿饿着的人，就是那些想减肥的女孩子，这部分人对自己身体的折磨的惨烈程度绝对和围城下的大金国军民有一比，长期拒绝正常饮食，以黄瓜片、苹果为主食，同时怕自己的毅力不够，还在街上买来一些降低食欲的西药。

她们由于不知道脾胃受伤后的严重后果，所以勇往直前，无知无畏。

但是后果很严重。

在中医里，我们认为女子的脾胃一旦受伤，则气血的来源就受到严重的阻碍，而女子身体的各个系统，尤其是生殖系统对气血的依赖尤其严重，气血的不足会造成月经、胎、产等环节都出现问题。

这不是我在危言耸听，现在出现了很多这样的病例，由于减肥，造成了严重的营养不良，有的开始厌食，然后二十几岁就开始绝经，接下来的发展就是卵巢萎缩，最终导致无法生育孩子。

丈夫嫌弃，婆家反目，自己痛苦。

这样的悲剧很多。

有一次我跟随组织到距离北京不远的张家口市义诊，患者站了很长一排，轮到一个十八九岁的女孩子，我开始诊脉，她一伸胳膊，胳膊非常的细，我搭上脉以后心里就知道，这是个问题很大的患者，就问旁边她的父亲："她的气血怎么这么弱啊！"他父亲很低声地说："减肥减的。"

女孩子在读大学，因为减肥，开始厌食，月经不来已经两年了。

他父亲很焦急，女孩子自己还笑眯眯的呢。

我心里想，我还没说后面更加严重的后果呢，说了只怕她该睡不着觉了。

她已经服用了很多活血通经的药物，我告诉她和她父亲，不要再服用通经药了，因为无经可通，比喻一下，就是河里已经没有水了，您还在那儿挖河沟干吗？

赶快要调理脾胃，养气血，脾胃的功能恢复了，气血足了，才能再调经。

义诊结束后我就返京了，不知道这个女孩子后来如何。

但是我知道，即使我能治疗得了她，也治疗不了天下那么多的同类患者。

因为减肥药厂商和模特界还在大力宣传骨感如何美，纤瘦如何迷人。

举世若狂，女孩子们仍在前仆后继。

希望各位兄弟看后一定要看牢了自己的女朋友，必要的时候使用暴力手段解决——把减肥药砸了。

下面我把药店卖的补中益气丸的方子给大家解一下吧。

补中益气汤（现在改成丸药了）方子的组成是：黄芪、人参、当归、白术、陈皮、升麻、柴胡、炙甘草，这么八味药，治疗的主证是因为劳伤、饮食不节而导致的脾肺气虚、中气下陷，什么是中气下陷呢？这是一个中医术语，中医认为人的胸中有"中气"，支持着人体的正常功能，如果你的营养不足了，导致气虚，那么这个中气就会向下走，这样的人常常会感觉到自己没有力气，说话提不上来气，不爱说话，脸色苍白，头晕，本来食物在胃肠内，在中气的固持下，可以慢慢地走完消化的过程，结果现在固持不住了，很快就泻了出去，结果就泻肚子，有的人还脱肛，还有的人一体检就检出西医说的胃下垂，女同志有的是子宫下垂等。对于这

李东垣

057

个，中医认为是脾肺气虚，因为在五行的归属里，脾属土，肺属金，土生金，因此这个病的根本在脾胃，因为脾胃的功能降低，吸收不好，结果导致肺气也不足了。

补中益气汤这个方子是李东垣用了很多的心思琢磨出来的，方子里面的人参不用说了，这是一味大补元气的药。然后是黄芪，这个黄芪可是味好药，生黄芪可以起到固表的作用，什么是固表呢？就是加强人体的外围防御系统，有的朋友总是冒虚汗，风一吹就感冒，就可以用这个生黄芪来固表，同时加上白术和防风，叫玉屏风散，药店有卖的。如果把黄芪用蜜给灸了，则会起到补中益气的作用，因此黄芪在这个方子里面是最主要的药物，用量也最大，李东垣那个时候黄芪只用到了一钱，其余的药只用到几分，现在的医家黄芪都用到几十克，上百克的也有，效果还不错。但是各位在买药的时候要知道，生黄芪和灸黄芪是分开的，你如果只写了一个简单的黄芪，大江南北各地药行的规矩不同，有的给你生的，有的给蜜灸的。根据我的经验，生黄芪使用的量可以大，但是蜜灸黄芪的量要严格遵守方剂的规定，因为蜜灸的很容易生热。

方子里的灸甘草也是补脾胃之气的，李东垣认为黄芪、人参、灸甘草是消除烦热的圣药，这个烦热就是由于中气不足产生的虚火。方子里还有白术，这是燥湿、补脾经之气的，因为李东垣认为这个问题的关键在脾，他说"脾气一虚，肺气先绝"，所以方子里面也尤其照顾到了脾经。

那么既然是要补气，为什么方子里面还加上了陈皮呢？原来，这个补气的药如果一下子下猛了，那么多的气同时补入人体，人体是受不了的，最大的感受就是气闷、胸闷，有点壅住了，这时稍微加上一点理气的陈皮，则没有这个毛病出现了。

在补气的同时，还要照顾到血，为什么呢？因为中医认为阴阳是互生的，气血也是互生的，气虚的同时，血也一定是虚的，而一下子补了这么多的气，一定要考虑将它们引导转化为血，所以加上了当归，这样就可以让气血的转化正常了。

但是，到此为止还不够，因为虽然补气了，可是现在主要的问题是中气下陷啊，这个下陷怎么解决呢？

于是，方子里面就用了升麻和柴胡，量都非常少，升麻是升阳明之气，柴胡是升少阳之气。各位，这里面可够神奇的，您别看就这两味药，我们说它们药性是向上升的，加进去以后，这整个的药力还真就是往上走了，脱肛、子宫脱垂什么的，是气虚引起的，用上还真就能回去。

这点有些网友已经有体验了，有些网友患了痔疮，给我来邮件，说脱出多久了，我就是告诉买什么痔疮药，同时配合补中益气丸，结果就开始往回收了，回邮件反馈效果特好。有的时候，如果自己真的体会一次中医，那么对它的感受就会更强烈的。

大家如果因为我提到过的原因，把自己的脾肺之气给伤了，出现了相应的症状，那么就可以考虑服用一些补中益气丸来调补一下。

好了，李东垣就讲这么多吧，希望各位有所收获。

朱丹溪

◎ 引子

浙江义乌。

这里现在是个热闹非常的地方，在电视上可以看到这个地方的广告：物流之都。这是现在的事情了。

让我们回到遥远的古代吧，回到元朝，那时候这儿可没那么热闹。

在义乌南边，有条曲折蜿蜒流淌而过的溪水。

世界上每条溪水都是美丽的，这条溪水也没有什么特别之处，特别的是溪水两岸的岩石，它的颜色是红色的，所以，这条溪水又叫丹溪。

公元 1281 年 11 月 28 日，朱丹溪就降生在这里。

有趣的是，朱丹溪本来不叫朱丹溪，他正式的名字叫朱震亨，字彦修，就因为他住在叫丹溪的地方，后世尊称他为"丹溪翁"，说习惯了，顺嘴就叫成了朱丹溪。这种尊重法儿只能说明一个问题，那就是您太了不起了，把这个地方的从古到今的其他人都给盖了，因为您叫了"住在丹溪边上的老人"，这名号别人可就没法儿用了，再出个名人，也没法儿叫"住在丹溪边上的老人乙"了，可见，这个名号横的把这地方连县城在内的方圆几十里，竖的把这地方的上下几千年，所有的人都给盖了。

过分了点儿吧！您一定这么想。

您还别说，反正以后的事情我不敢预测，打这儿往前算，从古至今，这地方人的成就还真就没有人家朱丹溪大的。而且，尊称人家这个名号也是老百姓自愿的，受人恩泽啊。您想，没准儿这地方哪位兄台的二十代以上的爷爷当初得了重病，要不是人家朱丹溪，那位老祖宗早就挂了，哪儿还有这位兄台啊。

所以，这种称谓可是真的尊重啊，是尊称巨牛人的，一般牛人是无法获得的。

但是，早年的朱丹溪却无法看出来是个这么有成就的人。

◎ 聪明的孩子

童年时候的朱丹溪，不，这个时候应该还叫朱震亨，因为"朱丹溪"这个带着光环的称谓还没有落到他的头上，这个时候的朱震亨还算是个聪明的孩子，由于家里是书香门第，所以读圣贤书、习举子业是理所应当的事情。

瞧，童年的朱震亨蹦蹦跳跳地跑过来了，来来，让我们仔细看看这个日后的名医吧：这个叫朱震亨的小孩瘦瘦的，额头宽宽的，眼睛很大，透着机灵。但从外表，我们怎么看这个朱震亨都是成千上万个少年儿童中的普通一员。

在文献记载中，朱震亨小时候"日记千言"，看来是个非常聪明的小孩子，他的父亲是读书人，祖父是进士，这还不够，老天爷又给他安排了位极其有来头的母亲。他的母亲戚氏的祖上是宋朝时的官员，虽然到了元朝，家道不行了，但家教还是有的。她对子女管教甚严，有一次朱震亨的弟弟从邻居家的鸡窝里顺了个鸡蛋被母亲发现了，母亲严厉地斥责他的弟弟马上给邻居送回去，搞得他很久都做吃鸡蛋的梦。

在这种严谨的教育下，朱震亨苦读举子业，像古代任何一个读书人一样，希望能够通过科举博取功名，但接着却突然放弃了科举之路。

对于他突然放弃的原因，我们并没有找到记载，只能看到："先生受资爽朗，读书即了大义，为声律之赋，刻烛而成，长老咸器之，已而弃去。"

这样的话语，如果从字面理解，我们的头脑中则不难出现上面我们描述过的情景，即震亨同学太聪明了，却对做学问不感兴趣，才"已而弃去"，但是如果仔细分析，就会发现这种论述很有疑点，这就好比是描述一个人："非常有当官的天分，年纪轻轻官就越当越大，然后不当了。"

这绝对是种不靠谱的逻辑，傻瓜才会相信呢，没有点儿经济或者作风问题怎么会不当官了呢？那么，历史中的真实情况是怎么样的呢？朱震亨为什么放弃了科举之路，在放弃了科举之路后，开始对什么感兴趣了呢？

关于朱震亨为什么对读书不感兴趣了，历史上没有记载。

现在，让我们来揭开这个谜团吧！

首先，我们可以从朱震亨父亲的去世来分析起。

就在朱震亨十五岁刻苦读书，大家对他也期望甚大的时候，他的父亲去世了。

在他后来写的著名医书《格致余论》的序中，朱震亨写道："因追念先子之内伤……一皆殁于药之误也。""先子"在古代可不是称呼自己的儿子，而是自己故去的老子的。可见，朱震亨的父亲因为内伤病不治，在朱震亨十五岁的时候去世了，他的家道从此中落。

朱震亨显然因为他父亲的去世受到了很大的打击，他搞不懂为什么经过医生的治疗，父亲的病不但没有好，反而还去世了，这个疑问困扰了他很久，直到多年以后自己懂得了医术，才晓得是医生给误治了，这让他悲愤异常。

但是在当时，朱震亨是不了解这些情况的，他在悲痛之余也没有什么办法，想必接茬儿读书是跑不掉的。

但是，上天似乎觉得给这个家庭的打击不够，在接下来的若干年中，他的大伯、他的叔叔也相继患病，在经过医生诊治后去世了。

我这样写似乎给人一种感觉，就是朱震亨家的附近有一个心怀叵测的医生，每次朱家有人生病，在请他诊治后，他都会做点什么手脚，让这个人死去。

但实际情况并不是这样的，这样的事情当时应该是很普遍的现象，只能说明当时的医疗水平确实到了需要整顿的地步了。

也就是说，历史在呼唤伟大的朱丹溪的出现。

◎ 打官司专业户

可在那个时候，摆在少年朱震亨面前的却不是这种宏伟的、巨大的使命感的召唤，而是一些具体困难的招呼。

我们可以推想，在一个家族的主要男丁都去世了以后，会出现什么样的情况呢？

关于这种情形，我想在农村生活过的同学一定有感触，那就是别的家族会来欺负你，什么今天占你点儿地了，明天上你的水塘里捞点鱼了，怎么着？不满意？不满意就比划比划啊！什么？没人出来比划？那好啊，这鱼塘以后就由我来替你们看着得了（乡之右族咸陵之）。

所以，少年朱震亨的肩上早早地负担了家庭中男丁的重担。

这种重担并没有催促他向学习医术上发展，而是走向了一个偏激的方向。

古书记载，这个时候的朱震亨开始变得"尚侠气"，如果有人胆敢欺负自己家族，他就一定会跳出来，"必风怒电激"地到政府有关部门去告状，不是年龄小打不过你吗？但俺读过书啊，俺文笔好啊，俺擅长动笔告状啊，反正是一定要闹得天翻地覆，连省长到省委书记全都过问才好呢，结果是搞得周围的大户人家"上下摇手相戒"：千万别惹这位祖宗，惹不起，他这么个闹法儿，搁谁也受不了！得了，别惹他们家了（莫或轻犯）！

想必是朱震亨很沉迷于这种天下无敌手的感觉，所以这种状态竟然一直持续了很久，不是很久，是太久了，具体说来，是一直持续到他三十岁。

也就是说，在这种崇尚侠气的岁月中，朱震亨度过了他的少年和几乎半个青年时代。

但是诸位并不需要担心朱震亨是否会成为称霸街头的小混混，毕竟人家是读过书的人，受到过正统的儒家思想教育，如果是一般人估计也就成为街头混混了，但是朱震亨不会，他想必深刻地理解到了"侠"这个字的伟大含义，故所作所为必从正义出发。

这一开始还只是家里面的事情，后来由于名气越来越大，最后竟然发展到替别人伸张正义。比如村头老张家的庄稼被老李家的牲畜给吃了，老张头一定会哭丧着脸找到朱震亨："震亨大侄子，你给评个理啊，他们太欺负人了！"但是如果你据此得出朱震亨只是经常包办些邻里纠纷那就彻底错了，朱震亨似乎天生就什么都不怕，只要认为是不合理的，甭管对方是谁，他都要管到底。

一个著名的例子是发生在他二十二岁的时候，我们二十二岁的时候还基本上是个毛头孩子，刚到单位见到经理时，说话还紧张呢，您再看看朱震亨二十二岁时都干什么了。

当时元朝政府管理水平较低且随心所欲，苛捐杂税比较多，在朱震亨二十二岁那年政府要求交包银，"州县承之，急如星火"，可见各级地方领导是很重视的，虽然民间生活比较艰苦，但这个钱各家还是要交的（民莫敢与争）。这时候，我们的朱震亨出场了。他带领乡里抗命，就是不交，郡守急了，"召先生"，这个"召"字显然是用得客气了，估计是用绳索之类的东西"召"的。"召"来后，郡守就问朱震亨了：嘿，我说你小子胆子够大的啊，敢跟州政府作对，脑袋不想要了吗（君不爱头乎）！

我们再来看看二十二岁的朱震亨的回答，估计足够让郡守背过气去了："您郡守是个大官，当然脑袋是很重要的了，我们也就是一介草民，脑袋并没有那么重要，您就甭替我们操心了，这个包银如果形成制度，危害将会毒及子孙（此害将毒子孙），如果您非要干这个坏事，那您干脆把我们家的财产连房子带地都收上去，来顶替大家的钱算了，您看着办吧。"

这话说得是比较有水平的，您郡守自己心里也会掂量掂量吧，大家毕竟都是读国学出身的吧，思想境界到哪里去了？而且最后还说，如果您非要做，那直接到我们家抢得了，您觉得合适吗？

估计郡守听完后一定痛苦得直用脑袋撞墙：苍天啊，我怎么这么倒霉啊！这哥们儿为什么偏偏生在我的辖区里面啊！

然后郡守一定会转过脸来，用恳求的语气央求：拜托啊老大，给点面子吧，总不能让我没法儿交差吧，兄弟我也要混下去啊。

那好吧，我们村王小二和李老四最近靠贩卖假奶粉发了财，我总觉着这两个人很不地道，你就上他们家收吧。

多谢老大指点，多谢！

最后的结局是：朱震亨所居的乡里，竟然只推举出两个大款交了包银（仅上富氓二人），其他乡亲皆得脱免。

由此可见，青少年时期的朱震亨是这样一个人：非常正直，爱惜百姓，敢做常人不敢做之事。

◎ 敢拿县长开涮

为了证明这一点，让我们再来看看他当时的所作所为吧。

当时他们县里有个不太地道的县长，很喜欢搞钱，具体搞钱的方式也很有时代特征，就是假托鬼神来营造工程。比如他最近就和几个包工头想出来个主意，说神仙给我托梦了，让我修岱宗祠，这个工程县领导都通过了，准备开始修了。

但是，他知道自己还有一件事情没有做。

这个事情不做，恐怕这个工程总会有点问题，这使得他睡觉都不安心。

这件事情就是，在本县的管辖范围内有个朱震亨，这个朱震亨对此工程的态度还不清楚。

可见当时朱震亨的名气大到了何种地步，连县长搞个贪污工程都要先想着这个朱震亨会不会跳出来捣乱！

怎么办呢？不能坦白了说我想搞钱啊，还是婉转点儿透露吧。

于是县长就找来朱震亨谈话了，谈话的气氛是在县长营造的极其神秘的氛围中进行的。首先是县长用泄露天机的口气压低声音说："震亨啊，透露你点最高机密！人这辈子的生死，实际上是岳神管的（人之生死，岳神实司之）！这事儿我没告诉别人，就告你一人了，内部消息千万别外传！"

这个县长一定觉得自己的神秘信息已经传递给朱震亨了，于是又突然换了副严肃的面孔提高声音说："我现在要修建岳神的宫殿，那是神仙的意思！看我这县里哪个胆大的不要命的敢拦着（孰敢干令）？！"

真的很佩服这个笨蛋县长，费尽心机想了三天竟然想出了这套把戏，这在朱震亨看来简直是无稽之极。

所以朱震亨立刻不留情面地回答："我们的生命是上天给予的，需要去向土偶献媚吗（何庸媚土偶为生死计耶）？况且如果岳神无知也就罢了，如果他真的有灵的话，那么在这种民间饥荒的时候，老百姓吃还吃不饱呢，就先应该让老百姓吃饱，然后再祈求降福吧（能振吾民者，然后降之福耳)。"

这段话说得有理有据，正气凛然，我们完全可以想象那个县长听到这番话时的沮丧表情，他只能后悔自己读书读得不好，辩论不过这个正方同学朱震亨啊，没办法，自认倒霉吧。

最后这个神仙工程不了了之（卒罢其事），估计县长收的包工头的红包也只好心疼地退回去了。

事情这样发展下去，最后形成了一个有趣的局面，那就是一旦官府有什么摊派苛捐杂税的命令下来（每官书下），老百姓就都聚集到朱震亨的家里，商量怎么办（相依如父子），如果真的很严重，朱震亨就只身前往官府，和上面交涉，讲道理，摆事实，最后上面领导也基本都会给个面子，少收点儿算了（上官多听，为之损裁）。

这样的日子过到了三十岁，似乎朱震亨这辈子和中医都没关系了，看上面的叙述实在是在讲一个有为乡绅的故事。那么，朱震亨到底是从多大年龄开始了解中医的？他是怎样从一个"唯侠是尚"的青年，最终成长为一个中医大家的？他已经三十岁了，剩下的年月足够他学习中医吗？让我们接着来探索他这璀璨的一生吧。

◎ 母亲的病

在朱震亨三十岁的时候，发生了一件事情，如果不是这件事的发生，他可能一生都与中医无缘。

他可能沿着他目前的生活轨迹继续下去，继续过着"唯侠是尚"的生活，但是这件事情的发生，彻底扰乱了他的生活。

这件事情就是：朱震亨的母亲病了。

自从他的父亲去世后，他的母亲一直含辛茹苦地抚养着朱震亨弟兄三人，母子四人相依为命，应该说母亲是朱震亨在世界上最亲近的人了。

这个时候，母亲由于长期的操劳，患上了"脾疼"。这究竟是一种什么病，已经无从考证了，现在的中医中基本没有这么描述病情的了，也没有这么一种病，朱震亨自己也没有留下过多的记载，因此使人只能猜测个大概，从朱震亨在《格致余论》序中描述的这个病一直持续了五年来看，

朱丹溪

应该是一种慢性的疾病，估计与现在的慢性胃炎差不多的病证吧，也有人考证说这是"痞证"。总之，我们能够得到的信息有两个：一个是这是种慢性的病，持续了五年的时间；另一个是这种病的主症是疼痛，比较痛苦。

照例，又是请了医生，这次请的不是一个医生，而是请了若干个。

这些医生一个个得意洋洋地来出诊，甲说是这个病，乙说是那个病，开方吃药，结果却令人失望，都没有效果，束手无策（众工束手）。

朱震亨在旁边惊恐地看着这一切，仿佛是家族的噩梦又要继续了。

古代读书人读的基本都是儒家的书，而谁都知道，"孝"字在儒学中的分量。

儒家思想是以"忠、孝"来立论的。在过去，一个人什么都可以没有，但不能没有个"孝"字，所谓"乌鸦尚能反哺"，如果人连个孝字都做不到，就是连禽兽都不如。

这就是一个儒生在社会上混的基本条件。一个儒生如果能有孝行，人人礼敬；如果有一点丧失孝行的消息传出，您就甭在圈儿里混了，人人唾骂。

现在朱震亨的母亲病了，每天生活在痛苦中。朱震亨就在她的身旁，只能像一个旁观者一样地看着，无能为力。这就好比是亲眼看着母亲被殴打，自己却连帮助的方法都没有！

这能算是尽孝了吗？

难道这就是我们天天谈论孝道的儒生的所作所为吗？

朱震亨由最初的惊恐，演变成了无法控制的愤怒。

以朱震亨的脾气来猜测，他当时一定是急得眼睛血红！

在一个夜里，朱震亨很久无法入睡。

他来到空旷的庭院，望着深邃的星空，握紧了拳头。一个念头从他的心中升起。

第二天，他来到了曾经就读过的私塾，找到私塾先生。私塾先生已经老了，头发花白。

私塾先生："震亨，已经好久不见了，找我有事情吗？"

朱震亨："我小时候在先生的家里见到过一本书。"

私塾先生："什么书？"

朱震亨：“《黄帝内经·素问》。”

私塾先生：“那是医门圣典，莫非，你有志学医？”

朱震亨：“我的母亲病了。”

私塾先生：“我明白了！你拿去吧！”

朱震亨：“我抄写一本后会立刻还给先生。”

私塾先生：“这本书，我赠送给你了。”

从那天开始，朱震亨苦读《素问》三年，到第三个年头的时候，觉得自己有些心得了，开始给母亲开出药方，又两年，那么多专业医生未能治愈的疾病，被朱震亨治疗痊愈。

什么是孝，朱震亨做出了最好的诠释。

我每次读到朱震亨留下的这些记载时，心中都激荡不已，泪常沾襟。

父母给了我们生命，我们能为父母做的又有什么呢？

孝道之不彰久矣！

在后面的讲述中我会慢慢把医道之精髓告诉你：医道的根基，是忠孝之心。

◎ 八华山中

这样算算，此时的朱震亨已经三十五岁了，由于学习《黄帝内经·素问》只是为了给母亲看病，所以还没有做个医生的打算。

老天爷似乎是为了给朱震亨的命运再加上些分量，竟然安排了一个有趣的道路。

这个时候，在朱震亨家乡不远的东阳八华山中，来了位高人。此人叫许文懿，是宋代大理学家朱熹的四传弟子。他来到八华山中开始讲授程朱理学。

这位在当年那可是大名人，名声大得很，跟现在相比，估计比眼下《百家讲坛》的那几位名气可要大多了。

这位许文懿往这山里一住，四方的追星族就开始来了——敢情在那个时候就有追星族这码事儿了。

记载中这样描述当时的情况，说担着行李铺盖到八华山里跟许文懿公学习的人，有几百人之多。

也不知道没有扩音机扬声器的许老先生是怎么讲课的。总之当时许文懿老先生办了个巨型的补习班，影响颇大，为现在的许多民办学校所不及。

最关键的是社会效益极佳，大家反应极好，都说他讲得明白，本来挺复杂的能把人难为得想撞墙的大道理，经他那么一讲，明白了。一落了几次榜连个专科都没捞上的笨孩子，经他这么一补习，居然考上了省重点。所以家长们都急了，就是让交择校费赞助费都在所不惜，势在必夺。

这消息也传到了朱震亨的耳朵里。

别误会，不是朱震亨也要送孩子去，是他自己要去。

朱震亨此时三十六岁了。

当时的大文人宋濂记载道："（朱震亨听说后）叹曰：丈夫所学，不务闻道，而唯侠是尚，不亦惑乎？"于是拎着行李就往八华山去了。

每次我看到这的时候都觉得有点恍惚，隐约感觉似乎朱震亨有跟着起哄的嫌疑。

也就是说，这个记载有点让人不大明白，朱震亨还没有去学呢，怎么就幡然醒悟了呢？

难道，听到这么个小道消息，或者在食堂门口的招贴栏看到个招生海报，就突然发了这么大个感慨？然后人生观都改变了？

您信么？

那么，这又到底是为了什么呢？为什么朱震亨会突然发出这样的感慨呢？

让我们从他当时的年龄来分析吧。

一个人在三十六岁时会想些什么呢？

尤其是一个无正当职业，但心中还隐约有点儿小抱负的人，在三十六岁时会盘算些什么呢？

他一定是每天都在琢磨自己未来的人生之路。因为马上就要进入四张的年龄了，再不干点儿什么，可就要干什么都没戏了。

难道这一生就要这样混过去吗？朱震亨一定是在心中反复想这个问题很久了。

而许文懿老师的到来，只是给朱震亨一个做决定的机会而已。

三十六岁重新回到学校，心情一定既新鲜又感到急迫，因而在补习班里表现得非常勤奋。

老先生课讲得也确实不是盖的，那叫一个明白，人生的道理掰开了讲。

宋濂描述当时朱震亨听了许文懿公讲的课以后，回想到自己以前任性的生活态度，"汗下如雨"，这种记录宋濂没有必要瞎掰，想必是朱震亨自己曾经形容过自己当时的狼狈状态，宋濂就记载下来了，否则如此细节别人无法臆想。

朱震亨在接触到朱熹的理学思想后，感到深受震动，深加研习，感到日有所悟，学问日长。他几乎每天和同学们探讨问题或者看书到四鼓时分，力争把每个问题都搞清楚，"不以一毫苟且自恕"。

程朱理学中的格致思想对朱震亨日后的医学思想影响甚大，连他写的一本著名医著都以此为名：《格致余论》。

在跟随许文懿公学习的四年里，朱震亨犹如一只正在蜕皮的蝉，在撕皮裂肤的痛苦中，蜕去旧有的皮肤，获得了崭新的躯体。

他用四年的时间由一个性情不稳定的青年，变成了一个坚毅的、有深厚国学功底的中年人。

时机终于到了，中医历史上的那个中医大家朱丹溪就要出现了，上天终于即将安排朱震亨走上中医之路了！

那么，到底是什么样的契机最后促使朱震亨走上中医之路呢？

◎ 心痛的感觉

在经过了四年的苦读后，朱震亨准备参加科举考试了。

对于其中经过，有两种说法，一种是说朱震亨去考试前在算命的地方占了一卦，不吉，遂不参加了，这种说法的来源估计是宋濂的《故丹溪先生朱公石表辞》中的"幸沾一命，以验其所施"这句话；另一种比较靠谱的说法是朱震亨参加了乡试，但失败了。其实无论具体的情况如何，都不影响事情的发展，总之是朱震亨的科举之途不顺。

在这个关头，朱震亨的家里又发生了一件给他巨大打击的事情。

他的妻子戚氏，患了"积痰"病，在请了医生治疗后，由于治疗错误，去世了。

戚氏和朱震亨的母亲同姓，估计是同一家族的人，为朱震亨养育了两个儿子，四个女儿。

她陪着朱震亨走过了人生最低谷的时刻，陪着朱震亨度过了迷茫的青年时代，在朱震亨还没有走上医学道路的时候，在荣誉还没有到来的时候，离开了朱震亨。

最令人欷歔的是：她竟然没有亲眼见到自己的丈夫是怎样成为一个伟大的医生的。

朱震亨此时的心中是怎样的感受呢？

他把这种感受写进了他的最重要的医著《格致余论》第一页的序中，他记载："因追念先子之内伤，伯考之瞽闷，叔考之鼻衄，幼弟之腿痛，室人之积痰，一皆殁于药之误也。心胆摧裂，痛不可追！"

心胆摧裂，痛不可追，这是怎样的悲愤！

必须承认老天爷给朱震亨的打击是残酷的，一个家族中最亲近的人几乎全部在庸医的治疗下离他而去。

他的父亲，他的大伯，他的叔叔，他的小弟，最后是他的妻子。

朱震亨，你能够挺过这样的打击吗？

在这个时候，他的老师许文懿发言了，估计他对朱震亨的才学已经观察很久了，认为他应该有更大的成就。

要知道，这位许老师自己的身体不大好，一直是带病坚持教学的，他在最初的时候是"病心痛"，后来由于用药的错误，结果在治疗了数十年之后开始"足挛痛甚"，又乱治了数年后不但没有好，反而变得非常重，已经觉得自己是个"废人"了。

可见，这位许老先生当时病得不轻。可虽然他的身体有病，但他的目光还是敏锐的，他一直观察着朱震亨，觉得这是个可造之才。

他把朱震亨拉到床前，对他说："我病了这么多年，痛苦异常，估计不是一般的医生能够救得了我的，你是一个禀赋聪异的人，以此才学，如果学医，一定会成为个好医生的啊！"

然后，他用充满期待的目光望着朱震亨。

朱震亨，你肯放弃科举，从此学医吗？

你肯放弃功名，走上救人这条充满荆棘之路吗？

你知道，学医有多么艰苦吗？

你知道，面对着那些患病的穷困人，你将收入菲薄吗？

你知道，这是个每天都面对因病痛而痛苦的脸的工作吗？

朱震亨的目光变得坚定。

他紧紧地握着老师的手："老师，我已经决定，一心学医，济世活人，永不放弃！"

然后他走了，"悉焚弃向所习举子业"，开始了学医的生涯。

许老先生望着震亨的背影，充满了期待，因为此时他开始确信，最终能够救自己的，只有眼前这个人——朱丹溪。

的确，当这个人再次回到这里的时候，他已经不是往日的朱震亨了，他已经成为中医历史上著名的朱丹溪。

◎ 学医之路

谁都知道，中医是非常难以学习的。

它的理论体系那叫一个复杂，它的门派那叫一个多，初来乍到的人估计一看就晕——这都该从何学起啊？

但是，朱震亨的思路却是清晰的。

凡事要抓住根本，学中医也一样，朱震亨那么聪明一人，能在这种事儿上含糊吗？绝对不能，他几乎是立刻就找到正确的行动方案——溯本求源。

他再次翻开已经几乎被翻烂的《黄帝内经·素问》。

这本他在三十岁时，为了治疗母亲的病，曾经仔细研读过的书，现在已经纸张泛黄了。

但是，正在看这本书的人，却已经不是三十岁时的朱震亨了。

此时的他，已经在许文懿门下经过了正统的理学训练，已经奠定了深厚的哲学基础。

所以当他再次翻开《素问》的时候，竟然发现其中字句从未有过地清晰，其理论从未有过地透彻。

写到这儿，连从不敢多嘴的我都忍不住要插上一句：哲学真的不白读啊！

您一定想，这下儿成了，朱震亨读透了这医门圣典，这回终于成为了不起的医生了！总该轮到讲他治病的故事了吧？

您先别急，您不用着急的原因是朱震亨他自己还没有着急。

因为朱震亨发现了一件事情。

这件事情让他觉得很费解。

那就是周围的医生怎么都不读《黄帝内经·素问》啊？

当时医生中流行的是《校正太平惠民和剂局方》等书中的成方。

这都是宋朝时留下的坏毛病，因为宋朝时人们特热衷于收集医方，连各任皇上都乐此不疲，比如宋太宗赵光义还没登基前就收集了一千多个药方了，登基后当然更方便了，命令下面把家里祖传的方子都献出来，多献还升官有赏，结果宋朝每出版一本方书收集的方子都上万。

当时上面的意思是想：看病简单点儿多好，干吗把理论弄得那么麻烦呢？多印刷点儿医方，有什么病到里面一查，找到药方，按方吃药不就结了嘛。

心里想的是好意，但绝对没料到发展到后来可就满不是那么回事儿了。

民间这些不争气的医生索性完全省事儿了，基础理论也不怎么学了，来个患者就问："什么病啊？"

患者回答："大夫，我是腰疼。"

大夫："腰疼啊，好，等一下啊。"然后翻开书，跟查字典似的，开始找方子："查到了，好几十个方子呢，随便来个吧，得，就这个方，您回家试试吧，不好的话，下次来我再给您换个别的。"

您说有这么诊病的嘛？

这种坏毛病在那些庸医中一直流传到元朝。

所以很让朱震亨困惑的是，在这种风气下，周围竟然没有人和自己交流研读《素问》的心得。

而且，朱震亨还深深地知道自己有个最致命的弱点。

那就是：临床经验太少。应该找个临床经验丰富的老师带自己一程。

怎么办，朱震亨？

朱震亨的目光开始变得深邃，他望着远方的群山：该启程了！

远山在雾色中显得苍茫辽远。

朱震亨背起行囊，告别了老母亲和子女，踏上了未知的旅程。

走遍天涯，千里寻师，为了力求医术的至高境界，为了寻求心中的医道。

于是，那时的人们偶尔会看到，在荒芜的乡村小路上，在繁华的市镇街道上，有一个读书人在风尘仆仆地跋涉。

那就是朱震亨。

在深山峭壁间，他在向采药者请教着药物的种类；在乡村医生的家里，他在向老先生请教着独特的治疗方法。

让我们把视角拉远，我们看到，在辽阔的原野上，朱震亨一个人在孤独地走着，与天地相比，他的身影显得那么的渺小，但是他心中追求医道的信念，却如同背后正冉冉升起的旭日一样，光芒万丈、璀璨夺目！

朱震亨从家乡义乌出发，历经吴中（大概是现在的苏州）、宛陵（宣城）、南徐（镇江）、建业（南京）等当时的重镇，走遍了江南的山山水水。

在游历了一段时间后，朱震亨发现，自己的学识增长还是满足不了心中的期望，于是他迅速地调整了自己的策略。

学艺，就要向当世的顶级高手学习，以达到最高境界。

那么，当世的顶级高手，大师级的人物是谁呢？

开始询问，立刻就有许多人告诉他同一个名字——罗知悌。

罗知悌，一个重量级人物出现了。

◎ 谁是罗知悌

罗知悌，字子敬，世称太无先生。

他是江南高僧荆山浮屠的学生，而荆山浮屠是史称金元四大家之一的刘完素的学生。

罗知悌虽然是刘完素的学生，但他也旁通金元四大家中的另外两位张从正、李东垣的学说，应该是当时的集大成者。

当然，当时谁也不会想到，金元四大家中的最后一位，就是眼前的这个朱震亨。

那个时候他还是个小人物。

朱震亨在听说了罗知悌的学识后，立刻决定，就跟这位高人学了。

于是他立刻启程，前往罗知悌所在的杭州。

但是，想跟大师学习是那么容易的事情吗？

好比说，您今天背着行李找到中科院天文所的某位院士，跟他说：大师，俺从东北来，想跟您学习天文，您就收了俺吧。结果会怎么样？您自个儿想结局吧。

怎么样，想到结局了吧，对，其实朱震亨的结局也跟您一样。

朱震亨来到了罗知悌的宅门前，请门人向里通报。

罗知悌是什么人啊，地位高，而且最要命的是，这位大师的性情特别的高傲、偏执。

门人向里面通报，有个朱震亨想来学医。回答很干脆，两个字：不见。

朱震亨只好退下。

的确很狼狈，怎么办？震亨，我看还是撤退吧。

朱震亨的目光坚定地望着这座大宅门：我心中只想追求医术的至高境界，决不在乎其他！明天再来。

我的天，明天还来丢人啊！

此时朱震亨四十四岁。

第二天，照例通报。

回答还是两个字：不见。

如此者通报了十余次（十往返不能通），连罗知悌的宅门都没能进。

写到这里我已经愤怒了，您罗知悌把自个儿当什么人了，您不教医术也就算了，我们这位朱震亨四十四岁的人了，就算来个客人您也该让进去坐会儿再走吧，天下有这种人吗？太过分了！不要学了，朱震亨，走吧，中医这个东西回家自己悟去，多悟几年一样看病。走，回家吧。

朱震亨：还是那句话，我心中只想追求医术的至高境界，决不在乎其他！明天再来！

我，我晕！看来人和人真的不一样啊！

再来？再来就没那么客气了。看大门的都给脸色看了：我说你这个人真是的，别不是脑袋有什么毛病吧，怎么跟癞皮狗似的黏这儿了是不是？告诉你，快点儿给我滚！我们家先生没空儿！

朱震亨：对不起啊，麻烦您了，再给通报一次吧。

看门人：去！快滚开！

文献记载："蒙叱骂者五七次。"

没法儿管了，朱震亨这个人，算了，他自个儿爱怎么办就怎么办吧，写到这我都没辙了，如果换成是其他人没准儿该和看大门的对骂了。

让我们来看看朱震亨怎么办了吧。

朱震亨每天以拜谒的姿势拱立在大门口。

下雨了，快跑啊！满街的人瞬间跑得一干二净。

对了，我们的朱震亨呢？

大家快看大门口啊！那个叫朱震亨的人还在那儿呢！

雨水打得地面都冒起了白烟儿，雨色一片迷蒙。

朱震亨的身影在大雨中显得孤独而又坚定。

仍然拱立于大门前，纹丝不动。

文献记载："日拱立于其门，大风雨不易。"

如是者三个月。

三个月啊！

我写下"三个月"只是动一下键盘而已，但那却是一刻钟一刻钟的三个月啊！

三个月的最后一天到了。

罗知悌命令下人：我要沐浴洗脸整容，然后给我换整洁的衣服。

下人不解：您这是要干吗去啊？

罗知悌：值得传授我的学问的人来了。打开大门！

大门次第打开。

大师罗知悌亲自走出宅门，迎接朱震亨！

写到这里，我不禁感慨：

我们没有成为大师，请先问问自己以这种态度向前辈大师请教过吗！！！

我们天天翻朱震亨的医书，想学习他的医术，学到了吗？

没有学到，是因为首先没有学到他做人的态度！以最虔诚的态度追求学问者，朱震亨堪称千古楷模！

大家已经看出来了吧，这位罗知悌绝对不是等闲之辈，这点从他选择徒弟的方式上就可以看得出来。他这种不理不睬、拒之门外的态度，筛选掉了大量意志不坚定的人。

而这些意志不坚定，遇到困难就走掉的人，是无论如何都成不了真正优秀的医生的，是无论如何不会懂得真正的医道的。

朱震亨经受住了考验，付出了代价，而上天回报给他的，也真的是精彩纷呈的一片天地。

◎ 大开眼界的跟师学习

早晨，杭州城阳光明媚，空气清爽。

罗知悌开始诊病了！

朱震亨终于可以见到大师诊病的过程了。

诊病的方式令他大吃一惊。

因为罗知悌并不是坐在诊室里，而是在宅子里自己的卧榻上休息着。

由弟子在诊室诊脉，记录患者的病情。

然后弟子跑进里面，到罗知悌的卧榻前，向罗知悌讲述病情与脉象。

罗知悌只是躺在那里听。

弟子讲完了，罗知悌告诉：准备写下来。

弟子立刻开始准备记录。

罗知悌开始讲述：这是什么什么病，应该如何治疗，主药为什么什么药，又用什么药来监什么药，用什么药为引经药，以及开几剂药。好了，去吧。

弟子再回到诊室，为病人开方。

真是高人啊！

这种诊疗方式实在是让人叹为观止。

读遍医史，每天如此诊病似乎只此一人。

对于罗知悌如此诊病的原因，一方面可能是由于年龄比较大了——这是大家公认的观点，但我认为这更应该是他设计的一种精妙的授徒方式。

其中精妙，细思便知。

更有重大意义的是，我认为罗知悌是中医远程诊疗的建立者，虽然距离稍微近了点——从宅子外面到里面，但是如果当时有电话，我想罗知悌可以把新疆的患者都给看了。

重新回到元代。

很快，朱震亨就发现了自己选择的老师是正确的。

自己以前困惑的所有的问题，在罗老师这里找到答案了。

比如，以前朱震亨在学习张子和的理论的时候，就总是有不懂的问题。这位张子和是谁啊？这位张老爷子是朱震亨的前辈，是金元四大家的其中一位，他的故事我们会在以后聊聊，也有意思着呢。这位老爷子的治病方法的确是独树一帜，是属于中医攻邪派的大家，治病主要靠三个法儿：汗、吐、下，说白了就是通过让患者发汗、呕吐、拉肚子来排除体内的病邪，看这位老爷子的医案，那叫一个触目惊心，经常是让患者狂拉肚子，一天拉个几十回，嘿，最后这病还真给调好了，反正现代人估计是受不了这个。这汗、吐、下三法中的吐法现在用得比较少了，汗和下用得还比较多，但跟人家张子和比起来，那简直就是小巫见大巫了。

朱震亨和我们一样，乍一看这位张老爷子的书的时候也曾晕过。

一开始觉得张老爷子是对的，因为这邪气侵略到人的身上，赶走它是最好的办法。

所以朱震亨在最初觉得，嘿，这老爷子的理论还真在理儿，"将谓医之法尽于是矣"。

但再仔细琢磨，咦？还有点不对劲儿，《黄帝内经》说了，这邪气侵略人，是因为人的正气虚啊，这么上来就狂攻，患者能受得了吗？

可这位张老爷子驰名中原，那也绝对不会是浪得虚名，一定是有过人的医术的，那又为什么和《黄帝内经》、和张仲景的意思有点不一样呢？

难道张子和的医案记载有错误吗？

这些疑问可困扰了朱震亨很久了，没人和他讨论，憋得很难受。

这种疑问在罗知悌老爷子这儿找到了答案，因为罗知悌是集金元四大家前三位的大成者，得过真传，人家知道这汗、吐、下的秘诀是什么。

朱震亨问过罗老爷子，可这位罗老爷子还卖关子，告诉他说以后就知道了。

那么，这攻邪的秘诀是什么呢？

那天，突然下人跑了进来。

下人："老爷，街头那儿躺着个生病的和尚，估计快不行了。"

罗知悌："去人帮我抬进来。"

下人："老爷，这，这和尚像个要饭的似的，估计身上没钱。"

罗知悌："已经告诉你了，抬进来！"

这个和尚果然虚弱异常，又黄又瘦。经过问诊得知，他才二十五岁，是四川人，出家时母亲还在家里，出家后在江浙一带游走，已经七年了，忽然有一日，想念母亲了，想念得撕心裂肺的（忽一日念母之心不可遏），想回家看望母亲，可手里面连一点路费都没有，没有办法，只能每天望着西面痛哭，于是就病了。

罗知悌听后叹了口气："唉，都这样了，还当什么和尚，震亨，给他诊脉。"

朱震亨仔细地切了和尚的脉，回答："老师，他的体内有瘀血痰积，当用化瘀通下之法。"

罗知悌："好的，知道了，震亨，你出去买几斤黄牡牛的牛肉，再买点儿猪肚，买回来了告诉我。"

朱震亨："啊？！"

不一会儿，"老师，我买回来了。"

罗知悌："好的，放到锅里熬，熬到烂得像粥一样的时候，慢慢地给他吃。"

朱震亨："是，让他住哪里？"

罗知悌："就让他住在我的隔壁吧，我好劝劝他。"

就这样，罗知悌把患者留在自己的家里，每天给他吃肉羹，然后亲自好言安慰，告诉他只要养好身体，就可以回四川侍奉母亲了。

朱震亨仔细地观察着。

这样过了十几天，感觉和尚的身体有了些恢复。罗知悌开始吩咐朱震亨了。

罗知悌："震亨，时机到了，准备桃核承气汤，每日服三贴。"（桃核承气汤，医圣张仲景的方子，专为瘀血与邪热结于下焦的蓄血证而设，每日三贴，量倍于常。）

患者服药以后开始大量排泄，拉出的都是些血块和一些黏腻的污浊之物。

排泄干净后，罗知悌命令朱震亨把早已准备好的稀粥和煮烂的蔬菜慢慢地给患者吃。

在清淡饮食的调养下，半个月后，和尚的身体居然彻底痊愈！

罗知悌把和尚叫到面前，对他说："回家侍奉母亲去吧。"

和尚跪下："先生的大恩我该如何报答？！"

罗知悌："我哪里图你的回报，我只是想把你从黄泉路上拉回来而已，现在我送给你十锭银子，作为路费，回到家里一定要尽孝，上路吧！"

和尚的眼泪流下来了，世上有这样的医生吗？

他一步三回头地离开了罗府，离开了这个重新给他生命的地方。

在这里，他不但重新获得了生命，他也一定懂得了更多应该珍惜的东西。

他的心应该是温暖的。

朱震亨回到自己的房间，把房门紧紧地关起。

他把眼睛闭上，开始回想这一个月的治疗过程。

他的思绪如江水奔腾。

突然，一切恢复平静，脑中骤然光明。

"我终于懂了！"

攻邪的秘诀是：一定要患者正气充足的时候才能进行，否则的话，"邪去而正气伤，小病必重，重病必死"！

老师每天用肉羹给患者吃，是在养他的胃气，胃气足则正气足，在正气足的情况下才开始大胆攻邪，这才是真正的攻邪之道啊！

朱震亨慢慢地张开了眼睛，感到豁然开朗。

他回想到了老师对患者的态度，全心救治，不计得失的境界。

他心里知道，从老师这里学到的，不仅仅只是医术，还有医道。

术与道，一字之差，境界却有天地之别。

此时，罗知悌正走过朱震亨的房门。

他看了眼紧闭的房门。

微笑了一下。

然后走开了。

◎ 告别杭州

朱震亨在罗知悌老爷子这里一共学习了一年半。

估计有人该说了：才一年半？一年半能学点什么啊，现在读个中医硕士博士还得三年呢。

还真跟您说了，这一年半可顶了大用了，现在硕士博士三年那叫什么啊，光跟小白鼠较劲了，举世皆狂，最后毕业了连个方子都不会开，能够同朱震亨这一年半相比吗？

在这一年半里，朱震亨把以前自己学习的理学知识充分地与医学内容结合，一种新的中医思想在脑中酝酿，几欲磅礴而出。

在这段时间，朱震亨集中所有的精力体味老师的医学思想，连西湖长什么样都不知道，更别说什么苏堤春晓、断桥残雪的了。

这种学习，那叫一个淋漓酣畅啊。

终于有一天，罗知悌老师把朱震亨叫到了自己的面前。

罗知悌：震亨，我的学问已经全部都传给你了，你可以走了。

朱震亨叩头拜谢，心中感觉很酸楚，因为他知道，罗知悌这么大的年龄了，自己此次离别，恐怕再也未必能够相见了。

就这样，师徒二人告别。

罗知悌衰老的身躯立在宅门口，望着远去的朱震亨，叹了口气。

"我终于没有辜负我的先师，把学问传下去了。"

传学问，这是一件非常不容易的事情。有的时候大师很多，但学问没有传下来，最终成了空谷绝音。

以前在报纸上看过一件事情，让我感慨不已：一位学术大师（好像是中国传统戏剧界的还是哪个领域的忘记了），在开会的时候碰到了另一位国学大师，在车上交流的时候这位大师说："我很苦恼啊，您看怎么办，现在没有一个中国学生来报考我啊，没有人学，我的学问要绝了，可现在有两个日本学生来学，我很矛盾，如果教他们，这个学问以后可就在日本了，如果不教，学问就绝了。怎么办？"

那位国学大师思考良久，最后流着眼泪说："传，要一点都不保留地传给日本学生，等到我们的后代，有一天觉得这个学问重要了，想学了，再到日本去求人家，向人家学习回来。"

有的时候，学术断了，就会消失的。

所以罗知悌这个名字应该是值得纪念的，他的医疗事迹，如果没有朱震亨的记载，留下的就非常少了。但是，正是罗知悌，虽然自己并没有成为金元四大家中的一位，但是他却把其他三位的学问毫无保留地传给了朱震亨，最终使得朱震亨成为金元四大家的第四位。

其功伟哉！

◎ 初露锋芒

朱震亨离开了杭州，直返义乌。

他脚步匆匆。

朱震亨，你先别着急，杭州的苏堤和断桥你还没有参观过呢！

不行，我必须马上回去，因为有一个人在等着我。

难道这个人这么重要吗？

是的，这个人教给了我那么多人生的道理，我现在必须去帮助他。

是谁？是谁这么需要你的帮助呢？

这个人是：病痛中的许文懿老师。

八华山。许文懿的书院。

一个弟子前来报告朱震亨回来的消息。病榻上的许文懿很高兴，详细地询问这个弟子，都听说了什么。

弟子："听说学了些《黄帝内经》、张仲景、李东垣什么的。"

许文懿："没有学习那些流行的和剂局方？"

弟子："听说没有。"

许文懿老师在听说了朱震亨学习的情况后，大笑，说："我的病看来马上就会治好了啊！"（吾疾其遂瘳矣乎？）

上山的路。

清凉的空气，石径寂然。

朱震亨回来了。

屈指一算，从离开这里到现在回来，五年半已经过去了。

书院的门庭依旧，而当年一起学习的同窗却已经不见了，眼前都是一些崭新而又年轻的面孔。

就算许文懿老师的面容，也发生了很大的变化，病痛在他的脸上刻画出无法抹去的痕迹。

"老师，您的身体如何了？"

"震亨啊，我的双脚已经不能走动了。"

"对不起老师，我回来晚了，让我们开始治疗吧。"

"好吧，辛苦震亨了。"

许文懿老师伸出手让朱震亨诊脉，同时打量着这个弟子：他现在已经不是刚来时冲动激昂的朱震亨了，眼前的这个人沉稳冷静、言语简朴，身上带有一种祥和之气，使人坐在他的身边心境立刻会宁静下来。

朱震亨将三根手指搭在许文懿老师的手腕上，同时凝神。

他必须忘记眼前这个人的身份，忘记这个人与自己的关系。

只有这样，他才能将全部精神集中于对病情的分析中。

经过诊断，朱震亨判断许文懿老师的疾病根源在肠胃。由于停痰瘀血，互相纠结，导致中宫不清，土德不和，所以引起了许多稀奇古怪的病症。

这次，他采取了一种极为奇怪的治疗方法，这种方法现在已经绝迹了，但是却一清二楚地留在朱震亨留下的医书中。

这方法还是和牛肉有关。

您一看就明白了，对，这方法估计就是从罗知悌老爷子那儿学来的。

首先是买黄牡牛的牛肉一二十斤，其中要挑点儿肥的，为什么要买黄牛的呢？因为黄色属土，入脾胃。

然后用长流水煮牛肉，煮得糜烂，用布过滤掉渣滓，接着把汁放入锅中，熬成琥珀色。

估计您该想了，嘿，这肉汤估计甭提多香了！有什么不敢试的啊。如果您再往下看估计您就不会这么想了，难过的在后面呢！

取熬成的肉汤，每次饮一盅，过一会儿再饮，"如此者积数十钟（盅）"。您一定想了，天啊，这不是灌水耗子吗？这滋味估计一定好不了。没错，滋味不好才会达到效果。

这个效果就是上吐下泻，"病在上者，欲其吐多；病在下者，欲其利（泄）多；病在中者，欲其吐下俱多"。

然后把患者放在一个不透风的屋子内休息，如果患者渴，就把患者自己的尿接一两碗给他喝了，叫"轮回酒"。接着睡一两天，觉得很饿的时候，再给他粥慢慢地喝。

再然后清淡饮食半个月，就该康复了，以后五年忌食牛肉（估计即使不说，他也这辈子都不想再吃牛肉了）。

朱震亨把这种方法叫倒仓法，认为人在中年以后使用一两次可以祛病延年（注：这个方法各位不要自己轻易使用，因为你无法自己判断自己的适应证）。

以上就是这个惊世骇俗的治疗方法的全部内容，不知道您会作何感想，估计今天我们在医院里用这种方法治病的话，患者马上会把一纸法院诉状回赠给你的。但是，中医里面现代科学所无法解释的事情何其多啊。

首先我们要确定的是：这种方法能够治病吗？

要回答这个问题很简单，只要看看我们那位被灌了大肚子的许文懿老爷子如何不就行了嘛。

好吧，让我们来找找许文懿老爷子吧。什么，不见了，哪儿去了？找啊！

找到了，天啊，在半山腰遛弯儿呢！敢情人家的病好了！

朱震亨在书中记载：老爷子不但身体好了，还"次年再得一子"。

嘿！这牛皮还真不是吹的，对朱震亨的这个记载不用有任何的怀疑，

您想，人家许文懿那么有名的一个大人物，谁敢胡编什么没发生过的生病故事？尤其是说人家那么大岁数还生了个儿子，这要是有一点虚假，人家后代和弟子还不跟您拼了？

朱震亨用这个方法治疗好的病人还真就不止许老爷子这一位，还有一位镇海的万户叫萧伯善，这位先生得的病是尿液白浊、精不禁，就是精液会无法控制地流出，得这毛病可比较难过了，因为刚一接触夫人的身子自己的精液就泄了，这样夫人很不满意，已经提出严重警告了。没办法，抱着试一试的心情，辗转找到了朱震亨，经过朱震亨采用倒仓法的治疗，居然也好了。

另外一位是临海的林先生，患了很久的咳嗽，在咳的时候还会咳出血来，经常发烧，日轻夜重，人也消瘦得很严重，大家都说他患上了肺结核，这药吃得可就海了去了，但毫无效果。也抱着试一试的心情找到了朱震亨，没想到在使用了倒仓法之后，如此严重的病也好了，同时也"第二年得一子"。

请原谅，我是用轻松的口吻来叙述这个事情的，为的是使大家看得轻松。

实际上朱震亨在治疗的时候是非常严谨的，在治疗临海的林兄时，朱震亨描述了自己最初在接触到患者时，由于病情过于复杂，以至于他"计无所出"，就是不知道该选择什么样的治疗方法。

一般医生在记录自己治病的过程中都会写自己如何神勇。直接描述自己"计无所出"的，只有朱震亨这样的人才能做到。

在将自己的老师许文懿的多年宿疾治疗好以后，朱震亨悬着已久的心终于放下。他回到自己的家里，开始了作为一个医生的生活。

◎ 风雨之路

实际上，在通常我们所见到的历史记载中，古代的医生的身影是很模糊的，因为记载很少。

我们所知道的医生只是通过他们自己记录的行医经验和医案等资料看到的。

真正研究历史的人，可以从这些医生的记录中找到古代的人情风物。

我却从这些记录中看到了医生这个人。

在这些医案记载中，这些人物鲜活生动，个性迥然。

那么，朱震亨是个怎样的医生呢？

由于疗效卓著，到朱震亨家里来诊病的人非常多，同时邀诊的人也很多。

古代的医生诊病是这样进行的，可以到医生的家里或者诊室（城里的医生这样的情况多些，比如清代苏州的叶天士），有些重病，患者来不了，则会找个人通知医生，请医生到患者的家里去诊病，而实际上在广大的乡村，后者占多数。

所以那个时候的医生有三样东西是不能少的，什么呢？有纸灯——留着走夜路用的；油伞——防备在路上下雨的；药箱——这个更不能少了，此三物俗称医家三宝。顺便吹一下牛，我的外祖父就是位乡村老中医，他还有样东西别人没有——还不能这样说，估计别的医生也有，但是没人记载下来，这个东西就是棍子，干吗的呢？打狼用的，因为山里有野狼。

医生为了给遥远山村的患者诊病，必须翻山越岭，难免与野狼遭遇。

朱震亨也是这样诊病的。

估计他的这三样宝贝一定消耗得很快，因为他出诊的频率非常高，"四方以疾迎候者无虚日"。

看到这句"四方以疾迎候者无虚日"，大家的心中一定会浮现出这样一副画面：就是一顶顶轿子停在朱震亨家豪华的大宅门前，朱震亨器宇轩昂地走出，然后坐上轿子到一家家去诊病，这才是名医嘛！

其实这就是您不了解朱震亨了，在他的整个生命里，他都没有住进豪华的大宅门，他穿的衣服极其简朴，"仅取蔽体"而已，吃的是"藜羹粗饭"，是个典型的"清修苦节"的儒者形象，其简朴的程度与宋朝说"不为良相，则为良医"那句话的范仲淹家里四个儿子穿一条像样的裤子有一比。

朱震亨出去诊病也没有那么气派，是要救命去啊，哪里有时间讲气派。

这种过程通常是患者家里来人或者是托人捎信，有时候是半夜或者凌晨来敲门，说：朱先生啊，浦江镇镇口的郑先生病了，已经发狂七八天了，可能要不行了，您去帮忙看看吧。

于是朱震亨与拎药箱的仆人就立刻在凌晨出发了。

仆人说：朱先生啊，早晨的雾气凉啊，我们天亮再走吧。

朱震亨：不要拖延时间啦，患者处在痛苦中，那是度过一刻钟都像一年一样啊，我们怎能贪图自己的安逸让人家多受苦呢？（病者度刻如岁，而欲自逸耶？）

仆人：可是这雾气真的凉啊，先生，您的身体能受得了吗？

朱震亨：切几片姜含在嘴里，这样我们就不会受凉气了。

就这样主仆二人嘴里含着姜片，在充满寒凉雾气的路上走着。

头顶晨星还在闪烁，人们还都在沉睡，只有远处的几声犬吠显得苍凉孤独。

这是什么样的医生呢？！

有的时候，听人家说起谁病了，就仔细地问：是谁家病了啊？

路人甲：听说东阳镇的陈铁匠的老婆病了，病得不轻啊。

朱震亨：为什么不请大夫啊？

路人甲：嗨，一个铁匠，哪儿请得起啊？喂，您是哪位啊？您怎么说走就走了？

路人乙：您还不认识他，他就是大名鼎鼎的朱震亨医生啊！

东阳陈铁匠家破旧的屋子前。

满身尘土的朱震亨敲门。

陈铁匠蓬头垢面地出来看，显然，家人的病将他折磨得痛苦不堪："您是哪位？您别不是走错门了吧？"

朱震亨："你老婆病得怎么样了？"

陈铁匠："啊？您，怎么知道？她要死了啊！"

朱震亨："我是医生，让我看看吧。"说着走进屋内。

陈氏妇躺在草席床上，脸色发黑，肚子胀得很大，四肢细瘦如柴，远远望去，形状像鬼一样。

朱震亨用手诊脉，其脉数而涩，重取有弱的感觉。

他对陈铁匠说："你老婆得的是叫作鼓胀的病啊，需要调养一年的时间吧，需要用四物汤加黄连、黄芩、木通、白术、陈皮、厚朴、生姜熬汤喝，我这里带了些药，送给你，等服用完了你就到义乌朱震亨医生家去拿药，不用交钱了。"

然后告诉病妇要好好将养，就要走了。

一直摸不着头脑的陈铁匠："这是真的吗？你是谁啊？"

朱震亨："我叫朱震亨，你取药的时候找我就可以了，我还会再来复诊的。"

陈铁匠："天啊！您就是名医朱丹溪啊！我……"

一年以后，该病妇康复。

文献记载："其困厄无告者，不待其招，注药往起之，虽百里之远弗惮也。"

这是一个什么样的医生能做到的呢？

下雨了，大雨瓢泼如注。有人在敲打朱震亨家的门。

仆人："谁啊？"

来人："我是东阳张进士的家人，我们家的二公子才两岁，病重得突然危急了！"

仆人："啊？这么大的雨，你先进来吧。"

朱震亨脸色焦急地望着来人："谁病了？"

来人："我们家的二公子，满头都生了疮，昨天突然所有的疮都收了，现在呼吸困难，发喘，有痰，气息微弱了！"

朱震亨抓起雨伞："快走！要来不及了！"

大雨滂沱。

苍茫的雨幕中，天地一色，已经完全分辨不清，只能勾勒出大概的轮廓。

在崎岖的乡村路上，三个打伞的人在急急地走着，远远望去，显得如此的渺小。

朱震亨跌倒了，再爬起来，已经满身泥泞。

其实，雨伞已经几乎不起什么作用了。

他们的身上早已经湿透了，雨水顺着衣服流下。

赶到东阳张进士宅第的时候，所有等候的人都惊呆了。

眼前这个满身是泥的人，就是名医朱震亨吗？

朱震亨在众人惊愕的目光中冲到封闭严实的患儿床前。患儿的脸色苍白，呼吸急促，眼睛紧闭不张。

朱震亨看了患儿的手指，对张进士说："这是胎毒啊，千万不要服用解表和通下的药物！（慎勿与解利药）"

所有的人都愣了："胎毒？怎么会？"

朱震亨："仔细想一想，孩子的母亲在怀孕的时候喜欢吃些什么东西？（乃母孕时所喜何物？）"

张进士仔细回忆："辛辣热物，是其所喜。"

朱震亨："的确如此啊，现在马上要服用人参、连翘、川芎、黄连、生甘草、陈皮、芍药、木通，煎熬成浓汤，然后兑入竹沥服用！"

下半夜，疲惫已极的朱震亨正坐在张进士宅第厅堂的椅子上。

他太疲惫了，在紧张的诊疗后，疲惫向他袭来，他的双眼慢慢合上。

突然他被一阵声音惊醒。

他张开眼睛，吃惊地看见张家一家上下扑通跪在他的面前。

张进士含泪叩头："丹溪先生，犬子已经醒了，也不喘了，我们全家上下叩谢先生的再造之恩！"

朱丹溪愣在那里，一时没有反应过来。

文献记载，患者来求诊时，朱丹溪"无不即往，虽雨雪载途，亦不为止"。

从朱丹溪回到家乡行医的那一天开始，一直到七十八岁生命结束，他一直都是在这样的行医生涯中度过的，没有一天停止。

朱丹溪这个名字不是他自己称呼的，他的大名叫朱震亨，字彦修，但是学者们、老百姓们太尊重他了，不敢直呼其名，他们认为，对这样一位德高望重的人称呼他的名字是极大的不尊重，因此，就用他居住的地方来称呼他，叫朱丹溪。

什么是医道？

医道就是坚守"发大慈恻隐之心，誓愿普救含灵之苦"的信念，在这种信念的引领下，一个医生可以专心于救治，竭诚提高自己的医术，百折不回，不畏万难！这才是进入了医学的至高境界！

如果没有这种信念，任何一点金钱利益都可以将你的治疗思路改变，任何一点困难都可能让你放弃对医术的追求！

只有那种为了救治患者，嘴里含着姜片，在冰冷的晨雾中独自前行的人；

只有那种听说有病痛者，不待人请，主动风尘仆仆地前去探视的人；

只有那种为抢救病人，在漫天的大风雨中满身泥泞，跌倒又爬起来的人；

只有这样的人，才是真正获得了医道的人。

在历尽千辛万苦、救治了无数的病人之后，公元1358年，朱丹溪逝世。

在逝世前，他做的最后一件事情是把自己的儿子叫到面前，严肃地对他说：学习医学是一件非常艰苦的事情啊，你一定要谨慎认真对待！（医学亦难矣，汝谨识之！）

说完这句话后，端坐在椅子上去世了。

这就是他留在世界上的最后一句话。

朱震亨，字彦修，人称丹溪先生，他从一个任侠的少年，到刻苦学习理学的青年，一直到成为一个优秀的医生，完全凭借自己坚强的毅力和心中的信念，完成了自己人生的巨大转变。他将自己遭受的失去亲人的痛苦，转化成为悲天悯人的博大情怀。他刻苦钻研医学，最终成为一个对世界、对后世有用的人，成为一个能够将自己的学术思想和生活信念传给后代的人！

丹溪先生千古！！！

他去世以后，葬在了现在的浙江省义乌市赤岸镇东朱村旁的墩头庵。

义乌的朋友如果有时间的话，可以去参观拜谒一下。

拜谒的时候麻烦大家替我点炷香或者献束花，以表达我的尊敬。

◎ 后记

朱丹溪逝世一百二十九年后。

公元 1487 年。

波涛浩渺的大海上，一艘帆船正在波浪中前进。

船头站立着一个身披和服的二十二岁年轻人。

他的目光凝视着远方，凝视着一片即将出现在眼前的陌生的土地——中国。

他的名字叫作田代三喜。

田代三喜出生在一个医学世家，从十四岁就开始学医，其人沉稳聪明，志向远大。

在他的医学知识积累到一定的程度以后，他觉得必须要寻找更广阔的学习领域。

于是，他把目光投向了中国。

这个时候，在中国，元朝已经结束，是明朝了。

金元四大家的医学思想在这个时候得到了广泛的传播，临床医生们在此基础上获得了更多的医学经验。

田代三喜在获得这些消息后，开始急切地安排自己的计划——前往中国学习中医。

田代三喜在历尽艰辛之后，于二十二岁的时候终于来到了中国，在钱塘找到了自己学习的对象，同样是日本人的僧人月湖。

月湖于更早的时候来到了中国，学习中国医术，尤其对朱丹溪的医学思想独有心得。

中国江南地区的繁华令田代三喜印象深刻，但更令他印象深刻的是，中国的医学。

日本人在学习吸收他国文化方面很有天赋。

十二年后，田代三喜学成归国，在关东地区行医，直到八十岁去世。

由于医术高超，全活甚众，所以前来学徒的人很多，他大力地宣传李东垣、朱丹溪等金元四大家的学术思想，最终形成了与日本使用张仲景医方的"经方派"并立的"后世派"。

在去世前，田代三喜躺在病榻上，忍着病痛为徒弟曲直濑道三传授毕生的学术，道三每天听后，退下记录老师的思想，由于悲痛，泪如雨下，流进砚台里，就以泪研墨，最终写下了日本历史上著名的医书《泪墨纸》。

在这样的故事里，我们隐约看到了那熟悉的"医道"。

后世派尊朱丹溪为"医中之圣"。

朱丹溪的学术思想绵延传承，远播海外。

今天，我们比田代三喜那些日本人学习条件好多了，我们去书店，可以随时买到朱丹溪的书，别辜负了这种机会，把朱丹溪历尽千辛万苦写下的书，买回来，认真地读一读吧。

相信你会感觉到朱丹溪仿佛又来到了你的面前。

向你讲述应该如何诊病、如何开方。

以及他心中的，医道。

※ 朱丹溪对老人的养生建议

那么，朱丹溪的学问到底有哪些特殊的东西，竟然影响这么大呢？

在朱丹溪以前，中医在治疗外感病的理论体系方面比较健全，但对杂病的理论总是不那么透彻。

朱丹溪为杂病的治疗增添了许多新的理论思想，比如化痰、解郁等内容。

他又提出了"阳有余阴不足"和"相火论"两大观点。

这些我们都不讨论，大家可以买书来看。下面和大家讲点儿朱丹溪的养生观点，希望对各位有用。

首先谈谈朱丹溪老人家是如何奉养自己母亲的。

由于丹溪老人家今天没有到场，我就替他发言了，有什么纰漏请大家原谅，因为我也是看书学来的，没有得到他老人家的允许，就擅自开讲了，不好意思。

儒家讲的是一个孝字，因此如何奉养老人是很被重视的一个课题。

如果自己的父母以高龄故去，那是儒者很自豪的事情呢，在写文章或者别人介绍自己的时候都要拿出来提一提。

其实现在的情形也是这样的，今天各位的父母健康如何？大家心中也都惦记着吧？

好多人身在异乡打拼，父母留在家里，其实父母的健康是关心不到的。

但留在父母身边的，就可以多些照顾了。

下面我来谈论一下朱丹溪对母亲的奉养之道吧。

这种奉养方法主要体现在饮食的方面，具体的内容就是——不给老人吃特好吃的东西。

您该奇怪了，别不是说反了吧？应该是给父母吃特好吃的东西啊？

还别说，朱丹溪真就是这么认为的，为什么呢？让我慢慢来谈吧。

朱丹溪认为，这人老了以后，脾胃的功能就减弱了，这样就容易出现一些虚热的表现。比如，刚吃完饭，还没多大一会儿工夫呢，就又饿了，这是胃中虚热的表现；又比如，饿了吧，刚吃了一点东西，嘿，居然就吃饱了，而且稍微多点还肚子胀了很久，这是脾弱的表现。

而老人的虚热还表现在性情方面，容易生气发火，这也就是我们说的有点老小孩的情况，可能大家都有体会，就是父母年龄大了后，容易莫名其妙地发火，一点芝麻大的事，就急了，说出马上要搬走或者不认这个儿子了之类的话，朱丹溪说："虽有孝子顺孙，亦是动辄拘腕，况未必孝顺乎？"

可见这种情况元朝的时候也比较严重，朱先生就已经注意到了。

所以朱老爷子告诉大家，那些带有热性的食物，比如烧烤的、香辣的、肥腻的，虽然味道可能不错，但是也别给老人吃了，因为这些东西助热啊。

可能您要问了，如此说来，岂不是很多好吃的父母都无法享用了，难道这是孝顺吗？

您问得对，不但您问，朱丹溪那个时候别人就问了，说："甘旨养老，经训俱在，你却什么好吃的都掖着藏着不给父母吃，这样做岂不是背离孝道吗？"

朱丹溪回答说：您来自己分析一下什么是孝道吧，一种是让父母纵一时之快，有好吃的了往狠了吃，见天儿的红焖肉溜肥肠烤全鹅外加麻辣烫香辣锅，父母是痛快了，回头血压上升脑溢血住院开刀去了（当然，朱丹溪没说脑溢血开刀的事，是我替他老人家发挥的，他的原话是"积久必为灾害"）；另一种方法是让父母平淡饮食，也没吃着什么好的，虽然嘴上亏点，但人家也没什么病，这两种情况比，您认为哪个是孝道呢？

朱老爷子接着补充："君子爱人以德，小人爱人以姑息，况施予尊者哉。"在生活中，也就是饮食，是可以用来养生的，可是如果用养生的东西转而变成害人的东西，恐怕不是君子所说的孝吧。

然后朱先生举了自己奉养母亲的例子。朱先生对母亲的感情很深，他就是因为母亲有病才立志学医的，其对母亲的奉养也堪称典范。

他说母亲以前有点痰饮，由于恪守饮食清淡，过了七十岁后，居然没有了。

后来因为有一次大便燥结，就用了些牛奶和猪油混在粥里喝，当时虽然大便滑利了，但终究是腻了些，第二年夏天，"郁为黏痰，发为肋疮，连日作楚，寐兴陨获，为之子者，置身无地"。后来调了点药，才算平安度过了。

这点估计西医不理解了，今年吃腻了，怎么明年生疮还和它有关系啊？这哪跟哪啊？您还别说，中医就是这么认为的，有的时候几年前出现的问题，几年后发病了，按现在的症状开方怎么也不好，询问到原因后，针对几年前那个病因开方，这病就立刻好了。这就是中医，认为时间的前后，身体的上下、内外都是一个整体，是联系紧密的。

在临床上我就经常碰到这种情况，几年前的病因了，针对它开方居然解决了问题，连我都觉得不可思议。

可见我们对人体了解得还太少了。

那么现在养老的问题还像朱丹溪时代那样吗？

我觉得情况更严重些。

因为现在的食物丰富程度是中国历史上没有的，想吃广州的烧鹅随时有，想吃北京的烤鸭也随时有，想吃东北的猪肉炖粉条也随时有，这在古代难以想象，现在什么鳄鱼肉袋鼠肉鸵鸟肉都有卖的，新疆烤羊肉的香味整天在街上飘荡，没点毅力还真抵抗不住诱惑。

以前的油水是很少的，有点猪油都是省着用的，但是现在我看炒个鸡蛋都要用掉一大调羹的色拉油。

所以现代的饮食以油脂过剩为特点。

别听有的父母说，我整天吃素啊，其实她炒青菜的时候放的油比谁都多。

住在我隔壁的是个台湾来学中医的同学，人长得胖胖的，但有一天我看他的回乡通行证的时候吓了一跳，照片上以前的他瘦小帅气，就跟以前的小虎队成员似的，我不知道海关的人员是怎么把他放行的，差距也太大了！

我问他，怎么胖成这样？他说，在台湾家里吃饭的时候青菜都是水煮的，到大陆食堂连茄子都过油，结果很快就吃成这样了。

住在我隔壁单元的还有一个学妹也是台湾人，人苗条瘦小，正在跟随我们的伤寒大师学习，深得其妙，但有一天她告诉我刚来大陆的时候也吃成了一百多斤的大胖子，我大吃一惊，看她瘦小的身躯怎么可能？忙问她怎么又变瘦了？她说，很简单，就不吃食堂了，在租的房子里自己做菜，水煮，少放油。

情况汇报完毕，就是这样的，不要听您的父母说，我们已经整天吃素了，为什么上医院血脂等各项指标还是高？

其实他们吃了大量的油腻食物。

吃点肉倒是没有问题的，不用那么坚持吃素，但是油要控制，用点橄榄油山茶油的，拌在菜里，最好不要煎炒熘炸。

还有的是平时吃素，等到孩子回来了，涮羊肉去，来一顿狠的，还不如那平时就吃点肉呢，您身体适应不了啊。

我国广西有个地区叫巴马，距离百色不远，目前是国际上公认的世界第一长寿的地区，每个村都有很多百岁老人，我一直想把这个地区的长寿现象当作一个课题研究一下。

除了环境好之外，这个地区的特点是人很少吃肉，基本是过年的时候才杀猪，一种特殊的品种叫作香猪，平时能够从江里捞点鱼吃，主要吃的就是山茶油和火麻仁油，熬青菜，主食是玉米粥和地瓜。每天两顿饭。

这使得他们百岁老人的比率超过日本的冲绳、苏联的高加索而排在世界的第一位。

可见，朱丹溪老先生的养老理论是可以在现实世界中找到佐证的。

大家自己反思，在对待父母的饮食方面有什么需要改进的没有，记录下来，因为再过三四十年，我们自己就该成老人了。

缪希雍

◎ 引子

明朝万历年间的一天夜里。

杭州督学陈赤石的府上。

所有的人都面露愁容，整个宅子里悄无声息，令人感到分外压抑。

偶尔传出的痛苦呻吟声显得格外凄厉。

陈赤石督学患滞下已经好多天了。

什么是滞下？滞下就是患了痢疾以后，那种腹中绞痛，想大便却便不出来的症状。

而且，这位督学的病一定很重。否则，不会便出来的都是脓血。（遂滞下纯血）

那么，没有请医生吗？

当然是请过了，杭州城里最负盛名的五代世医王家老爷子已经来瞧过了，但是，服了药后却没有效果，剩下的医生当然更不行了。（医皆难之）

天哪，这样泻下去，这个人可就要支持不住了。

现在，大家所有的希望都寄托在一个人的身上。

但是，这个人此时却不在杭州，据说，他正在苏州一带。（得之吴门）

三天前已经派家人赶去苏州请这位先生了。

那么，他能赶来吗？

这是所有人心中的疑问。

午夜时分，宅门外突然响起了急促的马蹄声，然后是马的嘶鸣。

所有昏昏欲睡的人立刻瞪大了眼睛，难道是他真的来了？

然后，一阵纷乱的脚步由远而近。

有认识的人纷纷小声议论着：来了！来了！

103

只见，一个人随着仆人昂首而来。

此人生得是身材魁梧，电目戟髯，犹如画图中的侠客（如世人所图羽人剑客），他一边走，一边大声地问："病人在哪里？病人在哪里？！"

只这一嗓子，直震得各个屋子里的锅碗瓢盆嗡嗡直响，连墙上的土都直往下掉（欲坏墙屋）。

家里的管家和陈赤石的公子忙迎上去，打着招呼："先生请进，走了多久到的啊？"

来人毫不在意地回答："一日夜！快，带我见患者！"（一日夜驰至武林）

屋内的陈督学听说了，也从床上探起了身子，眼睛里放射出了希望的光芒。

此人进屋后，屏息片刻，然后开始给患者诊脉。

诊完后，对一屋子凝视自己的目光说："不要担心，这不过是暑湿内侵而已，拿纸笔来！"

于是提笔唰唰几下开了方子：人参五钱，升麻七分，炙甘草一钱五分，乌梅二枚，红曲一钱五分，川黄连三钱，白芍药二钱，莲肉四十粒，滑石五钱。

两剂药，就在两剂药以后，这个让陈家举家上下惶恐不已的痢疾，就这样在轻描淡写间痊愈了，大家都长长地舒了一口气。

这时大家突然想起来这位医生，怎么好大一会儿没看见他了呢？于是开始四处寻找，陈公子更是十分高兴，一边走，一边用折起的扇子不断地敲打着自己的手掌，嘴里不停地嘟囔："其术神矣！其术神矣！"突然，看见有仆人站在客房的门口向他摇手。

上前一看，原来，这个医生已经躲在客房里，鼾声大作，睡去多时了。

这个医生，就是我们这个故事的主人公，明代著名医学家——缪希雍。

那么，他是怎么成为一个这样的高手的？他的人生有哪些故事呢？让我现在带着您从头探访吧！

◎ 童年身体很不好

估计您会认为，这位缪希雍大侠如此棒的身体是天生的吧？您还真错了，缪大侠的身体纯粹是自己后来调养出来的（具体吃了哪些补药我后面会透露给您的），他小时候的身体，那可不是一般的糟糕，而是很糟糕。

三天两头有病那是家常便饭，几个小孩子一起站在风口玩，其他那几位没事儿，再看我们这位儿童版的缪大侠，已经开始流清鼻涕、打喷嚏了。

就这种体质，家里面都担心得要命，以为活不了多久呢，但是没想到，他居然在病病歪歪中一天天长大了。

总之是小病不断，大病常有，就在十七岁的时候还得了场疟疾呢。

现在，让我们先来介绍一下缪希雍同学的家庭成员吧，他的父亲叫缪尚志，做的官是汉阳通判，虽然是个小官，但不管怎么样，也属于一个小领导。

这位缪尚志同志的大老婆姓孙，非常不幸的是，这位大老婆没有生出孩子，怎么办啊，随着缪尚志同志的年龄越来越大，这个问题逐渐成为缪尚志同志从睡梦中被惊醒的主要原因。这时，有人介绍，说有个姓周的人家的姑娘不错，这个姑娘父母早亡，是跟着哥哥嫂子一起长大的，为人贤淑端庄，十分有德。缪尚志同志听了很高兴，于是，就择了个日子，把这位周姑娘给娶进了门，做了二房。（孺人以良族女德见选）

这位周姑娘，就是缪希雍的母亲。

所以当缪希雍出生的时候，虽然他的母亲很年轻，但是他的父亲已经很大岁数了。

可能是由于生育自己时父亲年龄过大的缘故吧，我们的缪希雍同学小的时候身体很不好，估计和遗传有关。

虽然父亲官职不大，但是总是个官，因此家里面也是很热闹，前来串门的人络绎不绝。总有人见到缪希雍这个小娃娃先是赞扬一番，然后捏起他的脸蛋儿以示亲切，这搞得本来就不胖的缪希雍小朋友很是痛苦。

稍微大些的时候，家里给他请来先生，教他读书。据反映，缪希雍同学的成绩还不错。

在这样的岁月里，缪希雍同学逐渐长大了，谁也没有想到，上天对他的考验才刚刚开始。

在他十三岁的时候，他的父亲去世了。

对于少年时期的缪希雍而言，父亲在他的脑海中是一个严肃的老头，为官清廉，对待他的学业也严格要求。

但是，这个严肃的父亲却在一瞬间病倒了，文献中没有记载他到底患的是什么病，或者当时压根就没有搞清楚是什么病，总之，他去世了。

缪希雍眼看着这个家失去了支柱，然后，开始感到了什么是世态炎凉。

突然间，家里往日的热闹景象消失了，那些经常来串门的亲戚朋友都不见了，院子里开始变得冷冷清清，

更重要的是，当家里遇到了困难，想找个人帮忙的时候，遇到的都是些躲避的目光，仿佛怕她们孤儿寡母会给他们带来什么麻烦。

难道，这就是世界上的人心吗？难道，这些人就是所谓的朋友吗？

这些问题，在缪希雍的头脑中激荡着，甚至对他的一生都造成了影响，我们观察缪希雍后来的性格，似乎可以得出这样的结论：他在用一生的时间证明着，这个世界上还有公道，还有真正的友谊。

但是在当时，这种刺激对他的冲击简直是太大了，于是，他的人生轨迹开始出现了偏差，他开始变得玩世不恭，变得"负气喜任侠"，对于这种情况，我们并不感到意外，因为以前我们讲过的名医朱丹溪在年轻时也出现了这样的情形。

缪希雍开始和街上的任侠少年们交上了朋友（估计相当于现在电影中的古惑仔或者飞车党之类的），大家一起整天游荡，过着一种痛快但是没有前途的生活。

难道，我们的缪希雍同学就这样变成了一个街头霸王吗？

这个时候，缪希雍同学那位德行高尚的母亲出面了，而她的出面，将彻底改变缪希雍的人生之路。

◎ 家长谈话的作用是很大的

眼看着缪希雍同学开始不听先生的话了，整天逃学，还和街头的古惑仔们搞到了一起，缪希雍的母亲终于出面了。

一天，她很严肃地把缪希雍同学找到了自己的面前，要知道，虽然缪希雍此时在街头已经小有名气了，但对母亲那还是服服帖帖的。当他此时一看到母亲从未有过的严厉目光时，心里也是打了个冷战。

母亲厉声喊道："跪下！"

缪希雍同学突然感到自己的威风劲儿都飞到了九霄云外，只觉得双膝一软，就跪在了母亲的面前。

缪希雍的母亲开始训斥："你的父亲，是个多么好的读书人，他靠明经起家，做了一辈子的清白之官，你作为他唯一的儿子，不能跟着先生长辈们好好学习，以图继承你父亲的志向，却整天和那些古惑仔乱混，你还有脸活在这个世界上吗？！"

缪希雍听着母亲的这些话，感觉就像有许多炸雷在耳边响起，汗流浃背。

母亲继续在训斥他："你继续在这里跪着，好好想想我说的话，什么时候想明白了，什么时候来找我！"

然后，母亲留下呆若木鸡的缪希雍，自己回房去了。

天色已经黑了。

家人已经吃过晚饭。

缪希雍却仍然跪在那里，他并不是没有想明白母亲说过的话，而是在痛责自己，为什么会走上那种偏激的邪路呢？

虽然世人对自己的家庭并不公平，那么，难道我就不能用公平的心来对待世人吗？

少年缪希雍的心里在进行着激烈的斗争。

最终，正直的种子终于发芽了。

他在心里告诉自己，我要做个对世界有用的人，用我的行动，来证明人的心是善良的！

于是，他终于起身，来到了母亲的面前，告诉母亲，自己会痛改前非的。

从此，我们的缪希雍同学重返学堂，步入了人生的正途。

◎ 疟疾，又是倒霉的疟疾

此时的缪家，已经破败了，他们的生活很是贫困，但是缪母本着穷什么不能穷教育的原则，一直支持着缪希雍的读书学习。

真是位了不起的母亲啊，要是搁一般人，家里也没有多余的钱，早让缪希雍去东莞打工了。

就这样，缪希雍虽然身子骨还是那么的弱，但是，还一直坚持着刻苦学习。

但是，倒霉事儿还是来了，他在十七岁的时候染上了可怕的疟疾。

之前，其实缪希雍患过几次大病，但是和这次的疟疾比起来，那就显得太小儿科了。

这次的疟疾的确是十分严重，搞得本来就身体单薄的缪希雍更是骨瘦如柴，母亲把仅有的钱都拿出来请医生了，用缪希雍后来的话说，那是"凡汤液丸饮巫祝，靡不备尝"，就是说基本上广告上宣传的药都买回来吃了，报纸上介绍的名医也都去看了，最后没有办法，连神仙巫婆的山头都拜了，结果还是没有好。（终无救于病）

这个病最后折腾了快有一年，缪希雍和母亲几乎绝望了，天啊，难道我们要束手待毙吗？

这个时候，一个响亮的口号出现在了缪希雍的脑子中，这就是：求医不如求己啊！

对啊，自己家里不是还有几本医书吗？不是还有一本叫作《黄帝内经》的基本读物吗？难道我自己不能研究一下这个医学吗？

是啊，这个医学里到底有什么奥秘呢？为什么社会上的这些医生很多都治不好病呢？

此时，父亲去世前医生一张张惊慌失措的面孔又重新出现在了缪希雍的脑海里。

对，我就自己看医书，自己琢磨这个病到底该怎么治！

过去有句话，叫"秀才学医，如笼中捉鸡"，另外一个说法是"秀才学医，如快刀斩豆腐"，什么意思呢？这两句话都是用极其通俗的语言（通俗到有点不像秀才说的，倒是很像是秀才的老婆说的），形容了如果受过正规的传统教育，那么学习中医是很容易的。

因为它们的理论根基是相同的，都是中国古代哲学思想。

于是，缪希雍开始翻出尘封已久的医书，仔细地翻阅了起来，从此在缪家出现这样的情景：一会儿看见缪希雍捧着本《黄帝内经》在冷得直打哆嗦地看，一会儿又看见同样捧着《黄帝内经》的他在热得满脸通红地看。

看着看着，缪希雍读到了这样的句子："夏伤于暑，秋必痎疟。"缪希雍的心里终于敞亮了起来，原来疟疾是这样啊。

于是，缪希雍把这个疟疾当作暑邪来治疗，斗胆给自己开了方子，并在忐忑不安中服下了自己开的药方。

缪母此时是最紧张的了，她已经做好了如果缪希雍突然口吐白沫并翻白眼时去请医生的准备。

结果是，缪希雍并没有翻白眼，反而更精神了，没到十天，这个折腾了近一年的疟疾，居然让他自己给治好了！（不旬日瘳）

◎ 坚决要求学医

这简直是太不可思议了，自己拿着书琢磨琢磨，居然能够把自己的病看好了，天下居然有这么神奇的事情？

其实，缪希雍同学自己的疟疾痊愈了并不是什么大事，此事最大的后果是：它激起了缪希雍对医学的极大兴趣。

因为，这使得缪希雍开始怀疑报纸广告中那些所谓的教授和专家，他们到底看医书吗？为什么我病了那么长的时间他们都看不好？这个世界上还有多少个像我一样的患者，大家都在病痛中度日，而那些所谓的专家却都在洋洋自得地大把捞着银子，却无法治愈我们的病！

原来治疗疾病的真谛似乎就藏在这些古代的医书中，只要好好地学习这里面的知识，就会明白治病的道理，那么，天下该有多少人受益啊！

这，就是缪希雍在给自己治病成功后得到的最大收获，于是，他开始立下志愿：我要学医！

当然，母亲对这个事情是支持的，能够做个对世界有用的人，那是好事一件啊！

就这样，缪希雍踏上了学医的道路，一位中医名家即将诞生。

但是，学习的过程是很苦的，在把家里的医书读完了以后，由于家里贫穷，没有钱再来买医书了，于是缪希雍只好到别人家里去借书来读。

去谁家借呢？原来，在与缪希雍家隔几条街的地方，有一个姓赵的人家，这家人很有钱，户主赵承谦曾经做过广东参议，家里的宅子很大（现在还有呢，就在现在的常熟市古城区南赵弄十号，各位离得近的朋友可以前去看看），他们家里的藏书很多，而且，他们家的儿子叫赵用贤，也是个读书人，非常爱好读书，和缪希雍很有共同语言，于是，缪希雍就经常去他们家，把自己希望看的医书借出来。赵家的藏书馆名叫"脉望馆"，珍藏着很多宋刻善本医书，缪希雍对此感到如获至宝，终日沉湎于书山学海之中，"沉研剖析，割剥理解"，"遇会心处，辄摘记之"。

在缪希雍同学努力攻读医书的同时，让我们抽出点儿时间，顺便介绍一下这个赵家的儿子赵用贤同学。

该同学于隆庆五年（1571）中了进士，去北京做了个翰林院检讨的七品小官，从此和缪希雍走上了不同的道路，但是，后来发生的一件事情却让这位兄弟名扬天下。原来，当时的当朝首辅张居正的父亲死了，张居正本来应该回家奔丧，但张居正却利用"夺情"的程序，让皇帝留下自己，不用回家居丧。于是，这位赵用贤兄弟就和其他几人上书，弹劾张居正，这事当时闹得很大，最后在万历五年（1577），他们五人被处以廷杖，赵用贤廷杖六十。这位赵用贤同学是个大胖子，在被打的时候臀部血肉横飞，据说掉的最大的一块肉有巴掌大。然后赵用贤同学那强悍的老婆出现了，她收集了老公被打掉的大块的肉，回家后，加了点盐，给做成了腊肉，要留给子孙看看，他们的祖上是多么的英勇。

而实际上，赵用贤的儿子也的确不是一般的人物，在赵用贤老兄还没有中进士的时候，他的儿子就出生了，名字叫赵开美，估计大家看这个名字有点眼熟，没错，就是那位刻印了《伤寒论》和《金匮要略》的赵开美。

在中医界，宋朝时刻印的《伤寒论》元祐本被称为"小字本"，宋代原刻的小字本到了明代就已经看不见了，但是在明万历二十七年（1599），我们的赵开美却偶然看到了一套小字本，这令他喜出望外，于是就立刻借来，给翻印了下来，因为刻印得太接近原貌了，所以现在通称赵开美本为"宋本《伤寒论》"。

但是，赵开美所看到的北宋原刻小字本，在翻刻完还回去以后，就消失了，也不知道哪里去了，总之是丢失了，于是，我们今天能够看到宋版《伤寒论》原貌的只有赵开美本了。今天，赵开美本世上仅存五部，最好的一部在沈阳的中国医科大学呢，还没有整理出版，我很担心，不知道他们图书馆的防火措施如何，否则要成为千古罪人的。

就是因为赵开美，我们才得以见到宋版《伤寒论》的真面目。

◎ 苦读的日子

现在我们读医学院是怎么读的呢？

大家基本不用担心吃饭的问题，每个月家里会把钱寄过来，就是经济困难的同学，政府也给伙食补助和贷款什么的。

书在图书馆里有的是，随时可以去看，根本就不用看谁的脸色。

缪希雍那个时候可没有这种好事儿。

因为家里没有钱了，所以需要他一边赚钱养活自己和母亲，一边去赵家借书读。

那么，他靠什么来赚钱养家糊口的呢？

一个读书人，当然是办补习班了！

缪希雍把家里的房间收拾了一下，早晨趁没人时到外面的大树上刷糨糊，贴些广告，白天给来补习的同学们上上课（也不知道他讲得如何，总之文献记载他自己曾经考了一次科举，也没有考中，从此就再也不考了），讲完课以后，就让同学们回家自习，然后他开始捧着借来的医书，苦读。

"书非借不能读也"，前天一个朋友在给我的邮件里写着这样的话，真的，有的时候，完美的读书条件摆在你的面前，可能你却在睡大觉。可是，你知道那些在贫苦环境里读书的孩子的想法吗？他们在想，天哪，这本书后天就要还给人家了，可是还有十几页我没有看完呢，如果还了，我以后可能就再也看不到了，我一定要把这里面的内容都记下来啊！

于是，就废寝忘食地苦读，力争把每个句子都记到脑子里，生怕忘记了哪句话，以后就再也看不到了。

白天的时间不够，就在晚上读；晚上的时间不够，就不睡觉地读，直到东方破晓；到了期限还没有读完，就要叩头作揖给人家陪笑脸，希望人家再宽限一两天。

就是在这种状态下，缪希雍苦读了十年的医书！

一转眼，他已经二十七岁了。

此时，他感觉自己的医学知识已经基本具备了，于是，他把目光投向了远方。

在这个世界上，一定还有许多高人啊，在民间热闹的街市中，在云雾奔腾的高山上，一定还有许多值得我学习的人啊，我不能在家里这样死读书本了，我要到民间去实践，去学习！

有了这个想法后，一天，他终于向母亲提出了想要到远方去游历的意图。

母亲对此非常支持，虽然她知道，这样可能要很久都见不到儿子了，但是，深明大义的缪母也清楚，儿子的志向又岂是在区区的书房里就能完成的？

于是她就忍住眼泪，积极地鼓励儿子出游。

缪希雍也告诉母亲，我到了外面，我会赚钱给您带回来的，您放心吧。

然后，他辞别母亲，开始了千里寻访高人的生活。

这一去，就又是十年。

◎ 到部队去锻炼锻炼

缪希雍这次远行的范围可就大了去了，江南一带自不必说，还去了福建、湖北、江西，然后北上河北、山东等地，最后去了北京，还在北京的五环外比如通州、平谷等地驻扎了很久，这是后话，我们以后再提。

关于古人的出游，我觉得实在有必要在这里议论两句。

古人有个习惯，就是读万卷书，行万里路，他们认为周游各地可以开阔胸襟，增长学问，总之是好处多多，这种学习方法也曾经很是让我羡慕，但羡慕之余，我总是想搞懂一个问题，就是这些古人哪里来的那么多钱？要知道，旅游可是一个很费钱的事情，不能游着游着兜里的银子没了，于是就改讨饭了。

那么，古人到处游历，到底靠什么支撑呢？

有原来就有钱的，比如以前看李白到处作诗，就很狐疑，后来有人考证，原来李白还兼任小矿窑的主人，经常倒腾点儿矿石什么的。

有互相提供住处的，和现在的网友一样，大家认识了，就我去你的家乡住你那儿，你来我这里住我这儿，从古代文献看，那个时候大家还都不鸡贼，读书人去了外地住在人家家里经常是一住就是很久，吃人家的喝人家的，人还特热情，扫榻相迎，搁现在这主儿的老婆一定会跳起来：严重干扰我的私人空间了，他走，要么我走！（可能跟现在房子小物价高有关）

还有就是四处打工，似乎读书人在过去还是比较紧俏的，可以凭着自己的几首歪诗到好学问的人家混点吃喝，找个地主家当个家庭教师，等等，总之还都能有口饭吃。

按照缪希雍的性格来说，他当然不会去人家里混饭吃，他基本是凭着自己的本事打工来着。

那么，他到底都打了什么工呢？让我们从文献的蛛丝马迹中来分析一下吧。

后来，缪希雍的好友汤显祖（就是那位写《牡丹亭》的高人）曾经说过一句话，他说缪希雍"曾为闽抚许孚远幕客"，这就为我们透露了一些线索，那么，这位许孚远是谁呢？

原来，这位许孚远可不是一个简单的人物，他是明嘉靖四十一年（1562）进士，隆庆初，首辅高拱荐其为考功主事，出为广东佥事。这个时候倭寇骚扰广东，这位许孚远统军以水陆夹攻，大败倭寇。万历年间，首辅张居正逐"拱党"，许孚远被谪为两淮盐运司判官。后历兵部郎中，

113

出知建昌（今江西水修西北）府。再后来出任福建巡抚。

看来，缪希雍曾经跟随许孚远在军队里锻炼过，做过参谋一类的职务。

一般从部队退下来的人我们都能够看出来，透着那么一股英气逼人的劲儿，我们要是再看看缪希雍后来的豪侠作风，估计大家心里就明白了，这都是在部队锻炼出来的。

那么，缪希雍跟着这位许孚远先生能学到什么呢？

原来，许孚远一生精研学问，其中最重要的是，他是那位流芳百世的王阳明先生的正传。

这回您该明白为什么许孚远这位手无缚鸡之力的读书人，能够统兵大败倭寇了吧，原来人家学的是"知行合一"的心学啊，是王阳明先生的正传啊！

看来，我们的缪希雍真有眼光，连打工都要在学问家的手底下，一边赚生活费，一边跟着人家学习哲学。

说到哲学，大家可别小瞧了，它讲的可是万物的规律，是方法学中的方法学，多少诺贝尔奖的获得者同时都是哲学高手。我们接待外宾时会被告诉外事礼仪，其中有一项就是，如果这个科学家同时是哲学高手，比如他是医学博士同时也是哲学博士，在介绍时一定要先说哲学博士，然后再说医学博士，否则就是失礼。曾经出现过把顺序介绍错的，老外上来一定会特别纠正：我是哲学博士，然后才是医学博士。

西方人对方法学的重视若此。

通过对心学的学习，缪希雍的精神境界得到了大幅度的提高，他在日后的著作中，曾经多次提到医生的精神境界问题，可见他对医生的内心修养是十分重视的。

比如他曾经写道，"凡作医师，宜先虚怀"，"苟执我见，便与物对"，"一灵空窍，动为所塞，虽日亲至人，终不获益"。意思是说，做医生的，一定要谦虚，若固执己见，那么你就听不进去别人的意见，那么即使你天天和圣人在一起，你也会一点儿东西都学不到的啊。

上面这段话出自缪希雍著名的"祝医五则"的第四则，是他对一个好的医生的要求，探讨了如何修心的问题。

有网友提问，学习中医和学习古文有关系吗？作为一个学中医的，知道怎么用草药不就得了，还需要搞什么学问弄懂古文吗？

恰巧，缪希雍对医生提出的五则要求的第二则，就是他对读书识字的要求。

他说："凡为医师，当先读书。凡欲读书，当先识字。字者，文之始也。不识字义，宁解文理？文理不通，动成窒碍。""望其拯生民之疾苦，顾不难哉？"他要求医生要"读书穷理，本之身心，验之事物，战战兢兢，求中于道"。就是说，如果文字功夫不好，读书可能会影响领会的，这样也就会影响到救人。缪希雍对此重视之极，竟然放在了第二则的位置。

读书识字能有这么大的影响吗？顺手给您举个例子吧。

明朝有个名医叫戴元礼，有一天，他路过一个医生的诊所，正好看见一个患者拿着包好的药走出来，就在这时，突然看见那位医生从诊所里追出，向那个患者嘱咐："煎药的时候一定要把一块锡放进药里啊，别忘了，放块锡！"

这位戴元礼就很纳闷，这是个什么用法儿呢？要加入锡熬药？

戴元礼也真谦虚，就进去直接向这位医生请教："您为什么要放锡呢？"

那位医生很不谦虚，不屑地说："你难道没有听说过，张仲景的小建中汤熬药时要放入锡吗？"（小建中汤要求放入的是高粱饴糖的"饴"，也写作"饧"）

戴元礼这才明白，原来这位医生读书不好，把"饧"字给当成了"锡"字了。

由于自己对古文的不熟悉，导致不知道有多少患者是和着锡熬药的。

◎ 广阔天地大有作为

从军队出来后，缪希雍已经是一个豪气冲天，身体健壮的年轻人了，此时，他把目光投向了民间。

民间的高人只要是他听说了，那就一定要去拜访学习。

当时在无锡有一位名医，叫马铭鞠，据说这位马铭鞠治病很有一套。

缪希雍听说后，立刻前去拜访，在一般情况下，像马铭鞠这种医生的技艺是不大会轻易外传的，但是，缪希雍有着一颗赤诚的心，他靠着自己的真诚打动了马铭鞠，于是，马铭鞠就让缪希雍跟随自己，把自己的学问都传给了缪希雍。

以一颗真诚的心向学，没有人会不愿意教给你的。

在马铭鞠先生那里，缪希雍果然大开眼界。

举几个例子吧，这位马先生非常擅长治疗性病，当时的中国，随着对外开放，一些乌七八糟的东西也随着外国商船进来了，东南一带的性病已经非常流行。

有一天，一个叫李行甫的人患了梅毒，在前医治疗的过程中，使用了水银等药，结果导致这个患者三天以后出现了舌烂的症状，牙也掉了，咽喉也溃烂了，弄得满屋子都是秽气，吐出的腐烂的肉跟猪肝一个颜色。这个情况，甭问，什么都没法儿吃了，大小便也不通了。

请来的医生一看，得，没法儿治，拜拜了您呐，您自个儿挺着吧。

这位李行甫这个后悔啊，早知如此，何必当初啊，我要是不去那个春香楼，不就没这事儿了吗？

后悔有什么用啊，接着请医生吧，于是就请来了马铭鞠。

马铭鞠一诊断，就说："这是中了水银的毒啊，现在患者肚子虽然胀，但还没到坚硬的程度，说明水银的毒还没有致命，首先要解毒处理。"

这个解毒的方法听着很恐怖，他拿来了一些黑铅，然后用大量的甘草、桔梗、金银花等药熬，熬好了后给患者喝一些，再用剩下的药汁洗患者的手足。

结果，第二天，患者开始从大小便排出很多黑水，病情就开始稳定了。

然后，又用了些外用的药吹到嗓子里，又口服了些解毒的药，这个患者后来就痊愈了。

看来在抗生素发明之前的中国，医生们曾经想了许多方法来解决梅毒的问题。

缪希雍看了以后，认真地学习，并且把这些方法都记录了下来，后来写在了书里。

还有一个患者，是个青年人，叫倪仲昭，他患的是喉癣，也是喉咙里的疾病，其他的医生怎么治疗都不见效，结果是整个喉咙开始烂了，吃的东西必须是面粉熬烂，仰着头才能咽下，每次咽的时候都要哭一场。

大家都不知道这是什么病，于是请来了马铭鞠。

马铭鞠一看，说："这不是外感的风火毒，你曾经患过梅毒吗？"

青年人说："没有啊？"

马铭鞠接着问："那你的父母患过梅毒吗？"

青年人恍然大悟："是啊，他们患过，是治愈了三年后才生的我。"

马铭鞠说："果然如此，这是毒性遗传给了子女。"

于是，同样开了甘草、桔梗、山豆根、草龙胆、射干等药，尤其是每剂药里用了土茯苓半斤（量够大的），再配了点儿牛黄，结果半个月后，这个病就痊愈了。

回头缪希雍就请教了："马先生，您说难道这个梅毒它会遗传吗？"

马铭鞠叹了口气，回答说："凡是父母正在患梅毒时生育的孩子，很少有不被传染的，具体的症状是浑身都溃烂，从头顶到脚，除了两个眼睛，几乎没有完整的地方，这一定要按照梅毒来治疗啊，很多医生都不知道，按照各种方法治疗，最后不免于死，可叹啊。"（论述很长，大意如此，就不给大家都抄下来了）

于是，缪希雍就把这段话记录下来，后来，当他出版《先醒斋医学广笔记》时，给收录了进去，并在后面标注"马铭鞠传"，意思是马先生传授的。但是由于缪希雍太有名了，所以现在很多人写文章都说是缪希雍先发现了梅毒的遗传性，实际是马先生的成果，缪希雍同志的科研态度是严谨的，这事儿人家在引文里都说了。

缪希雍和这些人的关系很有意思，与其说是师生关系，倒不如说是一种更近乎朋友的关系。他在这十年的游历生活中，足迹遍及大半个大明王朝的土地，造访了许多名山大川、乡间村落，所到之处，有患病的，他就给人看病，碰到谁有绝招秘法的，他就虚心请教，文献说他"缁流羽客，樵叟村竖，相与垂盼睐，披肝胆，以故搜罗秘方甚富"。

这些话是什么意思呢？就是说，缪希雍一身豪气，人特爽朗，没架子，人缘特好，见了面就不拿自个儿当外人，无论你是道士，还是毫无身份的樵夫，总之各种人他都和你诚心交往，肝胆相照，恨不能把自己的心都掏出来。

缪希雍对待周围的人从来不保守，说自己有什么秘方掖着藏着的，没那事儿！缪希雍随时把自己知道的医疗心得告诉大家，还很怕别人记不住，总是写下来给人家。

就这样，他身边所有的人都被感动了，经常是拉着他，告诉他说：我家里传下来这么一个方子，治疗某某病效果特好，现在我告诉你吧。

如此十年，缪希雍从民间学到了大量的医疗知识，其丰富程度令人叹为观止，为什么这么说呢，您只要看看他在《先醒斋医学广笔记》中收录的秘方数量就知道了。而且，在他的《神农本草经疏》这本书中，他对药物学的知识好多都是从实践中学来的，尤其是关于药物炮制这个领域，缪希雍的记载可谓是个大全，后来，清代药物炮制的繁盛是有缪希雍的功劳的。

当然，在这十年的游历中，缪希雍也遇到了一些足以影响他一生的人。

紫柏大师就是一位。

◎ 慈悲到底是什么

在游历的过程中，缪希雍一边给人诊病，一边学习，倒是进步很快，但是，进步越快，他心里的一些疑问就越多。

在路途上，他看到了百姓的贫困生活，看到了病痛中人们的痛苦，也看到了某些医生趁患者有病要挟钱财。

这个世界，人心究竟是怎样的呢？我们到底怎样才能帮助人们解除痛苦呢？

一些问题，他在许孚远那里并没有完全获得答案，于是这些问题就沉积在心里，等待着获得解答的那天。

这一天，终于来到了。

现在，已经没有人确切地知道缪希雍遇到紫柏大师的情景了，那就让我们来设想一下吧。

那天，山间的小径清凉幽静，路边修长的竹林翠色欲滴。

缪希雍一路赶来，心中急切。

他此次来要见的，就是真可禅师，也就是后来的紫柏大师。

在禅房里，缪希雍终于得见这位高人。

其实，历史上记载紫柏大师是一个很怪的人，据说他十分生猛，如果来客的心不善良，话不投机，他甚至拿起大棒子要打人家（一棒之下，直欲顿断命根），您说这路和尚一般人谁敢去拜访啊？

但是，紫柏大师对缪希雍却十分客气。

因为，他感受到了缪希雍一颗善良的心。

缪希雍把自己心中的疑惑对紫柏大师讲了，紫柏听了以后，微微地笑了，他问了缪希雍一个问题："你一定听说过唐代高僧玄奘的故事吧？"

缪希雍点点头："是啊，听过。"

紫柏大师接着说："玄奘法师的心中也是充满了疑惑啊，这个世界为什么有这么多的苦难呢？他也非常痛苦，那么，他到底怎么办了呢？他立刻启程，去天竺求取真经。他历尽千辛万苦，徒步翻越沙漠、雪山，凭借自己的信念，完成了此次取经，我们不论他翻译的佛经会造福多少人，我们只看他取经的行动，这么大的愿力就感动了无数的世人，激起了世人巨大的善心。"

缪希雍仔细地听着紫柏大师的话，沉思着。

紫柏大师："这个世界的确有着很多的痛苦、丑陋，但是，我们如果一味悲叹世人可怜，然后不停地修行自己，并不算是慈悲。真正的慈悲，是尽自己所能去帮助世人，可能这个任务是很难完成的，但是我们一定要发大愿力，尽力去做，不要管别人怎样，你只管去做，相信总有一天会感化世人的，只有这样，才是真正的慈悲啊。"

缪希雍的心中慢慢地明亮了起来，他不住地点着头。

紫柏大师又说："你是一个医者，我是一个僧人，但是，希望我们能够在各自的领域，一起发心，去尽力做这件事情吧！"

缪希雍双手合十，对着紫柏大师做出了自己的承诺："禅师，我一定会尽一生之力，去做好一个医生，帮助世人！"

缪
希
雍

就这样，两个人在一起又聊了很久，一颗普救众生的心，让他们走到了一起。

从此，缪希雍对紫柏大师执弟子礼，尊敬有加。

后来，紫柏大师发大愿力，发起创刻方册大藏——《嘉兴藏》（佛教经典的总汇称之大藏）。

这部《嘉兴藏》可非同小可，它在佛教大藏经典中地位重要，除了收录宋元以来入藏的大小乘经论外，还收了一大批中国历代高僧的撰述，这些在其他历史资料中都很难见到。

《嘉兴藏》不仅仅是佛教大藏，它所含内容浩瀚宏富，是研究中国佛教史，也是研究中国文化不可或缺的参考典籍。

紫柏大师功德无量啊。

在这部典籍的刊印过程中，缪希雍是一个重要的赞助者。

文献记载："誓愿资助者乃常熟缪希雍、金坛于玉立、丹阳贺学易、吴江周祗、沉演等。"

在许多年以后，由于阉党的陷害，紫柏大师没等《嘉兴藏》全部刊完，就被奸臣抓进了监牢。在监牢里，紫柏大师知道阉党不会放过自己，就在沐浴以后，高诵佛号，端坐而化。这一年是万历三十一年（1603）。

但是，他正直的人格和不屈不挠的敬业精神感召了一代又一代的继承人，他的弟子们在他圆寂后，继续着他的事业，在一百二十年后，直到清代初年，才终于完成了这部浩瀚的佛教经典。

紫柏大师被誉为明末四大高僧之一。

紫柏大师圆寂以后，缪希雍悲痛万分，曾亲自跑来，给紫柏大师下了葬。

虽然，在他们的一生中，因为要各自忙碌，这样畅谈的机会不多，但是，他们普救众生的心，却是始终相通的。

后来，缪希雍把这些慈悲精神融入了医生的道德修养中，在对医生提出的"祝医五则"的第一则中写道："业作医师，为人司命，见诸苦恼，当兴悲悯，详检方书，精求药道，谛察深思，务期协中。""戒之哉，宜惧不宜喜也！"

◎ 童便也能治病吗

讲两个缪希雍治病的故事吧，否则大家会以为他这些年光学习了，其实实践是非常重要的。

有个姓于的患者，和缪希雍认识，他的父亲刚刚去世，刚办完丧事，自己就患了一种病，主要的症状是眼睛痛，眼珠子痛得如同要掉下来似的，同时胸肋和后背像有棒槌在敲打，还有昼夜咳嗽，也没法儿睡觉了，吃饭也吃不下去了。

这种浑身上下一起疼，同时还咳嗽的病证实在是让人痛不欲生，这位于同志觉得自己可能要熬不过去这关了（自分不起），就把亲友们找来，纷纷告别。但他很搞笑的是，先找来告别的竟然是我们的缪希雍同志（促仲淳诀别）。

缪希雍同志哪里见过这个？怎么着？还没来请我看病呢，就先把我请去告别？居然有这等事情？

不过那告别就告别吧，反正也正好去看看这位于同志到底是因为什么死的。

这样缪希雍就来到了于同志的家。

见到了于同志，了解了一下情况，听完了，又摸了一下脉，然后笑了："你这哪里会死啊，还告别呢，我来给你开个方子吧！"

于同志一听，不用死了，当然喜出望外，家里人听了也特高兴，于是就拿来了纸和笔。

缪希雍一摆手："不用纸笔！"

"啊？"大家都很奇怪，不用纸笔怎么开方子啊？

缪希雍一笑，告诉于同志："你就把隔壁那个三岁的小男孩抱到家里来，每天用碗接他的尿，喝下去，每天三大碗，连喝七天！"

然后还嘱咐呢："要趁热喝啊，凉了喝下去就不好了！"

"啊？！"于家上下听了差点没都从椅子上跌下去。

"我们没听错吧？喝小孩子的尿？"

于同志也不吭声了，低头在那里赶紧反思：我没在哪里得罪这位缪希雍老大吧？我都到要死的份儿上了，还拿我开心？

缪希雍见大家显得很不开心的样子，就严肃了起来，对他们说："你们几时见到过我缪希雍拿人生命开玩笑？请放心，尽管服用，一定会见到好处的！"

于同志一想，也是啊，缪希雍是个四方闻名的侠义之士，爱惜人的生命胜过一切，不至于拿我开涮吧？

这才放下心来，当晚，就把隔壁家的小孩子给借来了。

隔壁这户人家也挺纳闷的，您别不是借错了吧，我们家还有一头能挤奶的牛，您都不借，却要借我们家孩子挤尿？您敢保证您没听错？

这个三岁的孩子更奇怪了，哪里受过这个待遇啊？自己一撒尿，就能看见一位叔叔立马在旁边毕恭毕敬地拿碗接着，然后，一扬脖，咕咚几口，全给喝了。

小孩心想：这家人怎么这个毛病啊？要是你们喜欢，我们家我爸爸、妈妈都会撒尿，也给你们借来？

就在大家胡思乱想这工夫，这位于同志可就发现问题了，原来，喝了这个童便以后，自己大便的时候就开始泻下瘀黑的血了。

喝了七天的童便，下了七天的黑血。（七日下黑血无数）

然后缪希雍来了，就问这位于同志："怎么样，身上还痛吗？"

于同志一体会，咦？真的不痛了！

但是，还在咳嗽。缪希雍诊了脉，说，咳嗽需要慢慢调理，你不要着急。

于是就开了方子：天冬、麦冬、贝母、苏子、橘红、白芍药、鳖甲、青蒿子、桑白皮、五味子、百部、枇杷叶，熬好后兑入竹沥和童便（看来隔壁的小孩还要继续借用）。

喝了几天，咳嗽却没有见好，家里人开始有些怀疑，尤其是于同志的母亲和弟弟，都怀疑于同志是身体虚，需要补补，就催促在药里加入人参、黄芪等补药。

缪希雍听了，坚决反对，说："哪里虚啊，不虚，千万不要补啊。"

可家里这二位死活不信，非补不可，于是就偷偷地在药里加入了黄芪二钱，结果这位于同志当天晚上就感到了胸闷，发热，睡不着觉。

这两位这下服了，不敢再随便乱动了，于是就安心按照缪希雍的方子服用下去。

这个病看来确实很顽固，等到了一个月的时候，才完全好利索。

病好了后，大家都很好奇，觉得喝小孩子的尿很有创意，连忙请教缪希雍其中的奥秘。

缪希雍笑着说："这个童便，它性味咸寒，滋阴降火，能除骨蒸，解劳乏，用来治疗肺热咳嗽，那效果是最好的了，而且还能消除瘀血，化瘀生新，大家可不要小看了啊。我们的于兄，他的病其实不是虚，而是由于父亲去世，太悲伤了，而且又加上了些恼怒的事情，所以是肝经和肺经有火，这里加上童便，正好把火给泻了，就增加了用药的效果。"

噢！原来如此，大家听了恍然大悟，尤其是隔壁的那位家长，听了以后，望着自己的儿子，眼睛逐渐亮了起来。

其实，中医使用童便来作为药物已经有很久的时间了，在古代擅长使用童便的还有一位医家，那就是明朝的一位太医薛立斋。

就在缪希雍这次使用童便的若干年前（具体时间是正德七年，公元1512年，那时候缪希雍还没有出生），我们的薛立斋也还没有当上太医院的院长，那时他出差去外地，结果遇到了车祸（古代就有交通肇事了），薛立斋被重车给压了一下，估计是受了内伤，昏迷了很久，醒来以后，立刻就让人找到童便，喝了一碗，结果是立即"胸宽气利"，活了过来。

大家都以为薛立斋是温补的高手，其实薛立斋还是外科大家，在他治疗外伤病的时候，使用到童便的地方还真特别的多，关于这个，等讲到薛立斋的故事时我会再详细地聊聊。

我们回过头来，再看缪希雍吧，一转眼，又来了位患者请他看病。

这位姓钱，叫钱晋吾，他患的是什么病呢？是腰痛。

腰痛这个病简直是太多了，在临床中我们天天都可以见到，引起腰痛的原因也非常的多。

那么，这位钱晋吾先生的腰痛是什么原因引起的呢？缪希雍来到他们家，一诊断，是因为气郁，同时过去受过伤，有瘀血停滞在腰间，所以才疼痛。（各位注意，这个瘀血腰痛的诊断要点是：痛在一个地方，不会来回窜动着痛，一般在夜里会明显些，疼痛的感觉比较尖锐）

于是缪希雍就给开了方子：牛膝、紫苏梗、五加皮、橘红、香附（这里标注香附要用童便炒一下，研成细末）、续断。

然后，又特别照顾了钱先生一下，告诉他，在饥饿的时候，不要忘记了，要服用童便一大杯。

看来这位钱先生也要挨家挨户地去借小孩了。

这里缪希雍为什么要用童便，我不说大家也明白了，为的是要化瘀血啊。

那么，治疗效果怎么样呢？这个童便到底白喝了没有呢？

结果是：两剂药以后，这个腰痛就痊愈了。

看来缪希雍还真是善用童便的人啊。

◎ 井底泥是什么

顺便提一句，前面治疗的于同志叫于中甫，往他的药里偷着下黄芪的弟弟叫于润甫，这二位和缪希雍的关系都不错，尤其是这位弟弟于润甫，据说特别擅长酿酒，在当时很有名，可是根据文献记载，他的酿酒却是跟缪希雍学的。看来缪希雍这些年行走江湖，学习的东西不只是医术，居然连酿酒都会了，他把一种叫五加皮酒的酿造方法教给了于润甫，结果这个酒一炮打响，销路非常好，味道也确实独特，当时人颂"为南酒之冠"。

后来，这位于润甫的妻子怀孕期间患了外感伤寒，也是缪希雍给治疗的。

那个时候，于润甫的妻子怀孕已经九个月了，却患了伤寒阳明证，当时的症状是头疼，身上发高烧，非常口渴，舌苔是黑色的，并且形成了芒刺（可见缪希雍已经非常善于观察舌象了）。

当时大家都急坏了，这搁一般人都受不了，何况肚子里还有个孩子呢？

缪希雍来了，一看，的确是很危急了，赶快吩咐于润甫同志，让他到井里去掏井底的泥，掏上来以后拿泥敷在患者的肚脐上，干了以后再换新的敷。

啊？这个于润甫也晕了，您让我哥哥去接小孩子的尿，让我到井底掏泥，我们家招你惹你了？

但看缪希雍一脸严肃的样子，也不像开玩笑啊，于是只好执行。

缪希雍同时开了方子，因为是阳明证，就开的是竹叶石膏汤（竹叶石膏汤，《伤寒论》中方子，用来治疗热病气阴两伤之证）。

在这个竹叶石膏汤中，重要的一味药就是生石膏，是清透气分之热的，缪希雍是擅长用石膏的高手，各位注意了，后世许多应用石膏的经验都是从他这里来的，在这个医案里，他使用石膏的分量是多少呢？

在治疗的一昼夜内，使用了十五两五钱的石膏！

我们的于润甫同志吓得已经都快说不出话来了，心想您下手轻点儿啊，这位肚子里还有个孩子呢。

但是，再看看缪希雍的样子，完全是有把握的样子，于是只好挺着，看缪希雍怎么治疗。

一般情况，使用一二两的石膏就已经是很大的量了，而十五两五钱，如果不是有胆有识的话，是断然不敢使用的，这种使用方法，在古今医案中堪称一绝啊。

结果是，患者的病很快就好了。

六天以后，生下了一个健康的小宝宝。母亲和宝宝俱无恙。

估计您该问了，这石膏是我们中医里常用的药物，这个井底挖的泥是干吗使的呢？别不是又故意折腾这位于老弟吧？

原来，这也是一味中药，就叫"井底泥"。中医认为，这个井底泥禀地中至阴之气，味甘而性大寒，一般烧伤烫伤用它敷上，可以清热，如果是孕妇患了热病，那么把井底泥敷在心口那里，敷在肚脐和丹田那儿，可以保护胎儿不受热邪的侵犯，不会因为发烧而伤了胎儿。

当然，现在这味药基本不用了，因为城里已经都用自来水了，没处挖这个东西了。

◎ 遇见一个叫王肯堂的人

缪希雍是个侠士般的人物，这种人义肝侠胆，如果听说谁有危急病痛，那是毫不犹豫地承诺，当时的人说他是"七尺可捐，千里必赴"。所以朋友也特别的多。

在这次游历中，缪希雍还遇到了一个朋友，那就是，明代著名医学家王肯堂。

这位王肯堂到底是什么人呢？原来，要提起此人，那在中医历史上也是位响当当的人物。

顺便介绍一下这位王肯堂吧：他出生于官宦人家，起初并不是医生，小时候因为母亲有病，才开始攻读医书，后来妹妹曾经病危，就是他自己给治好的，但是家里仍然让他去博取功名。他于万历十七年（1589）中进士，后来做了翰林院检讨，由于上书抗倭寇事，不知道怎么的得罪了上面（那阵儿上边乱着呢），被降了职，于是一想，嗨，不跟你们混了，还是回家舒服啊，于是称病还乡，开始为人治病。后来他写下了著名的医书《证治准绳》，此书具有十分重要的学术价值。

可见，这位王肯堂也是个高人啊。

他们相见的那一年是万历七年（1579），彼时缪希雍三十三岁，王肯堂三十岁。

两人都风华正茂，意气风发。

相见的地点是在白下（今天的南京）。

王肯堂在《证治准绳》中详细地记载了两个人的见面过程。

一个是白面书生，一个是电目戟髯的侠客般的人物。

但是，两人却一见如故。

因为像这种人，只要聊上几句，便会知道对方的学问功底，而且，更重要的是，他们立刻可以感受到对方那颗普救众生的心。

这种心里的共鸣，立刻使他们抛除了一切，迅速地结为知己。

从此，两个人成为一生的朋友，造就了中医历史上一段友谊的佳话。

其中有许多有趣的故事，给大家聊聊。

在两人畅谈医药的时候，王肯堂就注意到缪希雍有一个习惯，什么习惯呢？就是有事儿没事儿的，总是从袖子里拿出一个东西，放进嘴里咀嚼（见袖中出弹丸咀嚼），王肯堂就奇怪了，这位老兄偷着吃的是什么好东西啊？这么神秘？

一开始还忍着，不好意思问，甭搞得自己挺嘴馋似的。后来架不住缪希雍总是在吃，就实在忍不住了，于是就开口问："缪兄，你那是什么好东西啊？"

各位此处注意了，我们大家也都很好奇吧，这位缪希雍到底都在怎么保养自己呢？原来他是一身子骨挺弱的孩子啊，怎么就变成了一个大侠般硕壮的人物了，说话声音大得连墙壁都要震坏了，甭问，中气很足啊，那他到底是吃什么把身体弄得这么好的呢？

正好，王肯堂同志替我们问了，我们听听缪希雍是怎么回答的吧。

缪希雍说："这是我在游历中得到的一个秘方啊，叫资生丸（这药现在药店有卖的，有叫资生丸的，也有叫补益资生丸的），是调理脾胃的，在饥饿中的人，服用了它就不会感觉饥饿了，吃饱了的人，服用了它，就会很快地消食啊。"（估计这就是我们现在说的双向调节作用）

然后，缪希雍一点也没犹豫，立刻把这个方子写了下来，送给了王肯堂。

一般人，有个秘方什么的都是藏枕头底下，谁也不告诉，但是到了缪希雍和王肯堂这个层次上，人家一点儿都不保守，有什么心得都主动告诉对方。

王肯堂拿来这个方子一看，不禁拍案称奇，好方子啊！于是就收了起来。

然后，缪希雍还送给了王肯堂一些资生丸。

但是，此时王肯堂虽然觉得这是个好方子，但却没有相信它有那么大的功效，也就是说，很怀疑它能够有那么好的消食效果。（颇不信其消食之力）

终于有一天，试验药效的时刻来到了，那天，朋友找王肯堂饮酒，王肯堂多吃了点，酒足饭饱以后，问题却来了，他不敢睡觉了，因为古代医家都比较懂得养生，吃得太饱后立刻睡觉，是很伤脾的（这个各位注意了，现在很多人这么干），怎么办呢？嘿，这不正好试验一下这个资生丸的功效吗？

于是，王肯堂同志就本着负责任的精神，亲身体验了一下资生丸的功效，服用了两丸。

結果，还真没想到，消食效果非常好，第二天早晨起来，一点积滞的感觉都没有。

于是王肯堂对此方特别地信服（始信此方之神也），并把这个方子作为父亲晚年的保健用药。

王肯堂的父亲由于年龄大了，"年高脾弱，食少痰多"，后来晚年的保养，基本上就靠着这个资生丸呢。（余龄葆摄，全赖此方）

顺便提一句，王肯堂的父亲活到了九十多岁，这在古代是十分罕见的，可见此方的功力。

而王肯堂，也很快就让缪希雍见识到了他的实力。

原因是，缪希雍自己有一次也病了。

您该奇怪了，手段这么高强的一个医生，自己也有病啊？

瞧您说的，医生也是人啊，是人哪有不得病的呢？

有句古话说得好，叫：医不自治。意思是说医生自己有病的时候，自己治疗的效果不好。

其实这话有一定的道理，因为医生在给自己看病的时候，通常考虑的因素会很多，会把自己的诊断思路给搞乱，有时候很难做出正确的判断。

这个时候缪希雍就是这样，他此时的症状是身上发热不已，他把它当作外感来治疗，服用了辛凉解表之药，但是没有效果，反而使病情"沉困之极，殆将不支"。

怎么办？不能自己开药了，在附近自己能够相信的医生里，只有王肯堂了，于是就把王肯堂给请来了。

王肯堂一诊断，嗨，缪兄你搞错了，这不是外感，这是瘀血啊！

看来这位王肯堂同志也有自己独特的诊断方法啊。

于是，开了治疗蓄血的药物，等药煎好了，端到缪希雍的面前，缪希雍一闻这个药味，大声叹道："一何香也！"

于是一饮而尽，当天，热就退了，第二天，泻下了许多黑色的大便，然后病就好了。

王肯堂兄弟果然有独到的地方啊！

从此，两人更加互相敬重，经常在一起切磋，还一起治疗了一些患者。

◎ 双雄联手

其中一个医案就还是我们前面提到的喝童便的于中甫同志，他的大儿子病了（这家人认识缪希雍真是太幸福了，一家人的病全都给包治了），什么病呢？是出了水痘，同时兼血热与气虚，先服用了解毒药，服用以后毒气下泻，开始泻肚子，这个时候，出现了一个危急的症状，那就是水痘开始瘪了，这叫内陷，中医认为是正气不支了。

怎么办？小孩子禁不住这么泻啊，于是请来了缪希雍，缪希雍一看，就用了一点点的鸦片（用了五厘，大家别害怕，现在不用鸦片了，都用罂粟壳了，也叫"米壳"），加上炒莲肉五分，用米汤给送了下去，结果泄泻就立刻止住了。

这时，王肯堂也在旁边，就说，还要补气，于是接着用人参二两（量够大的），黄芪三两，鹿茸三钱，煎服。服下去以后，元气就足了，再看水痘，"浆顿足"，然后，很快就痊愈了。

这个小孩子能够得到中医历史上两位大家的联手会诊，够有面子的啊，这在中医历史上都少见，一般都是单打独斗来着。

另外一位如此有面子的人叫康孟修，是云间人（在现在的松江），这位康老兄患的病也很奇怪，是身上忽冷忽热，吃不下饭，已经很长时间了，病重得几乎要挺不住了。（久之，势甚危）

缪希雍听说以后，就跑去给人家诊病，我们的缪希雍诊病有个特点，就是喜欢主动上门，虽然现在看这是好事，那在当年确实不容易。

过去医疗界有句话，叫"医不叩门"，换现在的话说就是：不要太主动了。您自个儿跑到患者那里，冲患者说，我来给你治治吧，患者会觉得你特不靠谱，他绝对会拒绝你，然后凌晨跑到大医院去排大队挂号去。

这是患者通常有的一个心理，但是，缪希雍却不管这个，我们在后面还会谈到，缪希雍是经常听说谁病了，没等人家来请，就主动上门，而且，有时经常是大老远地跑去，给人看病，在许多医案里，这路途还通常不是一般的远。

话题说回来，就在缪希雍给康孟修检查完了以后，却犯了难，为什么呢？因为他这诊断指征太少了。

平时我们要诊断，需要望闻问切，然后找出诊断的特异性指征，进行判断，可这位，除了忽冷忽热，其他的诊断指征却很少。

您别看缪希雍这个人长得像个豪侠似的，一定心粗，其实不是的，他在诊病的时候，当时的人评价他是"其察脉审症，四顾踟蹰，又甚细、甚虚、甚小心"。

面对这个康孟修患者，缪希雍并没有马上开方子，而是回头静下心来仔细地思考，然后"遍检方书"，就是把家里的医书都给翻了个遍，反复地分析。

最后，自己分析还不够，还拉上了王肯堂，两个人一起分析，然后，一起定下了使用的方子：五饮丸。

这个五饮丸是《外台秘要》里的方子，成分是干姜、茯苓、白术，就三味药，是治疗因为长期喝冷饮或者喝茶导致的体内停饮之证，可见缪希雍把古书是翻了个遍。

缪希雍和王肯堂这二位高人一同出手，效果如何呢？

结果是"立瘥"，就是立刻就痊愈了。

这位康孟修简直感觉太幸福了，这个恼人的病竟然一夕而去，而且，还是人家主动上门来给看的，对于如此与自己肝胆相照的人，还有什么说的呢，于是他就和缪希雍也成为好朋友。

日后，他们的关系直如亲兄弟，而缪希雍的母亲也是在康孟修家里去世的，令人歔欷，这是后事，我们接下来再聊。

◎ 有一种朋友可以生死相托

要说我们缪希雍四处云游，寻访高人，提高医术，大家可能想他这十来年就没回家，一直在外面来着，其实不是。他在江南一带云游的时候，是经常回家看望母亲的，因为江南就那么大的地方，哪儿到哪儿都不远。

不用我说大家也看出来了，这十来年对缪希雍简直是太重要了，由于他为人豪爽，谦虚好学，结果广阔大地到处都是他的课堂，每天他都能学到新的知识，这些内容那可都不是我们在书本上能够学到的啊，这些知识在他那勤于思考的大脑中酝酿、激发，那可就无法估量其分量了。

在缪希雍将近四十岁的时候，他认为自己已经取得了预想的成果，准备结束游历的生活，就在这个时候，他犯了一个错误，这个错误可能会让他遗憾终生。

事情是这样的，缪希雍这个人博学多才，大家不要以为他只是学习医学这些内容，实际上他在好多领域都有所建树，比如，他精通水利（他和清朝的徐灵胎估计特有共同语言），对如何兴修水利有些见解；他还精通堪舆（就是现在说的风水），堪舆界有一本很有名的书叫《葬经翼》就是我们的缪希雍写的；前面说了，他在酿酒方面还有点绝活儿。总之，这位缪希雍大侠是个多面手，总喜欢思考点问题，关心一下国计民生。

我发现过去的医生都有这个问题，按照我们的想法，您把自个儿看的病瞧好了，就算是为人民多做贡献了，可这帮古代的医生似乎总是觉得这样还不够，总是想在本职工作之外，再折腾点儿什么事儿。

这不，我们的缪希雍没事儿的时候就想了，这每年北方的粮食都不够，都要从南方通过漕运运到北方，这船夫也要吃饭，等一路运到北方，这粮食可就消耗很多了（这是实际情况，每运一石粮食，需要消耗数石船夫的口粮），应该在北方也开垦水田，这样就可以解决大问题了，南方百姓的负担也不那么重了，这岂不是大大有利于国家？

您瞧瞧，他都想到粮食部、交通部的工作领域去了，这就好比我在这里看着病呢，突然就想到京广铁路那里需要改进，这的确是精力太旺盛了。

他不但这么想了，还查阅资料，认为这非常的合理，于是就写了份报告，这份报告就交给了一个叫徐贞明的官员。

这位徐贞明是谁呢？原来，他是隆庆五年（1571）进士（和那位赵用贤是同学），中了进士后，担任浙江山阴县令，若干年后，他将成为倡导海河水利的代表人物，在中国水利史上留下自己的名字。

当时，缪希雍就把自己的看法和这位徐贞明聊了，徐贞明也特有责任感（其实这事儿皇上一点都不上心），认为这个想法合理。

恰巧，这位徐贞明同志工作努力，没多久就被提拔到了北京任工科给事中，他到了北京以后，详细地考察了北京周边的地理状况，他发现，北京周边驻军的军粮这样从南方运来，不但损失大，如果水路受阻，那么军粮供应就会中断，这样极其危险，应该在北京周边效仿南方，开垦水田，兴修水利，以保证粮食供给。

于是他就不断地上书给上面，后来，皇上就命令他和一些大臣一起进行实地勘测和考察。

这个时候，他想起了缪希雍，于是就给缪希雍来了信，说这是个为老百姓做事的大好机会，希望你能过来帮我。

缪希雍接到信以后，心里却开始矛盾了。

为什么呢？原来，缪希雍在这次回到家乡后，发现自己的母亲明显衰老了，自己整天在外面给人家看病，其实自己的母亲也需要照顾啊。

于是，缪希雍就决定结束这长达十年的游历，守在母亲身边，照顾母亲，不再远离。

其实，人在青年的时期都是喜欢远行的，但是一到了中年就会发现，你能够和父母在一起相处的时光就只有那么几年。

可是，就在这个时候，缪希雍收到了徐贞明的邀请函。

怎么办呢？缪希雍很犹豫，自己有心去做这件利国利民的事情，可是，自己的母亲身体衰老了，也需要照顾啊。

就在这时，缪希雍的老母亲周氏看出了缪希雍的心思，一天，她把缪希雍叫到了面前。

她对缪希雍说："儿子啊，你还记得你小时候，和游侠少年混在一起，为娘曾经教训过你什么吗？"

缪希雍回答："记得啊，孩儿一辈子都记得，娘告诉我，要像父亲那样，一心为百姓做事。"

周氏："是啊，现在在北京开垦田地，这是功在千秋的事情啊，有多少老百姓将会受益，你一定要去啊。为娘的身体不要紧，但是，如果你丧失了这次机会，却是为娘一辈子都会内疚的事啊。"

缪希雍："这……"

周氏："不要再犹豫了，为娘命你，即刻启程！"

周氏老太太早年就失去父母，成为孤儿，但是，她却深明大义，就是在这么大岁数上，还不忘记教育自己的孩子，有这样的母亲，实在是缪希雍的幸运啊。

就这样，缪希雍在母亲的叮嘱下，出发去了京城。

在离开前，他不放心自己的母亲一人生活，就把母亲托付给了自己的好朋友康孟修，就是前面我们提到缪希雍和王肯堂一起给治病的那位。

康孟修此时已经是缪希雍的知心好友了，他对缪希雍保证："缪兄，你的母亲住在我这里，我对自己的母亲有多孝顺，就一定对缪兄的母亲多孝顺，我会把她当作自己的母亲，请你放心吧！"

后来，他果然兑现了自己对朋友的承诺。

缪希雍感激地握着朋友的手，久久不能放开。

最后，他踏上了赴京之路。

在北京，他们的工作是卓有成效的，由于缪希雍精于考察地理山川（估计是看风水练的），他们绘制了大量京郊的山水地理图，然后在经过周密的设计后，开始开垦水田，兴修水利。他们夜不安寝，呕心沥血，在这种艰苦的努力下，不到半年，就在平谷、三河、密云、蓟州、遵化、丰润、玉田等地，开垦出水田近四万亩。

今天，北京周边的许多良田仍然是当初他们所开垦的。

然而，就在徐贞明、缪希雍他们准备大展宏图的时候，皇帝却一道圣旨停止了开垦。原来，他们的开垦政策是哪个百姓开垦地就归谁，可朝中一班阉人、贵族在京郊占有大量闲地，如果都被开垦为水田，谁开垦归谁所有，他们的损失太大了。于是，他们一有机会，就在皇帝面前进谗言，皇帝当然也是个糊涂蛋（不知道脑袋是怎么长得），也觉得垦水田、兴水利之举不妥。于是众人的一腔爱国热血终于被皇帝给彻底地浇凉了。

就在这个时候，缪希雍的家里也出事了。

原来，缪希雍的母亲在康孟修的家里住得好好的，却突然一不留神，患了痢疾，把老太太给泻的，真是太痛苦了。

康孟修夫妇也确实做到了对朋友的承诺，文献记载，他们对缪希雍的母亲，百般照顾，朝夕伺奉，像对待自己的亲生母亲一样。（孟修夫妇百方周旋，晨夕供奉，如子媳）

但是，他们都不是医生啊，王肯堂此时也不在此地，请了些其他医生，都毫无效果。

在最后，周氏老太太把康孟修叫到面前，与孟修绝别曰："吾儿虽北游，有公在，如吾子，吾目瞑矣！"

说完以后，老太太就去世了。

康孟修痛哭流涕，冲着北方跪下，心中祈求着朋友的原谅。

若干天以后，远在北京的缪希雍接到了康孟修的信，读了以后，知道母亲已经离开了自己，他没有想到，自己与母亲那天的对话竟然是最后一次了。

作为一个医生，一生救人无数，最后却连自己的母亲病了都未能挽救，这是何等的痛心啊！

此时，缪希雍望着开垦了一半的田地，悲从中生。

向南方跪下，叩拜，然后放声大哭。

在经过长途奔波之后，缪希雍回到了家乡，见到了康孟修。

康孟修感到无比的自责，他给缪希雍跪下，说自己没有脸面再见朋友了。

缪希雍流着眼泪上前扶起康孟修，说："我的好朋友，人都有生老病死，你已经尽到一个挚友的职责了，我怎能怪你呢？！"

然后，缪希雍将母亲葬在了阳羡山中，距离自己的父亲和大老婆孙夫人的墓地几里地远的地方。然后，在旁边也给自己辟出了一个位置。

这一年，缪希雍已经四十岁了，在四十一年以后，这里将是他永远陪伴母亲的地方。

那位和缪希雍一起为北京开垦了四万亩良田的徐贞明先生，极度失望之余，愤然辞官归家，四年后，抑郁而死。

今天，北京周边水库密布，河道纵横，良田无数，粮食产量已经直超江南。

但是，我们无法忘记，那些质朴的先人，为了老百姓能够过上好日子，曾经做过的努力。

◎ 大展拳脚的时刻到了

此时的缪希雍，已经是学验俱丰了，家乡的人听闻他回到此地，就闻风前来求诊。缪希雍凭着自己过硬的学识，开始大展拳脚。

这不，患者开始来请了，有位叫杨纯父的人，他家的小孩子病了，什么症状呢？是身上寒热不已。先是请来其他的医生，这些医生一看，身上寒热，甭问啊，这是外感伤寒！

于是，用治疗外感病的药物开始解表，结果毫无效果。

恰巧这个时候，听说缪希雍回来了，就赶快给请了过来。

缪希雍诊断了以后，说："这不是外感，这是体内受了伤啊。"（此必内伤）

"啊？！"大家都大吃一惊，这么小的一个孩子，会受什么内伤啊？难道，这个家里，出现了心怀叵测之人？！

杨纯父同志也很恼火，瞪起眼睛，问奶妈和仆人们："怎么回事，孩子受过伤吗？"

大家一口咬定：没有啊？（并不知所以伤故）

这的确是个疑案，小孩子自己也说不清楚，怎么回事儿呢？

大家转过头来，全都看着缪希雍，但是缪希雍还是一口断定，孩子肯定受过伤！

恰巧，就在这时，他们家背柴火的仆人正好从外面进来，听说此事，突然想起了什么，说："我曾经看到过这个孩子爬院子里的竹子，竹子梢断了，他从上面跌坐到地上，难道是这样受的伤吗？"（曩见郎君攀竹梢为戏，梢折坠地，伤或坐此乎）

缪希雍忙让他给指出爬竹子的地方，一衡量高度，就肯定地说："就是这样受的伤了，这么高掉下来，屁股着地，一定是受了内伤。"

真相由此大白！

于是，开了活血导滞的药物，结果，没几剂药，小孩子就痊愈了。（数服而起）

高手，实在是高手啊，您别看缪希雍外表豪放，其实诊病细心着呢！像这种医案，能从众多假象中找出症结所在，没有真功夫那是做不到的。

其实，他一定有他的诊断依据，只不过书中没有记载而已。比如，一般瘀血会在舌象上有比较明显的反映，我这里可以教给大家，在患者伸出舌头的时候，如果在舌体上出现黑色或者紫色的瘀斑，那么说明此人体内有瘀血存在，另外还有看舌下静脉等方法，这些都是诊断的重要指征。

我们接着往下讲吧，有位张璇浦的老婆，在生了孩子六天后，突然发狂了，这可不得了啦，本来挺贤惠的一个人，突然去厨房操起了菜刀，见人就砍，哭着喊着要杀人，大家费了九牛二虎之力，才算把她给制服了，可是不能这么下去啊，这还了得？大家回头一走，我们这位张璇浦哪儿是他老婆的对手啊？

于是，大家赶快把缪希雍给请来了，缪希雍一诊断，说："这是生孩子的时候流血过多，阴血受伤，肝虚火炎的缘故啊。"（中医认为肝藏血，如果血虚，那么最受影响的就是肝了，而肝又是直接负责情志的）

大家连忙问：那怎么办啊？

缪希雍告诉大家，赶快先给她喝一瓶新鲜的童便。

得，这一幕又上演了，大家赶快出去满街借小孩，借来了，还是那个老法儿，这边小孩哗哗哗尿，那边咕咚咚地喝。（估计缪希雍居住过的地方小孩子的身价一定特高）

结果，喝完了，还真就安静了一些，这时缪希雍开了方子：龙齿、泽兰、生地、当归、牛膝、茯神、远志、酸枣仁，药量特别的大，并嘱咐熬好后，再加入童便一碗。

就这样，这剂药喝完以后，患者就痊愈了。（顿服而止）

在这里面要注意了，缪希雍在补血的时候用到了酸枣仁，这是缪希雍的独特的心法，他在刚刚见到王肯堂的时候曾经透露过，王肯堂给记录下来了，这才让我们得以知道他的秘诀，王肯堂说，刚刚认识缪希雍的时候，"相得甚欢。忽谓余曰：补血须用酸枣仁。余洒然有省。"可见缪希雍特逗，一见面还没等人问呢，就把自己的秘诀迫不及待地告诉王肯堂了，而王肯堂也立刻从里面悟出了些道理。

这可真是一对儿赤诚相待的好朋友啊。

缪希雍在治疗心经、肝经的血虚之证时，经常使用此药。现在这个药特贵，价格直线上升，不知道为什么。反而是童便现在特不值钱了。

顺便提一句，酸枣仁粉治疗部分失眠效果不错。

再来说一个医案，就是前面的那位喝童便的于中甫同志，这次是他的老婆病了，我再次感慨一遍，这家人真是幸运啊，有缪希雍这样的中医大家做朋友，一家人都受益啊，现在哪儿找这等好事啊。

这位于夫人患的什么病呢？原来是生了孩子以后，突然患了气喘这个病。

缪希雍来了以后，因为当地的风俗是，没满月的产妇是不能见外人的，所以就凭着家属的叙述，开了方子，用人参、苏木、麦冬，喝了一剂药以后，就不喘了。

没想到，五天以后，患者忽然开始大量出汗，无论白天晚上，只要一听到响动，就开始出汗，稍微喝点热水也是全身大汗。（昼夜闻响声，及饮热汤茶，即汗遍体）

这可奇了怪了，怎么会出现如此大汗呢？

缪希雍在门外面转了好多圈，反复地想，起初，以为是虚呢，就开了人参、黄芪、当归、地黄，结果喝了两剂没有效果，缪希雍立刻意识到，药不对证！于是赶快让患者停药，然后就自己再仔细地思考。

缪希雍实在是个谨慎的医生，我们在他的医案里，经常会发现，他在思考病情的时候，经常要翻阅许多医书，来寻求支持诊断的证据。（顺便八卦一句，这就应该是现在全球最流行的循证医学的概念，其实，循证医学的创始人也说，他的想法是从中国古代的文献考据中来的）

缪希雍对此案，也是翻遍了医书，寻找相似的论述，在翻到明朝名医戴元礼的《证治要诀》的时候，他突然感觉戴元礼的论述很有见地。戴元礼说，如果出汗使用固表药没有效果，那么就要补心，因为汗者心之液也。（这是中医的特殊概念，中医认为血和汗同源，而汗为心之液）

缪希雍就对于同志说，原来你的夫人是产后阴血不足，心无所养，才导致的大汗啊，我现在明白了，就开方子治疗吧。

于是就开了一个方子，其中以酸枣仁作为君药，重用到了一两，这个分量够大的了，好在那时候酸枣仁还特便宜。

服用了三十二剂以后，还是没有见到什么效果，大家全都很失望，心想，这位缪大侠别不是又给看错了吧。

于是，于同志就支支吾吾小心翼翼地提醒了一下缪希雍。

但是，这次缪希雍十分肯定，他说："这是因为阴血难生的缘故啊，不要着急，这不是一两天就能够见效的，再等等。"

就这样，这个方子又接着服用了十天，到第十天的时候，于夫人忽然觉得非常困，于是就投床大睡，这一睡可不得了啦，整整睡了四天！

睡醒以后，病就痊愈了。

而且，于同志还发现了一个意想不到的收获，病好了以后，夫人变得更漂亮了，皮肤变得比去隔壁"西施美容院"做几百两银子的面膜还光洁红润，原话是"颜色愈常"，原来，这是气血更充足的缘故啊。

◎ 神秘的东林书院

各位都知道，在明朝万历三十二年（1604），在无锡的东林，形成了一个东林学派。该年，顾宪成、高攀龙等从朝廷被阉党排挤出来的人，重新修复了这里的一座宋代旧书院，邀请江南的学者开坛讲学（估计如果进行电视转播，就会和今天央视的《百家讲坛》有些类似），自此兴起探讨学问与道德文化的运动。江南一些富有正义心、希望为国出力的学子云集东林书院，声势浩大，大家在这里讨论政治，抨击政府（这是个危险信号），希望政府能够驱逐奸邪，广开言路。

缪希雍在行医的过程中，认识了好多东林党人，由于自己也有一腔爱国热情，所以很快，就和他们打成了一片。

现在有很多学者嘴冷，以讽刺古人为能事，在他们的嘴里，所有古代医生向当时的学术中心靠拢的行为都被看成是附庸风雅，缪希雍和东林党人的交往也被暧昧地说成是为了名声，这里我要给澄清一下。

第一，缪希雍的爱国热情和东林党人的思想特一致，大家一聊就成了哥们儿，他们都认为应该为国家做点什么事儿，如果要是不考虑爱国，单纯为了名声和地位的话，那和东林党人交往远远没有和魏忠贤交往有好处。（当时有很多这样的学者，直接奔了魏忠贤去了）

第二，和学术精英的交往是无可非议的，这点还真谁都别嫉妒。其实在和别的学科的学术精英交往的时候，往往特能开阔自己的思路，自己在本领域想了半天没懂的事儿，人家其他领域的高手还真能给您一个新的思路，比如您现在交往的朋友都是各领域的院士，那您得到的益处绝对是不言而喻的，东林系当时集中了一些最优秀的学者，缪希雍乐于与其交往是当然的。

第三，如果是附庸风雅，那么大可不必在东林党被阉党大清洗的时候，冒着生命问题营救东林人。因为当时明朝的政治那叫一个黑暗，魏忠贤对东林党那是要斩尽杀绝，后期做一个东林党人和在国民党时期白区的地下党没大的区别。您说这要是为了名声，犯得上拿自个儿的生命开玩笑吗？

第四，很多学者认为，医生在过去的地位很低，和学者交往是高攀，可以提高自己的地位。这可就太误会了，在宋以后，医者的地位不断提高，其实到明清两朝的时候，医者的地位还真不错了，这事儿医史界一直有人不懂，总是拿个别的贬低医生的话来说事儿。其实我们从医案中可以看到，当时社会对医生已经很尊敬了，够不错的了，还能怎么着啊？您没看见东林党里面的好多学者也热衷于向缪希雍学习医术，后来有的人干脆成了缪希雍的弟子，还有若干人为缪希雍整理医书，如果医生地位特低，总是在巴结东林学子的话，那这种事儿可就解释不通了。

好了，不讨论这些事了，让我们看看缪希雍和东林党人交往的故事吧。

再说一句，其实，缪希雍和东林学子们的交往完全是因为他们都有着一腔热血，都有为百姓做事的志向。比如缪希雍最早认识的丁元荐。

要说起这位丁元荐，那我们可得好好地介绍一下。

这位丁元荐，字长孺，长兴人，万历十四年（1586）进士。他的父亲曾任江西佥事，是个懂得医学的人，这对丁元荐有一定的影响。但这位丁元荐绝对是和缪希雍一个脾气，都是疾恶如仇，我觉得甚至比缪希雍还火爆，他进了朝廷以后，一看到朝廷里奸臣当道就火冒三丈，在别人都不敢开口噤若寒蝉的情况下，却毫无顾忌地不断上书揭发。这么说吧，我看他基本上就没消停过，那年头，您这么做官哪儿成啊？结果是三天两头被贬，最后有人帮他计算了，说他"通籍四十年，前后服官不满一载"，意思是档案虽然在政府部门里放着有四十年了，但真正当官的时间不到一年，当公务员混到了这个份上，实在是没什么好说的了。

以这种性格，我们的丁元荐同志有幸成为魏忠贤阉党眼中东林党的大炮，必欲除之而后快，所以后来连他的官籍都给削了。

但是面对官场的失利，我们的丁同志根本就不在乎，就在缪希雍结束游历的那年（1587），丁元荐遇到了缪希雍。

丁元荐那也不是个简单的人物，他很会观察。他一看，嘿，这位缪希雍老兄不得了啊，只见他一身豪侠装束，平时行医不带药囊（带着药囊是为了卖药），给人看病就直接写药方，结果疗效特好（为人手书方，辄奇中），而且写的药方与别的医生都不一样。这些俗医看不懂人家的方子，就经常诋毁缪希雍，但是碰到了疑难重症，却惶惶不知所措，又来请缪希雍给诊治。

再看这位缪希雍给人治病，往往是那种都要死了的人，他还能给治好（往往起死人），而且，治好之后，撸起袖子，自己感到无比痛快，都不需要患者的感谢（攘臂自快，不索谢），何等豪放！而且，人家瞧病，甭管您是朝廷里的公卿大人，还是要饭的小乞丐，他都一视同仁，认真诊治，没有说看人下菜碟的。

一个人，只有到达了一定的精神境界才会做出此种举动啊！

丁元荐看了以后，羡慕极了，心想，这可比在朝廷里做官伺候魏忠贤好多了。于是，就开始和缪希雍接触，结果两人一聊，还真是大有渊源，原来，这位丁元荐同志也是许孚远老师的弟子，学的也是王阳明的心学。嘿！感情还是师兄弟的关系。从此，两人就成为好朋友，在若干年后，缪希雍还曾经搬到丁元荐所在的长兴居住。

这样，丁元荐就可以更好地向缪希雍学习医术了，后来，他把缪希雍的一些医学经验给整理了，写成了一本书，名叫《先醒斋笔记》，这个"先醒斋"就是丁元荐书斋的名字，很多人以为是缪希雍的呢，不是。这本书后来又经过缪希雍的其他门人的整理，增加了许多内容，再次出版，就变成现在我们看到的《先醒斋医学广笔记》。

可见，这位丁元荐对缪希雍医学的传播做出了很大的贡献。

◎ 东林书院有个高攀龙

丁元荐不但自己向缪希雍学习，还觉得，这么好的同志，也应该让其他朋友们都认识啊，于是就给缪希雍介绍了很多东林党人，比如当时著名的高攀龙。

说起这位高攀龙，那还真得提一下，他也算得上是位大名鼎鼎的学者了。

高攀龙，字存之，无锡人，万历十七年（1589）进士，上书说了几句皇上不大爱听的话，被贬到了揭阳县去做基层工作，又逢亲丧，于是干脆就在家里哪儿也不去了。以后朝廷三十年没有用他，但这也正好，在此期间，他与顾宪成在家乡东林书院讲学，抨击阉党、议论朝政，影响较大，成为东林党首领之一。

后来在天启元年（1621），被召入朝任光禄寺丞，又升少卿，后又议任大理少卿、刑部右侍郎。天启四年（1624）擢升左都御史。

这位高攀龙的文章特好，当时大家都特推崇他。当时有人夸他的文章："立朝大节，不愧古人，发为文章，亦不事词藻而品格自高。"

那他是怎么和缪希雍认识的呢？

原来，有一次，丁元荐和高攀龙聊天的时候，就对高攀龙说："现在天下有一个不寻常的人，叫缪希雍，你知道吗？"（今海内有奇士缪仲淳者，子知之乎）

高攀龙很奇怪，脑袋里把认识的人过了一遍，没听说这个名字啊，就回答："不知道啊。"（余曰未也）

丁元荐一听急了，这人你都不知道？我来给你介绍一下吧："这个人，对母亲特孝顺，对朋友那叫一个忠诚；他看名利，那就跟看尘土差不多；他看道义，那看得比大山还重，如果让他看到道义在哪里了，那您还真就拦不住他了，即使那儿有刀山火海，那他也会'嗖'地一下扑过去。"（其人孝于亲，信于朋友，尘芥视利，丘山视义，苟义所在，即水火鹜赴之）

这高攀龙听了以后，也觉得这位缪大侠特神，还真希望哪天见一面。

后来，有机会了，他有一天去内弟王兴甫的家里，恰巧缪希雍也在，于是大家就认识了，这一认识，可让高攀龙大吃一惊。

原来，那天几个人难得聚在一起，兴致很高，就在一起品酒聊天。一般和医生聊天也就是健康那些事儿，但那天缪希雍绝口没提医药，只是谈论古今成败之事，结果观点都特有见地（无所不妙解），这下高攀龙服气了，敢情这位缪大侠果然不是寻常人物啊！

其实，缪希雍平时到底好些什么，喜欢什么休闲方式，这些我们现在都无从考证了，在医书里是不会有这些记载的，倒是像高攀龙这些与缪希雍特要好的哥儿们，为我们留下了一些记录。

高攀龙说，缪希雍"又能诗（可惜没流传下来什么），能大字（就是写特大号的毛笔字），熟于古今治乱邪正消长之机，熟于两兵相临胜败之算"。

东林学子们认识了缪希雍以后，都成了他的朋友，都把他当作老大哥来看待。（皆以兄视之）

不但当作老大哥，还把自己家人的健康都交给了他，比如高攀龙，几乎家里人只要有病，甭问，那就一个念头：找缪大哥啊！

先说说这位高攀龙的内弟王兴甫同志吧，就是前面我们提到的，那位在家里设酒让高攀龙和缪希雍相见的老兄，为什么对缪希雍这么客气啊，还弄点儿酒喝喝，敢情人家缪希雍救过他的命。

那次是这位王兴甫同志胃口特好，多吃了点儿牛肉，吃完了就觉得特别不舒服。然后坏了，开始发了像疟疾一样的忽冷忽热的症状，最后连食物都吃不下去了。接着更可怕，连水也喝不下去了，往外呕的是绿色的水（胆汁出来了），喝什么药也喝不下去，小便非常少，颜色深得像浓茶，大便干脆就没了。

这个情况，甭问啊，当时的医生都傻了，纷纷摇头，另请高明吧，治不了！

此时，不知道哪位这么英明，把缪希雍给请来了。

缪希雍一看，果然患者很痛苦，就让患者仰面躺下（令仰卧），然后用手指按了一下患者心口偏右边的地方（以指按至心口下偏右），患者疼得大叫，于是缪希雍就明白了。

各位，这次缪希雍寻找压痛点的位置，很类似现代医学中诊断胆囊炎的墨菲压痛点，但比西医早了大约三百年。

然后，缪希雍给患者服用了用矾红和平胃散做成的药丸，药下去以后，就不吐了，也能下去水了，第二天，泻出了黑色的大便块。

然后，再给他服用了些汤药，四天以后，我们的王兴甫同志就康复了。

王兴甫这个感激啊，这是从死亡线上把自己给拉了回来啊。

再说我们高攀龙的女婿，叫浦生，患了一种病，就是嗳气，吃饭的时候，每吃一二口，就嗳气数十口，这可难过坏了，您瞧他吃这一顿饭，净在那儿嗳气了。

缪希雍来给诊断后，说：这是气不归原，中焦不运啊，每付药里需要用人参二钱。

也不知道这位浦生是怕花钱还是不相信，总之是服用了别的医生的药，结果您猜怎么样？病更重了。

过了两三个月，缪希雍又来诊断，说：这回，需要用人参四钱了。

我们这位浦生小同志也够倔强了，就是不服这个药。

就这样，再过了两三个月，缪希雍又来了，诊了脉以后说：这次，需要人参六钱了。

浦生同志仍然不服用（估计是真没钱了），又过了一个月，再看这位浦生小同志，已经是饮食不下了，每次一呕，就觉得一团冷气从胸中出来（冷气如团而出），这回，觉得自己可能要活不过去了（自分必死）。

缪希雍也急了，赶快对高攀龙说，你快去管管你这位女婿吧，不要命了？

高攀龙也跳了起来，这还了得，我女儿不能没有丈夫啊，于是就跑到浦生的家里，坐镇监督，要浦生喝缪希雍的药。

喝了两剂，没有什么效果，只是不像喝别人的药那么吐。

到第三剂喝下去以后，奇迹发生了，只听见患者心口处突然"如爆一声"，然后上面则嗳气，下面则小便无数，上下像通了一样，然后就开始想喝粥，当粥端上来后，好家伙，这一顿喝了三四碗，喝粥的时候大家就发现，他也不上逆了。

后来，服用药物时人参的用量递减，在服用了半年以后，这个病就彻底地好了。

还有高攀龙的小儿子，不知道怎么的，受了伤，反正小孩子淘气，估计也是摔到了也说不定，总之是大小便都带血。

前面的医生给用了桃仁、红花，结果是便血越来越厉害了。这让家里非常着急，这个时候，就把缪希雍给请来了。

缪希雍

143

缪希雍一看，特不理解，说："为什么要用桃仁呢？桃仁红花之类的药，是当有瘀血的时候需要化瘀才会用到的，现在血在流着，没有瘀啊，再用就是又使伤处重新受伤了。"

"啊？"高攀龙吓了一跳："这便如何是好？"

缪希雍说："受伤了，就要补一下，就会好转的。"

于是开了生地、川续断、杜仲、牛膝，熬药喝了以后，稍微缓解了一些，但是肚子却疼痛不已。

缪希雍说："是在《内经》强者气盈则愈，弱者着而成病。"

于是在原方里又加上了人参二钱，一剂药以后，就痊愈了。

从这个医案我们可以看出，缪希雍用药有出神入化之妙，他对于伤科的理解是深刻的，他的这些治疗灵活之处，还真值得现在的中医好好地琢磨琢磨。

顺便说一句，缪希雍创立的治血三法和治吐血三要法，那可是中医临床理论里面很重要的内容啊。

这边最小的儿子才好，那边高攀龙的二儿子又病了。

那是个夏天，患儿身上发热十个昼夜，烧得只能喝下去点白开水了，这些医生用发汗的方法也不灵，用麻仁丸通下也不管用，我们的高攀龙同志本着麻烦一次是麻烦，麻烦两次也是麻烦的原则，就立刻把缪希雍给找来了。

缪希雍一看，嘿，哪位说这是伤寒了？这是伤暑啊！就是热的，需要用白虎汤治疗，但是，因为前面给乱治了一通，现在孩子的身体虚了，需要在药里再加入人参二钱。

药服下去以后，孩子出了些汗，热就退了，于是缪希雍就开了个健脾、清暑、导滞的方子，因为当时流行疟疾，就预防病后体虚，再转成疟疾或者痢疾（不知道缪希雍为何会有此预测），然后就出诊去松陵了。

结果，孩子果然没两天就发疟疾了，于是按照缪希雍的方子服用，疟疾就止住了，然后，又变成了痢疾（原因是暑邪没有完全清出），怎么办呢？这位高攀龙看来没有白和缪希雍交往，也懂些医理，就自己开了生脉散和益元散，结果喝了以后，儿子更显得瘦弱了（儿尪羸甚）。

这帮医生这时候来劲了，纷纷预言，这孩子马上就要死了。

这下家里可就乱了，点香拜神的，求佛的，干什么的都有，直搞得高攀龙是心烦意乱。

就在这个时候，缪希雍从松陵回来了，他心里其实惦记着这个孩子呢，一回来就直奔高攀龙的家。

大家都带着哭腔问缪希雍：怎么办啊？还有救吗？

缪希雍都没诊孩子的脉，只是直视着孩子（不诊而谛视儿），然后问孩子："喝粥香吗？"

孩子回答："喝粥很香！"

缪希雍站起来，大声地喊："病已经去了！"（病去矣）

高攀龙简直晕了，心想：老大，您不是在说梦话呢吧，这孩子快要死了啊！（儿旦夕虞不保，兄言何易也？）

缪希雍说："你看这孩子目光炯炯，饮食胃口非常好，这是精神已经旺盛了，胃气也强健了啊！放心吧，相信我，没错的！"

是吗？大家都将信将疑，很多旁边的医生都等着看笑话。

结果，没两天，孩子就恢复了健康。（寻果脱然起）

高攀龙的夫人有病也找缪希雍，高夫人经常胸口痛，于是高攀龙求缪希雍给开个方子，缪希雍诊了脉以后，就开了个方子，但是，当时由于没有犯病，所以也没服药。

但是有一天，突然犯病了（一日忽大发），胸中感觉像有一个东西往上冲似的，疼痛的无法忍受，"叫号欲绝"，三个妇女按着都不行，怎么办？甭想啊，高攀龙赶快按缪希雍留下的方子去抓药，然后回来煎了，服了下去。

结果，只服用了一杯，就觉得向上冲的那个东西堕了下去，在肚子里作痛，然后，再服一杯，肚子里的疼痛也消失了。

本来以为这就好了，但是过了两天，起床洗漱的时候，突然感觉要呕吐，然后头痛如劈。

高攀龙这人胆子也大，立刻说："这是和前面一样的症状啊。"

于是煎了前面的药，再喝下去，结果，这个病就好了。

天哪，这是什么方子啊，如此的神效？

我们在这里偷偷地看一下他们桌子上缪希雍给留下的方子吧，有手快的同学可以给抄下来，只见方子上写着：白芍酒炒三钱，炙甘草五分，吴茱萸汤泡三次八分，白茯苓二钱，延胡索醋煮切片一钱，苏子炒研一钱五分，橘红盐水润过一钱二分，半夏一钱姜汁拌炒，旋覆花一钱，木通七分，竹茹一钱。

其实，缪希雍并没有说高夫人患的是什么病，但是，我们从他的方子分析，高夫人是血虚，所以缪希雍方子里用了张仲景的芍药甘草汤，同时患者气机上逆，所以方中用了一些行气降气的药物。

值得各位注意的是，方子里面在药物后面都添加了许多附带的嘱咐，比如白芍后面就写着"酒炒"，什么意思呢，怎么以前我们没有见过这样的呢？

原来，这是中药的一些炮制方法，中药在制成药材的过程中，有些药直接拿来用是不行的，通过炮制则能起到减少毒性、增加药性等作用，而炮制手段的成熟，说明医家对药性掌握得更准确了。比如白芍用酒炒，是因为白芍有酸寒之性，在用酒炒过之后则减少酸寒之性，不会克伐生发之气，后来又发展成伐肝生用，补肝炒用等用法。（现在的医生都不大这么用了）

缪希雍在炮制领域做出了很大的贡献，这些临证炮制法在清代发展到鼎盛，我看清代医案时常为医家精细的用药手法所惊叹。

但是，现代这些方法失传了很多，绝大多数医生几乎都不这样用了，据我知道，北京还有几位九十几岁的老爷子对这些内容熟悉，其中的一位和我较熟悉，这位是北京鹤年堂（创始于明代，比同仁堂历史悠久）的刘老掌柜，一转眼，就在我忙着写论文的时候，他老人家去世了，痛心啊。

总之，高攀龙一家人的病基本上都是缪希雍给包了，在《先醒斋医学广笔记》这本书里，我统计了一下，高家家属治病的医案占了七则。

家属看病还不算，连高攀龙卖豆腐的邻居，家里仆人的老婆等，都在缪希雍的看病范围之内（医案都记载下来了），看来高攀龙是个很热情的人，不断地推荐朋友去找缪希雍看病。

一个当时学界的楷模，在讨论社会问题、讨论学术问题时，是那么的叱咤风云，但是，通过这些医案，我们可以看到，高攀龙是一个很爱他的家庭的人，他对家人的照顾是很周到的。

请名医给家人看病，是为了使家人能更加健康地生活下去，使家庭更加幸福。

但是，覆巢之下，安有完卵？

这样的人，在当时那种黑暗的政治环境下，是不会有好的结局的。

若干年后，在东林党挑起了对魏忠贤的战争后，魏忠贤对东林人必欲诛之而后快。

高攀龙当然首当其冲。

公元 1626 年，阉党派出锦衣卫到东林来捉拿已经罢官的高攀龙。

有人事先通报了高攀龙，说阉党要抓你来了。

高攀龙听说后，愤然地说："我是国家的大臣啊，抓我受辱，就是让国家受辱啊，我怎么能落到这些贼子的手中呢？！"

于是，他告别了家人，一个人默默地来到屋子后面的湖边，投湖而死。

◎ 认识了庄敛之

话说当时，有一位叫庄敛之的学子，他少年时曾跟一位姓王的和一位姓于的老师学习，当时这二位先生都是缪希雍的朋友，他们三人常在一起聚会。

庄敛之后来描述他们三人聚会的情景，说他们三人："掀髯奋袂，上下古今，肝肠意气，相视莫逆。"

可见他们三人聚会时的场面煞是可观，直把当年的庄敛之同学搞得无比崇拜，心里一直惦记着，怎么能够也和这位缪希雍大侠学习一下呢？

后来，当他长大了以后，他的父亲就让他带着礼物，修子侄礼，前去拜见缪希雍。就这样，两人就相识了，谁也没有想到，日后他们将成为师徒。

这一年，是公元 1611 年，缪希雍已经六十五岁了。

从那以后，庄敛之就可以非常近距离地接触缪希雍了，每次缪希雍到庄敛之家所在的金坛（那时缪希雍还住在长兴），庄敛之就抓紧机会，和缪希雍老师聊聊，学习一下。

缪希雍

没多久，庄敛之家里就发生了一件惨痛的事情，原来，庄敛之的老父亲病了。

具体的症状在文献中没有记载，只是说诸位医生都认为是患了外感病，于是开了很多的解表药物，然后最不靠谱的是，还让患者"禁绝饮食"。对于这种治疗方法，我实在是觉得不可理解，您要是说忌口，别吃什么生猛海鲜、大鱼大肉的，我能理解，但是这可好，连饮水都给禁了，别不是和这家有仇吧？可见当时的糊涂医生不少。

然后，半个月以后，我们庄敛之同学的父亲就病危了，要说他还真够能挺的，要搁一般人甭说半个月，几天就挂了。

这个时候，想起了缪希雍，于是就找人给缪希雍带个口信，希望他来给看一下。

缪希雍听说以后，二话不说，立刻动身。

我们前面曾经提到过，缪希雍这个人的特点是，只要听说哪里有人来请诊，不管多远，立刻就去，那是"千里必赴"。

要说这位缪希雍真是位大侠式的人物，奔七十的人了（这一年是公元1614年，缪希雍六十八岁），在听说求诊的消息以后，马不停蹄，从他住的长兴到金坛，"三日夜驰至"，然后下马进屋，立刻开始给庄敛之的父亲诊脉。

审证视脉以后，"顿足大叫"，说："你父亲这不是外感病啊，这是内伤杂病啊，应该用平补的方法来治疗，并且还要吃一些好吃的美食，现在脾胃之气已经要绝了，怎么办啊？！"

大家一听，这才知道是给耽误了，于是忙求缪希雍死马当活马医，勉强给开个方子吧，看看能否给挽救回来。

这样，缪希雍就给开了方子，结果五天以后，发现患者根本没有任何好转的迹象了，缪希雍仰天长叹，说："我已经尽力了，但仍然无力救他回来啊！"

于是，潸然落泪，告辞而去。

没两天，庄敛之的父亲就去世了。

又一个生命被这些庸医给害死了。

顺便多说一句，现在这路医生（或者根本就不是医生，而是所谓的养生专家）还存在，我前些日子给一个患者诊病，是个气血不足的人，本来调理得好好的，突然这次来诊时我发现她的舌苔白腻，舌质淡白，之前都已经非常红润了，我大吃一惊，忙问为什么阳气突然受到损伤，体内水湿变得这么大。她回答说，这些天看到电视里有养生专家介绍，告诉大家每天早晨喝一杯凉水，就能身体健康排出毒素。于是她坚持了十多天，期间闹了两次肚子。

这是哪路的养生专家？不知道人是有不同体质的吗？那些脾肾虚寒的人，每天早晨一杯凉水，不知道会使他们的身体受到多大的伤害，有些患有严重疾病的，病情会就此急转直下。

人体的阳气，在早晨就像个小火苗，到了中午才像一团大火，此时喝几杯凉水是没有问题的，但对于脾肾阳虚的人，早晨的一杯凉水是有很坏的影响的。

我都能够想象到，这路专家在宣传的时候一定是打着中医的旗号的，一定会说："我们中医认为，早晨喝一杯凉水，对养生有很大的帮助，中医认为……"

然后估计会有更多的喝凉水闹肚子最后变成很多疑难病症的人，会扯起取缔中医的大旗，高喊："该死的中医，害得我闹肚子！"

不多说了，让我们继续关注庄敛之同学吧。

在经历了这件事情以后，庄敛之同学痛定思痛，终于搞明白了，以后不能再胡乱相信这些所谓的专家，只相信缪希雍老师。

果然，没多久就证明他的决定是正确的。

要说这位庄敛之同学的家里应该是比较富裕的，因为他除了大老婆之外，还娶了几房小妾。（具体是几房，我没有考证清楚）

其实家里有这么多的小妾是很不好管理的，估计跟管理一个公司差不多，员工的什么事情都要照顾到。这不，这天，其中的一个小妾病了，患的是疟疾，这就把庄敛之同学给操心坏了。

她患病的症状是"寒少热甚"，这个疟疾发病，并不都是有规律的一会儿寒一会儿热的，有很多情况是寒热不对称的，同时，她还汗少，头痛，不爱吃东西。

这个时候，庄敛之同学直接就找缪希雍来诊视了。

缪希雍

149

恰巧缪希雍当时就住在附近，于是就赶来了。

诊了脉以后，感觉脉象洪数而实，这是有热的脉象啊，再看这位患者，病情也确实和脉象一致，发热的时候多，出汗，这些都是热证的表现。

于是，就开了清热生津补脾的方子：麦门冬、知母、石膏、竹叶、粳米、橘红、牛膝、干葛、白茯苓、白扁豆，开了三剂。

这个方子，那是张仲景的竹叶石膏汤和白虎汤打的底子，用来治疗气阴两伤，其中用麦门冬、知母、石膏、竹叶是用来清气分热邪的，粳米滋养胃阴，这里可以看出缪希雍用药是十分谨慎的，比如他就将原方里的半夏去掉了，为什么呢？因为半夏温燥，对热病不利，他用橘红来理胸中之气，然后用牛膝来壮腰腿之气血，其药气下行。（因为后面的医案中记载这个女子素有胸痛，腿软无力之证，所以用了这两味药）

其中干葛是用来升阳明胃经之气的，可以解肌通络，舒缓头痛，同时也是治疗泄泻的重要药物，白茯苓升脾经之阳气，扁豆滋养脾阴。

在这一个方子里，药性有升的，有降的，可以调理气机的上下，气机一开，则热邪就容易散去，然后又配了大量的清气分热的药物，最后，再捎带着补一下脾经（这是缪希雍的创造，后世叶天士对缪希雍的调养脾胃的理论几乎全盘吸收），增强抗病能力。

这个药服用了三剂以后，却没有任何效果，而且，患者却更重了，又大发寒热，人都神志不清了。

咦？这可就奇怪了，难道是自己没有诊断准确？

这时候庄敛之同学也来了，很担忧地说："是不是用的石膏什么的太寒凉了？我看还是别用了吧！"（自己的小妾自己心疼啊）

这个时候天已经很晚了，缪希雍也不方便去诊断，看着庄敛之同学可怜巴巴的样子，心一软，得，那就把石膏去了吧，加上人参二钱。

庄敛之同学一听，欢天喜地地回去了，终于可以补了！

庄敛之这一走，缪希雍仔细回想了一下，不对啊，难道我会判断错吗？不好，要犯错误！

于是，赶快让人去拦住庄敛之，让他把人参煎好，但是别服用，等我去诊脉后再定夺。

150

然后，天一亮，缪希雍就来到了庄敛之家，给这个小妾诊了脉，居然还是洪数的脉象，诊断没有错误啊，人参千万别服用了，石膏的分量不够，上次开的是一两五钱，这次加到二两（我前面说过，对生石膏的灵活应用是缪希雍对中医的一大贡献，现在的医家还这么用呢），再加何首乌五钱。

　　为什么要加上何首乌呢？这里是用来养血的，缪希雍把可能出现的后方空虚的问题都给注意到了，此时养血为什么不用当归等药物呢？因为那种药物性燥，对温热病的治疗不利，缪希雍这些用法为后世温病学家们开拓了思路。而且，古人认为疟邪最容易侵犯肝经了，何首乌入肝经，生用可以解毒散结，我相信缪希雍此处用的是生何首乌。

　　而且，缪希雍让每天服用两剂这个方子，这么说就是一天使用了四两生石膏。

　　在药物的分量加重以后，这个小妾的疟疾就豁然痊愈了。

　　庄敛之同学真是急出了一身的汗啊，总算是好了，太感谢缪老师了！

　　后来，就在一年以后，这个小妾又病了一次，症状是忽然头痛如裂，心里面烦得难受，咽喉疼痛，嗓子也哑了，舌头也裂了，咳嗽有痰，胸膈觉得非常的胀闷，恶心，吃不下东西，四天以后，开始再次寒热发作，仍然是寒少热多，发热以后，一定要出汗才能退热。

　　这次，缪希雍来诊断以后，认为仍然是上次的暑邪没有清除干净，所以才会再次发作。（估计是庄敛之同学心疼这位小妾，用药没有彻底的缘故）

　　各位，在这里缪希雍应用了中医的伏邪理论，这个伏邪的理论认为，邪气如果没有清除干净，会潜藏在人体的内部，等待时机，再次发作，后世的温病学家们就对此进行了发展。

　　然后，缪希雍就继续用药，最后彻底治疗好了这个小妾的疾病。

◎ 小妾的阴谋

　　接下来，该轮到我们的庄敛之同学倒霉了，他这次的病，几乎要了他的命。

缪希雍

151

原来，有一天，庄敛之突然开始闹肚子，这个闹肚子可非同凡响，严重到什么程度呢？严重到无论什么食物，只要一往下咽，喉咙里面就觉得像针扎一样的疼痛，然后满肚子绞痛，但是这种疼痛很特别，用医案的原话记载是"满腹绞辣"，估计这种疼痛哪位都不想尝试，然后就觉得"腹中有气先从左升，次即右升，氤氲遍腹"，此时，就开始迫不及待地想去厕所了，到了厕所，泻得那可真是"痛泻"啊，肛门觉得像火烧的一样。

刚回来，肚子里又是一阵闹腾，然后再次急奔厕所而去。

估计那个时候恨不能住在厕所里，就不出来了。

那么泻的都是什么东西呢？全部都是清水一样的，有层白色的油脂，另外就是吃什么泻什么，都没有消化。

这次史无前例的大泻算是把庄敛之给折腾惨了，甚至在睡梦中都会大泻，狼狈不堪。

天哪，看来，一个闹肚子也会把人给折磨死啊！

于是赶快请医生啊，这帮医生这个说是停食，那个说是受暑了，再来个说是受寒了，但是开了所有的药物，全部都没有一点的效果。

就这样过了近一个月，再看我们的庄敛之同学，本来挺胖的一人，现在瘦得几乎没肉了，乍一看跟个鬼似的。

庄敛之的诸位老婆们不知道是什么反应，总之他的老母亲伤心坏了，那是"朝夕相视，哀号冲天，恨不能以身代也"。

正巧这个时候，缪希雍偶然路过金坛，庄敛之一听自己朝思暮想的缪老师又来了，就跟看到了救星一样，赶快让人去把缪希雍给请来了。

缪希雍来了以后，一看此时的庄敛之也确实可怜，怎么泻成了这样呢？

庄敛之哭诉了自己的病情，并把自己服用的几十药方都给缪希雍看了，缪希雍拿过来以后，说了一句中医史上的名言："药苟中病，一方足矣，安用多为？"

然后诊了庄敛之的脉，发现脉象是洪大而数，知道此时庄敛之的体内是个热证，虽然他也不知道这个热邪是怎么引起的（这是个谜团，我会在后面给大家揭开），但是，只要是有热，那就把热清掉不就可以了吗？

于是，开了方子：黄连、白芍、橘红、车前子、白扁豆、白茯苓、石斛、炙甘草。就是这么一个简单的方子，其中清热和阴，健脾利湿的药物都有了，缪希雍的治疗思路就是，我不管你这个热证是什么引起的，我只管把你的热邪清掉，保护好你的脾胃，你的身体自己就会恢复功能了。

他还特别嘱咐，这个药物煎好以后，要用冰凉的井水把药给镇凉了，然后再兑入一杯童便，这样才能服用。（估计金坛的小男孩也开始要抢手了）

然后，特别告诉庄敛之说：我开的这个方子别给其他的医生看到了，否则怕这些医生看到了，会"大笑不已也"（因为别的医生一定会想，这么个小方子，能治病吗）如果你想活命，就坚持服用这个方子。

庄敛之连忙点头答应，然后晚上就喝了药。

这个药一喝下去，庄敛之感觉就像喝了薄荷饮料一样，那种夏日的清凉感觉，直入心脾，"腹中似别成一清凉世界"（这句话写得好，现在的广告公司可以借鉴使用），就这一付药，当天晚上就安睡直到天明，没有再大泻。

服用了三剂以后，大便就基本正常了。

在患病的时候吃的东西，只要是温点儿的，就觉得特难受，必须是凉的吃下去才行，到了现在，突然觉得食物冷了就不行了，开始想服用温的食物了。

看到这里，缪希雍说，这是热邪已经清掉的缘故。

于是，在前面的方子里又稍微加了点调补脾胃的药，就离开了金坛，回到长兴了。

这个时候，大病初愈的庄敛之是个什么模样呢？只见他"鸠形鹄面"，走在外面一看到以前的熟人，大家都吓得吐出了舌头——这位还能活几天？

过了一个月后，缪希雍又来到了金坛，庄敛之皱着眉头对缪希雍说："怎么办啊？我的脾胃还没有恢复，现在一喝点水，就觉得肚子胀得像要裂开，也没有胃口，您给想个办法吧？"

缪希雍说："这是你泻了那么多，伤了阴气啊，此时不适合用汤药了，因为需要慢慢调理，我给你开个丸药吧。"

于是开了方子：人参、白芍、炙甘草、五味子、黄芪、山茱萸、山药、熟地、牛膝、紫河车。

就是这个方子，其中人参、黄芪是补阳气的，可以健壮脾胃之阳气，白芍是和阴血的，白芍与炙甘草这是仲景的芍药甘草汤，有酸甘化阴之妙，山茱萸、山药、熟地分别补肝、脾、肾，紫河车就是胎盘，这个东西欧洲人是绝对不会吃的，但我们中国人认为它可以大补人身之元气。

其中五味子收敛肺气，补五脏，因肺与大肠相表里，所以也可以收敛大肠之气，而用牛膝是壮腰腿之力，想必此时庄敛之连站着都成问题了。

这个方子庄敛之一直服用了三年，在这个方子的帮助下，庄敛之的身体康复如初了。

许多年以后，缪希雍发现庄敛之还把这个方子收藏着，"俨如重宝，十袭珍藏"。

但是，这个故事还没有结束，最搞笑的实际是在后面。

在恢复身体的时候，缪希雍就本着治病救人的原则，对庄敛之同学说："你如果想要身体好，那就要远离女色一段时间，这样身体才会恢复得好，你看你身子都这么弱了，再亲近女色，那多不好啊。"

庄敛之很疑惑地问："那需要戒女色多久啊？"

缪希雍很保守地估计了一下，说："怎么的也要一年吧。"（余劝其绝欲年余）

哪承想庄敛之同学是个对缪希雍无比信任的人，甚至会矫枉过正，只见他把心一横，干脆，既然老大您发话了，那我就把这些小妾们都给辞了吧！

没想到，缪希雍的劝解起到了破坏人家家庭的坏作用。

也可见当时的妇女是何等的没有地位，跟什么似的，说辞了就辞了。（敛之因出妾）

谁也没有想到，就在小妾们都走了以后，下面的仆人丫环才敢说话，就有人报告了，说庄敛之的大泻，就是某小妾的阴谋。（得尽发家人私谋）

原来，不知道是因为什么原因（文献中没好意思记载），有小妾在庄敛之的食物里给下了巴豆，导致我们庄敛之同学大泻几乎死去。

天哪，原来如此，庄敛之同学差点用头撞墙：我对她们多好啊！

各位，我们千万别小瞧这个巴豆，觉得想整蛊谁就在他的菜里放点，需要知道，这个巴豆具有强烈的黏膜刺激作用，前面庄敛之感觉火辣辣的就是因为如此，而且，严重的中毒也是会死人的，曾经有过二十滴巴豆油就要人命的记录。

一般中药里使用巴豆的时候，都是用棉纸把油榨去，然后用黄蜡包住它，再服用，那也是要十分慎重的，因为它泻下力量比较强。

看来，庄敛之亲爱的小妾出手还是比较重的。

庄敛之同学终于体会到：老婆多了也不是好事啊，管理不好会要了自己的命的！

但是，我写这个医案并不是要论述老婆多了以后的严重后果（现在各位也没有机会了），而是想说，这个医案体现了典型的中医治病的思路。

在外邪来临的时候，其实很多时候中医并不知道它是什么，就比如缪希雍根本就没有想到是巴豆引起的反应。但是，中医的思路是，不管你是什么，我只需要观察你在人体里面引起了什么反应，如果你引起的是热证，那我就帮助人体把热清掉，这样，身体依靠自己的力量就会恢复，结果也就把病给治疗好了，这就是本病的大致治疗思路，也是中医治病的模式之一。

后来，庄敛之同学不再留恋俗世中的快乐，一心向学，跟随着缪希雍学习，《先醒斋医学广笔记》的补充部分的工作，就是他给完成的。

◎ 东林书院的凋零

在公元 1621 年，缪希雍移居到了金坛，开始和弟子庄敛之和康文初整理自己的著作，他们将《先醒斋笔记》进行了增补，成为《先醒斋医学广笔记》。

这一年，缪希雍已经七十多岁了。

在这个时期，有的时候是缪希雍自己提笔写几段，有的时候是他口述，弟子记录下来。

有的医史文献资料说缪希雍是因为阉党抓捕东林党人，才移居到金坛的，这是不准确的，因为此时，东林党人还没有向魏忠贤发起总攻，而魏忠贤也没有开始对东林学子痛下杀手，实际上，那些事情是发生在四年

155

以后。

我在前面写的那些医案，似乎给人一种感觉，就是缪希雍总是在给周围的朋友看病，都是特脸熟的人，朋友套朋友的，其实不是，这是我故意选择的医案，实际上医生看病是不分朋友不朋友的，在缪希雍的书里也记录了大量的治疗普通患者的医案。

但是，缪希雍的这些朋友却真是值得写一下，因为，他们都是中国历史上著名的忠义之士。

让我一个一个来说吧，他的朋友中，有一个叫杨涟的人，这位杨涟是万历三十五年（1607）进士，朝廷安排他当了常熟县的知县。这样，他就来到了缪希雍的家乡，为了真实了解当地民情，他经常穿着老百姓的衣服，深入田间、街道，微服察访，这种踏实的工作作风让他深受老百姓的欢迎。

杨涟在刚刚来到常熟以后，就听说缪希雍是个豪爽忠义之人，不但医术高超，还对很多事情有自己的见解，于是就登门拜访缪希雍，希望了解当地的治理之道。

缪希雍和杨涟的脾气其实十分相似，都是忠肝义胆之人，两人一见如故，成为朋友，至于杨涟所问到的常熟治理之道，缪希雍也毫不含糊，立刻把自己的亲戚给贡献了出来。

缪希雍的这位亲戚，是他的外甥女婿，叫毛清，这位毛清可不是一般人，是当时的大款中的大款，是个巨富。

缪希雍立刻把这个巨富外甥女婿给贡献了出来，说：常熟必须要兴修水利，兴修水利的钱，可以找这位大款要。

同时，还把这位大款（毛清有无数的水田）的水田种植经验也贡献了出来，让杨涟推荐给大家。

有这么一个舅舅，估计这位毛清大款一定会哭笑不得。

顺便说一句，这个毛清大款的儿子叫毛晋，此人值得一提。

这位毛晋从小就被缪希雍给灌输了一定要有文化的思想，因此和他的大款父亲截然不同，毛晋经缪希雍安排，拜了缪希雍的好友钱谦益（就是那位娶了名妓柳如是的老头）为师。毛晋从三十岁左右就踏入了出版业，做了一个书商，而且他这个书商做得可是太大了。他建立了自己的藏书楼，叫汲古阁、目耕楼，藏书八万四千多册，其中很多是宋版书。他还雇用刻工、印工，刊印书籍六百多种，恨不能当时整个大明帝国哪儿都有毛晋刻印的书（称为"毛刻本"），毛晋抄写的那些珍贵书籍，被后世称为"毛钞"，极其珍贵。毛晋当时在江西订制的宣纸，在纸的边上会盖一个"毛"字，因此被称为"毛边纸"，现在同规格的宣纸还这么叫，估计练习书画的朋友们会很熟悉。

这位毛晋还打破了一个记录，在历代私刻的书籍中，他刻的最多。

钱谦益自不必说了，他比缪希雍小三十多岁，但缪希雍仍然把他当作朋友，他们经常在一起喝酒，钱谦益曾经描述过当时的情景，他说有一次，缪希雍在酒席间慷慨陈词，对钱谦益说："传称上医医国，三代而下，葛亮之医蜀，王猛之医秦，由此其选也。以宋事言之，熙宁之法，成方以致病也（意思是使用现成的药方，不知变通，导致不良后果）；元祐之政，执古方以治病也（用古代的方子，可现在的病情变了，却不知随机应变）。绍述之小人，不诊视病状，何如而强投乌头、狼毒之剂（有毒的药物），则见其立毙而已矣。"

然后，又问钱谦益："子有医国之责者，今将何谓？"意思是说你有治理国家的责任啊，现在有什么对策呢？

钱谦益自己记载道："余沉吟不能对。"

钱谦益又说，缪希雍酒醉之后，"酒后耳热，仰天叫呼"，其郁闷之情可见。

后来，在东林诸子死后，钱谦益成为东林人新的领袖。

现在，让我们再说回杨涟，我们的杨涟知县在任期间，正好是东林书院会讲的鼎盛时期，因此他也经常跑去书院听讲。

常在东林书院碰头的，除了缪希雍，还有一位，叫缪昌期。

这位缪昌期各位一看名字就能猜到，是缪希雍的亲戚，他们分别属于缪氏家族的两个谱系，缪希雍家在常熟，缪昌期的家族在江阴，有的医史书说他们是兄弟，这是不准确的，他们的辈分还没有搞清楚，他们自己也不以兄弟相称呼，但二位确实是志同道合的好友。

这位缪昌期也需要特别介绍一下，他是万历四十一年（1613）进士。这位还真不愧是缪希雍的亲戚，敢情脾气和缪希雍一样，都是忠义之人，

157

敢于直言，胆子大得出奇。

杨涟和缪昌期这些人有个共同的特点，那就是忧国忧民，希望以自己心中的理想来治理国家，希望人人都有高尚的道德思想，因此对苟且之人丝毫不能宽容，对奸佞小人那更是恨之入骨。

所以，当他们都到朝廷做官后，他们两人还是密切来往，共同进退。

那么，他们在朝廷里都做了什么呢？这又为什么会影响到医家缪希雍的命运呢？

其实，杨涟之前在朝廷做了很多惊天动地的事情，比如在"移宫案"中逼走李选侍，拥立光宗、熹宗登基等，这些我就不写了，留给写明史的人吧。

缪昌期也是，在朝廷里光明磊落，豪气冲天，大家知道这些就可以了，如果我把他们的故事写下来，没有几页是写不完的。

我要说的重要的事件是和阉党的斗争。原来，他们在看到魏忠贤等阉党的误国行为后，十分气愤，开始毫无畏惧地向阉党展开了斗争，他们上疏怒斥了魏忠贤的二十四条罪状，但是，昏庸的皇帝却对此毫不理会。结果，魏忠贤在看到皇帝的态度后，在天启五年（1625），开始对已经罢官回家的杨涟和缪昌期等痛下杀手。

这是一次大规模的杀戮，魏忠贤的走狗还列出了株连的名单《东林点将录》，株连一百零八人，说高攀龙是"公孙胜"、杨涟是"大刀"、左光斗是"豹子头"、缪昌期是"智多星"、李应升是"扑天雕"等，总之，将东林人物全部冠上"水浒强盗"的绰号，其中我们的缪希雍也赫然上榜，名字是"神医安道全"。

天启五年（1625）六月，杨涟被逮押送北京，所过街市，沿途百姓都焚香哭送，祈祷他能够生还。

六月二十八日，开始审讯杨涟，阉党将锦衣卫的诸多臭名昭著的酷刑全部用于杨涟，折磨得他遍体鳞伤，气息奄奄。在过堂的时候，杨涟已经无法站立，是带着刑具躺在地上受审的，但他仍然毫不屈服，怒目圆睁，大骂阉党魏忠贤。七月庚申夜里，恼羞成怒的魏忠贤下令处死杨涟。

临刑前，杨涟咬破手指，写下血书一封。现在全文录入如下："涟今死杖下矣！痴心报主，愚直仇人；久拼七尺，不复挂念。不为张俭逃亡，亦不为杨震仰药，欲以性命归之朝廷，不图妻子一环泣耳。"

"打问之时，枉处赃私，杀人献媚，五日一比，限限严旨。家倾路远，交绝途穷，身非铁石，有命而已。雷霆雨露，莫非天恩，仁义一生，死于诏狱，难言不得死所。何憾于天？！何怨于人？！"

"唯我身副宪臣，曾受顾命。孔子云：'托孤寄命，临大节而不可夺！'持此一念，终可以见先帝于在天，对二祖十宗与皇天后土、天下万世矣！大笑，大笑，还大笑！刀砍春风，于我何有哉？"

杨涟写完以后，仰天大笑，慷慨奔赴刑场。

死时"土囊压身，铁钉贯耳"，惨烈之至。

杨涟用死，捍卫了自己心中的信念。

天启六年（1626）三月，缪昌期在江阴被捕，押往北京，在路过无锡的时候，与高攀龙、缪希雍等诀别，大家不胜悲愤，高攀龙对缪昌期说："我辈处常胜之局。小人败，我辈胜。我辈败，青史上毕竟我辈胜！"其豪气长留青史。

在锦衣卫监狱中，缪昌期面对阉党的审问，慷慨激昂，气贯长虹，大骂奸贼魏忠贤。

用刑的时候，阉党曾利诱他，说只要承认受贿，就可以免去死罪。

缪昌期圆睁怒目，慷慨激愤地说："一个人长寿有三种方法：第一是精忠报国，让国家安康；第二是让家风清廉；第三是保证自己的名节清白。这才是真正的长寿，否则多活何益？你们这些小人怎能懂得！"（士寿有三：寿国、寿家、寿身。寿国者，安社稷无疆也；寿家者，缵箕裘勿替也；寿身者，保名行不亏也）

于是，阉党开始残酷地用刑，"五毒备至"，折磨得缪昌期是死去活来。

最后，缪昌期终被活活打死，死的时候，他的十根手指全被打落，惨不忍睹。

没有人不希望自己活得长的，但是，在有些人心中，"忠义"是如此的重要，如果会受到任何玷污，那么他们不惜以死相卫！这种人，我们把他们叫作"忠义之士"。

此时，锦衣卫缇骑正在各地抓捕东林人，下一个目标就是高攀龙，于是，就出现了我前面叙述过的情节，高攀龙在听到报信后，神态安然，他知道，自己绝对不能落入这些阉党的手中，受他们的侮辱，于是，他换好了衣服，认认真真地写下了遗表，然后和家人告别，最后，在附近的水塘中，自溺身亡。

在他的遗表中，他曾写道："臣虽削夺，旧为大臣，大臣受辱，则辱国。"

那么，此时的缪希雍如何呢？

虽然他也是阉党通缉名录中的人，但是由于并不是朝臣，所以阉党对他还没有采取行动，这样，他就成为东林人中唯一能够自由活动的人。

好多营救的信息，传递危险的信息都需要及时地通知各处的东林人。

此时，已经没有人可以用了，这些信息，连仆人都不能相信，怎么办？难道要缪希雍亲自出马吗？

但是，他已经是将近八十岁的人了，能行吗？

当然能行！缪希雍豪侠一生，此时年龄虽大，但豪气何时稍有减少！

牵马来！烈马在嘶鸣，缪希雍老人翻身上马，雄姿不减当年！

在很长的一段时间里，缪希雍纵马来往穿梭于各地，为了营救东林党人，传递各种消息。

有文献记载，他甚至都是在黑夜里行动的，数次"夜叩"某家的门。

让我们来看一眼此时的缪希雍吧，让我们来给他画一个画像吧，让我们把他留在人间的最后的形象印在自己的心中吧！

这是一幅如此令人动容的图画：烈马鬃毛飞扬，奋蹄飞奔，在马上，年近八十的缪希雍满头白发，但仍是"电目戟髯"，如"羽人剑客"，长途的奔波并没有在他的脸上留下半点疲倦，在他的心中，流淌着激愤的热血，他的脸上，仍显露着不屈的怒容！

没有人觉得八十岁的人骑烈马奔波是安全的，但是，此刻的缪希雍已经觉得自己的生命不再重要，我甚至觉得，他是在故意放弃自己的生命，从而能与那些肝胆相照的朋友们一同而去！

我甚至能够想象得到，当缪希雍听说了一个接一个的朋友被阉党杀死后，这位八十岁的老人，是流着悲愤的眼泪在马上狂奔的！

就在缪昌期慷慨就义的第二年，天启七年（1627），缪希雍去世，享年八十一岁。

没有人知道他是怎么去世的，当时的情景如何。

钱谦益曾说他是病死的，但也没有确切地描述当时的情景。

就让我们把一个八十岁的老人，骑在烈马上奔驰的情景，作为他最后的影像吧。

在我的心中，更宁愿他是死在马上的。

他终于和他的那些正直豪爽的朋友们在一起了。

如此，则死又何憾！！！

缪希雍，字仲淳，他小的时候身体虚弱，父亲早亡，他靠着自己的毅力，攻读医学，不但调养出了自己的豪侠之身，亦拯救了千万个病痛中的患者。他发温病学说之先轫，倡温邪自口鼻而入之学说，他关于脾阴胃阴的论述补充了李东垣脾胃论的不足，他的药物学的论述与李时珍《本草纲目》同为明代药物学双璧，这些都是他对中医理论的重要贡献。他为人豪爽正直，疾恶如仇。他的一生，是豪情四放的一生，他的快乐，显现在给患者治好病后"攘臂自快"的豪情中，显现在听说哪里有病患会"千里必赴"的决心里。他用一生的所作所为，为我们诉说着什么是医道，什么是一个医生应该有的至高境界。

他与他的东林朋友们的故事，将会与他的行医故事一样，被永远地流传下去，为后世所赞叹，所感动。

※ 资生丸与养生

今天，我们再次谈到脾胃，但是倾向一下脾的保养，也就是现代医学里的肠道的保养。（因为在中医理论中，肠道的吸收功能是脾负责的）

现在有很多的朋友，肠道非常不好，稍微吃不对了，就会泻肚子，可能一起吃的别人什么事情都没有，食物也没有什么特殊的问题，但是他吃了就立刻要上厕所了。还有的朋友是喝点酒就不行，马上就坏肚子，很是严重。还有的人是不能碰到凉风，早晨起早了点，被凉风吹到了，马上就要去厕所，泻一次肚子才算好。有的是被商场的空调吹到了肚子，也立刻就泻。还有的更令人气愤了，就是什么原因都没有也要泻，这样的患者几乎自个儿都晕了，什么原因找不出来，可是一天就是要泻几次，您说这多气人？

如果出现了上述这些情况，就说明您的肠道出现问题了。首先，您应该做个检查，尤其是那种经常是大便干燥和腹泻交替进行的，还有大便的形状改变的，另外就是便出的脓血是暗褐色，像果酱状的，您该去认真地查查了，要排除肠道肿瘤的可能性。

剩下的，就应该是患上了慢性结肠炎等病了。

那么，中医是怎么认识这些病的，养生的时候又该注意什么呢？

首先，我们要从我们的环境谈起。现在咱们老百姓的生活好了，想吃什么都能吃到，如果您想吃，顿顿吃红烧肉都可以，这在古代可是皇帝的待遇（那乱世的皇帝还没有这个待遇呢）。应该这么说，从整个人类发展历史来看，可能现在的生活环境是最好的，人类的物质生活从来没有这么富裕过。整个人类在进化的过程中，基本都是处于饥一顿饱一顿的状态中，饥饿的时候多。眼泪汪汪地看着奔跑而过的鹿群，手里拿着石头，恨自个儿腿太短追不上。后来建立了自己的文明，盖了房子，那也是个别的大款能够吃上好的，老百姓在过年的时候吃顿鸡肉，那也就是好生活了。几万年一直到最近，日子都是这么过下来的，但是就在最近的这百十来年里，情况变化比较大，突然就能够吃上好的了，这是世界性的普遍现象。我看过当年美国牛仔的日记，早些年也是饿得活不下去了，就差穿麻袋片了，新加坡的朋友也告诉我，小时候还到几个街区外拎着桶打水呢，困难得很。大家都是这些年才富裕起来的，有早有晚，但是差不太多。

可是我们的生理系统（尤其是肠道系统）在整个进化过程中，早就适应这种挨饿的状态了（这比较符合在野外的生活规律），现在冷不丁富裕了，一下子每天吃那么多的肉，能受得了吗？

当然受不了。您想，如果我们的身体照单全收，所有吃进去的东西都吸收了，那您得多胖啊。当然也有这样的人，欧美比较多，这些人吃得照单全收，结果胖得出门得用吊车给叼起来才能出去。

那怎么办呢？我们的身体就想出了方法——排泄。我的观点是，那些慢性腹泻其实就是我们身体的一种保护性反应，对于突然出现的这么多过剩的营养，我们的肠道系统无法全部吸收，于是就形成了一种反应，把它排泄出去。这就是为什么现在这么多的慢性腹泻的原因，就好比胃吃得太多了会痛和会呕吐一样，都是身体的反应。

但是，如果你总是摄入这么多的营养丰富的食物，那么肠道总是这么反应，时间长了，也就导致了它的功能障碍，这样就会出现更严重的问题，比如即使你没有吃那么多，条件稍微改变了，它也还是泻。

当然，腹泻还有其他一些原因，比如有的人情绪不好，这在中医认为是肝气不舒，而肝气横逆，则会克脾土，在中医里，肠道的吸收功能是属于脾的，所以肠道也会出现问题，产生腹泻。

还有外感病，有时细菌病毒引起的腹泻，没有处理好，也会引起肠道的长期紊乱，导致腹泻。

这些因素加在一起，就出现了一些长期腹泻的现象，现在这种人群特别的多，他们也都很苦恼，怎么治疗都不好，该如何处理呢？

其实，从前面我的分析中各位就能够看出来了，营养过剩是一个主要问题，因此只要我们首先控制一下过剩的营养，比如不再是每天都是鸡鸭鱼肉，吃些清淡的食物，尤其是玉米、红薯等粗粮，那么我们就去掉了导致肠道疾病的基础，就可以走上恢复的道路。

我们的大医家缪希雍就是调理脾（我们再次回到中医术语）的高手，他关于脾胃的学术思想对后世的影响很大，清朝的名家叶天士的胃阴学说就是在缪希雍的理论基础上发展而来的。缪希雍认为，大家以前都光注意脾阳了，比如李东垣老师就是一个典范，创立了补脾阳之气的补中益气汤，但是，脾作为一个脏器，也是有阴的，这点大家可别给忽略了。于是他就创立了脾阴学说，他用来滋补脾阴的药物，我们大家都比较熟悉，比如莲子肉、白扁豆、石斛、木瓜、山药等。

这对中医的贡献可大了，从此大家也开始关注脾阴了，在用药方面也丰富多了。

您该问了，他这脾阴和我们的闹肚子有什么关系啊？原来，我们闹肚子的原因有很多，但是最后一定也会伤到脾阴和脾阳两个方面，所以我们在调理的时候，也要注意从两方面下手，偏于脾阴虚的补脾阴，偏于阳虚的补脾阳。

163

　　根据缪希雍的这个理论，我们在补养脾胃方面就有了办法了，比如，我们可以把莲子肉、白扁豆、山药、薏米、芡实这些药买来同样分量的，然后给研磨成粉，每次一茶匙，用水给熬开了，成糊状，长期坚持服用，这对我们的脾是有着非常好的保养作用的。

　　当然，缪希雍还有更好的方法，我们在故事里提到了。缪希雍小的时候身体很弱，后来却体格健壮，也很长寿，到底他有什么秘诀呢？当时的名医，缪希雍的朋友王肯堂在书里透露了缪希雍的秘密。王肯堂说，在和缪希雍聊天的时候，总是看到缪希雍从袖子里拿出个什么小丸，放到嘴里嚼，王肯堂就很奇怪，问：老兄你这是在吃什么呢？也告诉我们一下呗？缪希雍就告诉他说，这是一个秘方，增强脾胃功能的，结果后来王肯堂自己也试验了，认为非常好，就推荐给了自己的父亲。后来王肯堂说自己的父亲能够长寿，完全是因为吃这个秘方的功劳。

　　那么，这个秘方是什么呢？原来，这个方子叫资生丸，原来的名字叫保胎资生丸，因为缪希雍认为，之所以有的孕妇怀孕到了第三个月就流产，那是因为脾胃之气不足，吸收的营养不够，无力奉养胎儿了，所以才会流产，如果补足了脾胃之气，就没有这个问题了。对于这种情况，就用这个保胎资生丸来治疗。

　　这个方子是缪希雍从民间得来的，缪希雍一生走南闯北，从民间学习了大量的验方。

　　后来，缪希雍觉得不仅仅是孕妇，一般脾胃弱的人都可以服用这个方子，尤其是脾胃有积滞的人（各位，他确定的这个患者范围和我们现在营养过剩的人很相近），这个资生丸化去积滞，保护脾胃的功能非常的好。

　　就这样，缪希雍就把这个方子应用范围扩大了，今天，我们很多人都是积滞很多，导致了排泄的不正常，那么缪希雍的这个资生丸就有了更新的用途。

　　这个方子的组成是什么呢？是人参三两（我们可以用党参），白术三两，茯苓一两半，陈皮二两，山楂肉二两，炙甘草五钱，炒山药一两五钱，炒黄连三钱，炒薏苡仁一两半，炒白扁豆一两半，白蔻仁三钱五分，藿香五钱，炒莲子肉一两五钱，泽泻三钱半，桔梗五钱，芡实一两五钱，炒麦芽一两。

就是这个方子，研成粉末，做成药丸，每次服用两钱。

这个方子现在有成药，同仁堂生产的叫"补益资生丸"。这个方子里面，补脾阳的有了，那是人参、白术，补脾阴的也有，其中的山药、白扁豆、莲子肉可以起到这个作用；泄湿的有茯苓、薏苡仁、泽泻；其中的陈皮行肺气，使得补而不壅；麦芽、白蔻仁、藿香都是开胃气的，使得药物能够进入脾经胃经，走的是气分；山楂也是开脾胃的，但是它走的是血分；黄连可以清掉脾胃中的浮火；芡实是一味收敛的药，可以防止薏米等药物渗泻太过；桔梗是升清阳之气的，和方子里渗泻的药物互相配合，升清降浊。这个方子里面，阴阳、补泻、升降可谓都齐了，实在是一个考虑周全的方子，对于我们的脾胃系统非常有好处。

缪希雍自己说，对于脾胃有积滞的人，这个药很快就会把积滞给消掉。我通过临床观察到，对于有积滞的人，这个药会增加人的代谢，很快就给排泄出去了，对于脾胃不健的人，此药又有开胃的作用，也就是说，这个药可以双向调节，使脾胃的功能趋向于正常。

由于我们肠道里的积滞被很快地排泄了出去，这样也就去掉了慢性泄泻的物质基础，因此这个资生丸对脾胃的保养很有好处。

一个人，脾胃之气足了，整个人的生命力也就会提升上来，这对我们的健康是很重要的。

好了，缪希雍的故事就讲到这里，各位休息一下，我也要去拿个资生丸来嚼嚼了。

喻嘉言

◎ 令人失望的北京城

满天乌云，压得很低。

紫禁城在昏暗的天空下显得阴森而又苍老。

在这种空旷、冷清的大背景下，一位中年人，背着行囊，黯然离开了京城，愈行愈远。

这个中年人，就是我们的主人公——喻嘉言。

这一年是公元 1633 年。

此时的大明王朝已经危机四伏，后金军已经占领了辽东，正在蓄势待发，而内地刘宗敏、李自成已经揭竿而起。十一年后，就是这些人，将亲手结束这个统治了中国近三百年的明王朝。

在此之前，喻嘉言已经在京城住了三年了，他是一介书生，在四十五岁的时候被擢为副榜贡生，进入了京城的国子监。在这三年里，面对破败不堪的政局，他曾经很愤青地写下了万言书上交，提出自己的改革方案，但是显然这个举动太天真了，明朝政府里的那些贪官污吏们哪儿有心思看他写的这些玩意啊，在等待了很久之后毫无结果，喻嘉言终于失望了。

在来到京城以前，他觉得重整河山就是自己的责任。等着吧，我将力挽狂澜！这是读书人的共同特点，都四十几岁的人了，还怀着年轻时的梦想。

来到京城以后，才知道在这里雄心壮志不能当钱使，凭自己的这个地位，在这里连个说话的份儿都没有。

再看看那些有说话的份儿的大官们，却都在忙着贪污受贿，政坛一片污浊，就在喻嘉言来到京城的前一年，连为保护大明王朝立下汗马功劳的大将袁崇焕，都被崇祯皇帝拿刀给剁了，您说这里还有忠臣立足的地儿吗？

于是喻嘉言在四十八岁的时候，失望地离开了京城，离开了他曾经幻想着能够为救国出力的仕途。

从此，大明王朝少了一个想要报效国家的政府人才，但却意外地为老百姓增加了一位名医。

在喻嘉言回到老家江西以后的十年里，他治疗了大量的病患，医名鹊起，就在大明王朝灭亡的前一年，也就是公元 1643 年，他出版了他的第一部著作《寓意草》。有意思的是，这本书是喻嘉言的一位老朋友，胡卣臣老先生给出版的。这位老先生当过谏议官，一心为国，在出版这本书的时候，两人还希望让医学昌明一些，使老百姓更加健康，为崇祯皇帝的中兴大业效力呢，可我估计这时候，可怜的崇祯皇帝，已经开始琢磨若干种自杀方法中哪种最好了。

但无论如何，在这本书中，喻嘉言展示了其高超的医术，令人叹为观止。

◎ 老师之谜

其实喻嘉言是一位非常难写的医家，历史上留下的有关记载本来就不多，可恰恰就是这些不多的资料，相互之间又充满了矛盾，我经常面对着这些信息陷入茫然之中，为了给大家剥出历史的真相，我必须反复地寻找这些资料背后的内容，但是工作极其艰巨。也就是说，从现有的资料看，喻嘉言的一生充满了谜团。

比如，喻嘉言一直在考科举，在四十五岁的时候才成为副榜贡生，在京城混了三年，也就是在四十八岁的时候回家行医了，从资料上来看，他回家行医不久就是一个绝顶的高手了。那么，大家的脑子里一定出现了一个大谜团：这位兄弟别不是天生的吧？怎么横着蹦出来就是一个名医了？也没有一个脱胎换骨的过程？他是什么时候开始学医的？是怎么学医的？

恰恰在这个时候，历史资料为我们提供了一个比较诡异的说法，说他"少遇异人授以秘方，兼擅黄白之术"。除此之外，我目前没有见到任何其他记载。这话翻译过来就是：他小的时候碰到了一位神秘的高人，传授给他秘方，而且还有炼丹之类的道家功夫。

这是一个武侠小说式的传奇故事，好比是一个小孩子在街上走，碰到一个乞丐："小朋友，我这里有书你要不要？"

小朋友一看，是《如来神掌》，好哇！于是就买了，修炼之下终于成为绝顶高手，最后把蛤蟆功都给打败了。

通常面对这种说法我都会嗤之以鼻的，因为中国历史上这样的传说太多了。比如扁鹊遇到长桑君，中国人比较喜欢那种笨小孩遇到奇人传授，然后一朝成为高手的故事模式，因此操笔的文人们也愿意不遗余力地编写这样的传说。

但是对这个记载，我却相信事情大抵是这样的，因为在后来喻嘉言曾经提到过：先师在交给我医术的时候让我发誓，一定要用医术来普救众生，不可沽名钓誉。

这个记录为我们提供了"异人"的一些线索。可见，所谓的"异人"，就是一位隐居在民间的医生，但是显然这位医生很特别。

第一，他没有把自己的名字留下来，估计可能连喻嘉言都不知道这个人的真正姓名，否则以喻嘉言日后巨大的影响，彪炳一下老师的功绩是很容易的。

第二，这位老师医德高尚，因为他从一开始就教育喻嘉言以救人为务，竟然用发誓的手段来告诉喻嘉言医德的重要性，这跟现在的学生一进医学院校的大门要先诵读《医学生誓言》有一比，只不过这位高人用了一种近乎恐吓的手段，他说如果学了医术而不去普救众生，那么老天会报复你的，会让你天打雷劈，还要断子绝孙（估计当时年纪尚幼的喻嘉言同学一定被吓哭了）。

我们现在真的没有办法知道这位老师的背景了，随着时光的流逝，很多历史人物都被掩埋在时间的黄沙之下，永远消失了。但我们却可以确定，曾经有这么一位老师，指引喻嘉言走上了医学的道路，并且告诉他，普救众生是最重要的，要用一生的时间去实践它。

让我们来感谢这位不知名的老师吧！

但是，"异人授以秘方"中的"秘方"，又把我们的好奇心给激了起来，这位高手到底授予喻嘉言什么"秘方"呢？这个秘方的线索还能找到吗？

让我来给大家试试吧，下面是喻嘉言同学的整个成长轨迹：这位老师在教授喻嘉言医学的同时，喻嘉言同学随着年龄的长大，还要读举子业，走科举的道路，考上了贡生，然后到了京城，被晾在一旁三年，接着扛铺盖卷儿回到江西行医，结果是一举成名，行医十年后写下记录自己看病过程的《寓意草》。

这样大家看明白了吧，如果这位高人传授给了喻嘉言什么秘方，一定会在喻嘉言的诊病过程中出现的，也一定会在《寓意草》这本书里得到记载的，所以让我们到《寓意草》这本书中寻找线索吧。

在将《寓意草》全部读过以后，相信大家就明白了，书中记载了许多喻嘉言治病的医案，在每个医案后面的论述中，引用最多的就是《黄帝内经》的内容，其次是《伤寒论》《金匮要略》的内容。至于用方，还用过宋朝钱乙医生的泻白散，在论述单腹胀治法的时候，喻嘉言说：在许叔微的《普济本事方》中，许叔微说自己小时候"夜坐写文，左向偏几，是以饮食多坠左边……暑月止右边有汗，左边绝无……"最后他自己制作了苍术丸给治好了。

这下真相大白了，哪有什么异人传授的"秘方"啊，原来都是中医的经典著作。如果非要说秘方，也就有几个人家许叔微给公布出来的所谓"秘方"，但是从宋朝到明朝，专利保护期早就过了。（打许叔微那会儿就给公示了）

所以这回搞清楚了，这些所谓的"异人传授秘方"说，都是些不懂医学的文人给编造的，大家都宁愿把这个事情搞得玄妙一些。但是现在一些搞医史文献的人还在跟着说，喻嘉言少年遇到异人传授给他秘方，这就犯错误了，对待一个医家要严肃认真，不能往神秘了搞。

还有的医史工作者给我们提供了一个更不靠谱的说法，说喻嘉言是从北京回到江西以后，看到仕途无望，才愤而学医的，这显然就更玄了。因为在短短的十年时间里要从头学医，然后治病，授徒，最后还要写出一本水平很高的书，这实在是有些难度。况且喻嘉言自己在《寓意草》的序言里说得很清楚："昌（他自己）于此道无他长，但自少至老，耳目所及之病……"这充分说明他从早年就开始研究医学了，并不是中年以后才开始的。

好了，介绍够了喻嘉言同志的学习情况，该介绍他的工作经历了，让我们来看看喻嘉言到底是何方神圣，让后世交口称赞的吧。

先给各位提个醒，我们这位喻嘉言同志诊病比较有性格，大家不要被他吓到了。

现在，让我们来看看他是如何诊病的吧。

◎ 敢立军令状的医生

这天，有位姓黄的同志，晚上过夫妻性生活的时候劳累了一些（犯房劳），然后马上又患了伤寒（就是我们现在说的外感病），但是这位同志很有趣，不知道从哪里听来一个说法，说患了外感不用管它，到了六七天的时候自己就好了。（当然，现在也有很多人这么认为）

结果是过了十多天了，不但没好，反而忽然神昏了，浑身战栗，手脚冷得像冰一样。

这下家里人才慌了，赶快请医生吧！

先请来一位老医生，这位诊完了脉，说："现在四肢厥逆，这是夹色伤寒啊（过去认为房劳后患的伤寒叫夹色伤寒，通常认为会致命），现在需要赶快用大热之药回阳救逆！"

于是开了干姜、附子等温热之药。

这个时候，不知道哪位把我们的喻嘉言同志也给请来了。

当喻嘉言诊完脉的时候，这温阳之药可就熬好了。

喻嘉言问："这是什么药啊？"

老医生："此乃温阳之药。"

喻嘉言吓坏了，说："且慢，这个药可不能喝啊，这药用错了！"

嘿！那位老医生当时就不高兴了，用错了？你懂个什么？

患者的家属也奇怪，为什么用错了？

喻嘉言："这个时候不能补啊，要泻！"

这下患者家属也不高兴了，这手脚都凉了，还要泻？您这不是胡说八道吗？

尤其是黄同志的媳妇，更恼火："我老公需要补，难道我还不知道吗？！"

于是坚持要服药，药已经端到患者的嘴边。

173

喻嘉言急了，这可不是开玩笑的，可是自己说的话患者家属又不听，怎么办呢？

情急之下，喻嘉言想出一个令人哭笑不得的办法。

从此，历史上最可爱的医生诞生了。

喻嘉言一把拉过那位老医生。

老医生很不服："干吗？要动手？"

喻嘉言："动手干吗，不动手，但是，这个药一旦进入患者的口中，患者会有或生或死的变化（出生入死），实在是关系重大。"

老医生："那又怎么样？"

喻嘉言眼睛一瞪："怎么样？这样，我和你各立一个生死状（吾与丈各立担承），如果谁用药错了，人要是死了，要根据生死状来承担责任！"（倘至用药差误，责有所归）

这下屋子里的人全傻了，没见过这样的医生，好家伙，平生头一回！于是全都看着这二位，连患者都睁大了眼睛。

老医生尴尬地说："我，我治疗伤寒三十多年了，从来就不知道什么叫生死状！"（吾治伤寒三十余年，不知甚么承担）

喻嘉言笑了："您别怕，立一个吧，反正患者死了您也一起死。"

老医生腿都抖了："我不立！"

喻嘉言："立吧，您不是挺自信的吗？"

老医生已经开始准备跑了："说不立就不立！"

于是喻嘉言对患者家属说："他不敢立这个生死状，那我敢立，拿纸笔来！"

患者家属知道遇见高人了，忙拦着："别立了，我们听您的还不行吗？"

于是，喻嘉言就开了泻下的调胃承气汤（《伤寒论》中的方子，只有大黄、炙甘草、芒硝三味药，为和胃泻下之方），分量是五钱，煎成以后先喝了半碗，过了一会儿，又喝了半碗。

然后，就觉着这个患者的手脚开始暖和了，神智也开始清醒了。

这位老医生一看，人家诊断得对啊，于是就告辞："佩服，在下告辞。"

喻嘉言一把拉住人家："别走啊，学着点儿。"

您说这话它气不气人，于是老医生又硬着头皮站在那儿看。

把这付药都服用完以后，患者的情况突然发生了变化，开始浑身壮热（这实际是邪气有外透之机）。

大家又有些慌乱，都看着喻嘉言。

喻嘉言却笑了："没问题，这就是要好了。"

于是又开了大柴胡汤（《伤寒论》中的方子，用来治疗少阳阳明合病之证），结果是只服用了一剂，患者的病就痊愈了。

哇！真是高手啊，大家掌声一片。

这个时期，喻嘉言已经收了徒弟了。回到家里，徒弟忙疑惑地问他："老师，这明明是个夹色伤寒嘛，手脚都冷了，为什么您用泻下药却能够好呢？"

喻嘉言急了："谁教你这世界上有个夹色伤寒的？我教过你吗？"

学生低头："我自己看书看的。"（估计看的是非法小报）

喻嘉言："这世界上从来就没有什么夹色伤寒、阴证伤寒（那时候也管房劳后伤寒叫阴证伤寒，说治疗需要补阳），房劳以后患了伤寒，只不过比普通伤寒稍微重一点而已（其势不过比较重），没有什么大的区别，可是这些庸医用这个词吓唬人，然后用温热之药，不知道害死了多少人！"

下面，喻嘉言论述了近一千字，为了节省版面，我就不给大家重复了，有兴趣的朋友可以去书店买本《寓意草》自己欣赏一下。

最后，喻嘉言同志做了总结，他说："所以中医诊断学很重要，当你看到患者都脸上发暗，舌苔焦黑了（面黧舌黑），身上干枯得像柴火似的（身如枯柴），此时中医诊断学的知识告诉我们，这已经是一团邪火在体内燃烧着呢，阴液都快没了，还补什么阳（则阴以先尽，何阳可回耶）？所以这个时候要除去邪热，保存人体的津液，这样机体自己才能恢复生机啊，机体恢复生机，它自己就会把病邪往外排了。"

看来高手就是高手啊。不过，这才只是个开始，后面更加惊心动魄的治疗过程多着呢。

那么，在这个医案里到底喻嘉言用了什么绝招，能够一眼识破疾病的

喻嘉言

真相，从而摆脱像那个老医生那样误诊的命运呢？

告诉各位，人家喻嘉言使用了当时最先进的诊断手段，舌诊。

要知道这诊脉是有一定局限性的，虽然古代历来重视号脉，但是实际上谁都承认，这个脉象是"心中了了，指下难明"，也就是说很有点模糊性。在这种情况下，古代中医因为诊脉耽误事儿的多了去了，所以中医四诊望、闻、问、切，这个切脉放在最后，一定要其他的三诊都进行了，最后用脉诊来验证一下。

相比之下，这舌诊可就清楚多了，舌头一伸，您能直接看到，所以特直观。

但在元代才出现了第一部舌诊专著《敖氏伤寒金镜录》，是一位姓敖的医生写的。这位大侠到底是谁，现在已经不知道了，好多人都以为这是位蒙古族大夫，实际上"敖"姓是汉族最古老的姓氏之一。

现在我们只知道这本书当年没怎么流传，得到书的人都捂着盖着，自个儿在被窝儿里偷着学。后来这事儿被明朝太医院的院长薛立斋发现了，各位都看的什么书啊，开的方子这么灵验，拿来一看，好啊，原来你们是用舌诊来判断病情啊。这么好的技术，你们怎么能够自个儿藏着呢？应该公布给天下啊，于是就把《敖氏伤寒金镜录》贴在自己的书后面给发表了，这是明朝嘉靖年间的事情了。结果，这手绝活儿刚一推广，就被人家喻嘉言学来了，您没听他说吗？"面黧舌黑，身如枯柴"还用什么温阳啊，赶快泻火吧。因为这舌苔焦黑，是体内热盛的表现（现在有些吸烟的人除外），所以人家喻嘉言就没有犯错误。

看来只有掌握最新的技术，才能立于不败之地啊！

所以现在各位去看中医，医生都是一边手搭在您的脉上，一边告诉您："伸舌头，让我看一下。"

但是记住，去瞧中医前，千万别喝橘子水或者咖啡什么的，否则一伸舌头，那颜色能把大夫吓着，回头判断错了，那是您自己遭罪。

各位一定看出来了，这位喻嘉言是一个侠肝义胆、古道热肠之人，为了患者，他能够置自己的利益于不顾，所以经常会做出一些大家无法想象的非常之举，这些行为甭说在当时，就是现在也会让大家晕的。

◎ 天下有这么看病的医生吗

比如，又有一位叫刘泰来的兄弟病了，这位才三十二岁，长得白白胖胖的，很像个富裕的小资。

他是怎么得的病呢？原来此人在夏天出大汗的时候喜欢冲冷水澡，觉得特爽，还在风口那里睡觉，这样，体质就下降了，结果在秋天的时候被传染了疟疾，于是请了医生，医生倒是的确两下子，在发作了三五次后，用药就把疟疾给止住了（用药截住）。止是止住了，但这位患者又出现了新的症状，开始感觉胸腹胀得不得了（胀满日增），还没到半个月，再看这位，已经是肚子胀得老大，胸部也鼓鼓的，喘气特急，其中最大的问题是，大小便全都没了。

这可要命了，您想想，这大小便被堵住了它能好受得了吗？这位刘泰来兄弟此刻那是饮食不入，坐也没法儿坐，站也没法儿站，仰面躺着都不行，只能趴着，这病可就到了危急的关头。

怎么办啊？还是那句老话，请医生吧！

于是就把我们的喻嘉言同志请去了。

喻嘉言到患者家一看，已经有一个医生在那里，人家正在诊病呢，而且这家人对那个医生特重视。

那位医生是怎么判断的呢？他问："大小便不通，服用过泻下的药了吗？"

患者家属："服用过了，没有效果。"

"噢，原来这样。"那位医生点点头，然后很肯定地判断："那是药力不够，应该加大药量，现在一剂药用大黄二两，一次服下！"

那位刘泰来兄弟正憋得难受呢，一听用大黄二两，高兴极了："大哥，快点儿熬药吧，我都快憋死了！"（可速煎之）

家人听了吩咐，就有那种腿快的，立刻拿了钱，跑出去抓药去了。

这边喻嘉言刚诊完脉，一听就晕了，心想现在的医生怎么都胆子这么大？这不胡来吗？看清病情了吗？就大黄二两？！

心里这么想着，嘴上可就说话了。

要说这位喻嘉言同志真是位猛人，我们实在是没办法。您说话嘴上搂着点儿火啊，别总是看见庸医就冲人家开炮，人家庸医也是人不是？庸医也要混饭吃啊！

我们这么想，喻嘉言同志却不管这个。只见他一把拉过那个医生："来，我问你两个问题。"

医生还挺乐呢："想请教什么啊，说吧，我能告诉的都告诉你。"

喻嘉言："第一个，这个病叫什么名字？第二，你为什么这么有勇气，敢放开胆子杀人？"（此病何名，而敢放胆杀人）

得，您瞧有这么说话的吗？要是我在边上我立刻装作不认识喻嘉言同志——免得挨板砖。

当时那位医生的脸就绿了，气得嘴唇直哆嗦，话也说不利落了，硬着头皮说："我怎么不知道这是什么病？我怎么不知道？这是伤寒肠结，用了泻下药不通，需要加大量，只有用大泻一法，什，什么叫放胆杀人（何谓放胆）？我，我要告你诽谤！我，我要告！"一边说，一边还跳，虽然没有喻嘉言个子高。

喻嘉言针锋相对地回答："伤寒？世界上有不发热的伤寒吗？"

那个医生突然停止了跳动，张口结舌："啊？"一下矮了半截。

喻嘉言："伤寒发热，会导致体内津液丧失，才会大便干燥，那才可以使用下法。这个病完全是腹中之气散乱不收，是太阴脾经之虚，才会胀成这样，一虚一实，正是相反。这个时候如果使用猛药大黄，把脾胃之气给伤了，如不胀死，也会腹破！"

然后，又瞪大眼睛对那个医生说了句能把人气得上吊的话："你为什么不能留下人家一条性命，而必须要杀死人家才感到痛快呢？"（曷不留此一命，必欲杀之为快耶）

我实在是很佩服那位医生的定力，他居然没有被气得疯掉，要是换成我，早找板砖去了，好在人家是读书人，修养不错，还说出了一句莫名其妙的话作为回应。

这句话是这样的："吾见不到，姑已之。"这话就不给大家翻译了，因为估计那位老兄脑袋已经气昏了，自己也不知道说的是什么意思。

然后，他发现自己脆弱的神经已经完全被摧毁了，于是一溜烟儿跑出了屋子，对正在趴在门缝、窗户缝偷看的诸位患者家属说："这个人看的书多，嘴也溜，我说不过他，我走了！"（此人书多口溜，不能与争也）

然后狼狈地跑掉了。

喻嘉言微微一笑，一抬头，却突然发现患者的家属都怒目看着自己。

这帮家属不知道到底谁对谁错啊，心想：我们请来的医生就这么被你给轰走了，真是可恼啊！

有的家属就小声告诉别人："医生虽然被赶走了，但是药不是去买了吗？我们照样给喝那个大黄，然后回头再把那个医生给请回来。"

愚昧啊，还把庸医当成宝贝呢。

说来也巧，正在这个时候，那个买药的人正好回来了，拎着包药，刚进院子。

在所有人的注视下，我们的猛人喻嘉言同志又做出了一个让大家都瞠目结舌的举动。

只见他迅速地跑上去，一把抢过那个人手中的药，一下就给扔到旁边的水沟里去了（余从后追至，掷之沟中）。

写到这里，我那脆弱的神经也终于受不了啦，有这种医生吗？有这么干的吗？我自己愿意找庸医，我吃错了药我愿意，这还有人权吗？

您去问一百个医生一百个医生都不会这么干的：你不找我看，好啊，你爱找谁找谁，反正吃错了药别来找我就成。这应该是大家普遍的态度。

天底下只有一个人能够这么做，那就是喻嘉言。

因为在他的心里，什么都可以不顾，只有患者的生死是一定要管的。

但是患者家属不这么想啊，有性急的都跳起来了，患者的二弟已经开始撸袖子了，多亏旁边有人拦住。

患者自己也晕了，于是就问："他的这个药是不是合适，我们也不知道，但是你有什么办法来救我呢？"

喻嘉言让别人准备了纸笔，本着做学术论文的精神，在上面写了数十条为什么这是脾虚的原因（面辨数十条），然后在后面开出了方子：理中汤（《伤寒论》中用来温运脾阳的主方）。

您瞧瞧，这容易吗，为了把患者从庸医的手里拉出来，竟然要费这么多的心思！

患者看完了，也觉得很合理，但还是觉得不放心，就说："看您写的倒很清楚，不过这方子里人参、白术吃了不会更胀吗（古人有人参助胀之说，看来稍微懂点更糟糕）？不如这样吧，今天就先不服药了，等到明天看看动静再说？"

喻嘉言一听，这个气啊，好嘛，全都白讲了，嘴都讲干了。但还是按住心中火，对患者说："您现在这个情况，还说明天（何待明日）？您肚子里的真气慢慢地散去，到今天晚上，子丑那两个时辰，阴阳交替的时候（古人认为子时阴气开始衰落，一阳始生），一定会大汗淋漓，然后眩晕，恐怕就会出事啊！（难为力矣）"

都说到这个份儿上了，这患者自己还想辙呢，他说："要不这么办吧，我先准备好一剂药，等到半夜的时候，真的出现了您说的那种症状，我立刻喝，来得及吗？"（侍半夜果有此症，即刻服下何如）

喻嘉言差点没背过气去，瞧这患者都狡猾到什么份儿上了？可是又能有什么办法呢，只好说："您既然把我开的药看作比老虎还可怕（既畏吾药如虎），那就只好这么办了。"

然后，喻嘉言又说："我今天晚上就不走了，就在你的客厅里，给我一把椅子就行，我坐在这里等着，如果有什么危险，就喊我，我不会打扰你们的。"（坐待室中呼招，绝无动静）

大家一瞧，那你就爱怎么着就怎么着吧。

晚上，夜色深了，大厅里一片黑暗。

所有的人都散了，只有喻嘉言一个人孤零零地坐在那里。

秋天的凉意袭来，没有人给他送件衣服披上。

甚至连杯水都没有。

临睡觉前路过的仆人对他投以轻视的目光。

喻嘉言靠在墙边，疲惫地坐着。

写到这里，我实在看不下去了。

让我们上去劝劝他吧。

喻嘉言，你渴了吗？喝口水吧。

他摇头。

饿了吗？我这里有食物。

他摇头。

喻嘉言，你至于吗？

看你的性格，也是一条铮铮铁汉，怎么沦落到这种地步？！

你给人家看病，反而倒像是你在求人家。

你去救他的命，反而要遭受这种待遇！你至于吗？

像这种愚昧的笨蛋，就让他去死吧，死了都活该！你干吗如此委屈自己呢？！

你到底是为了什么？为了什么？！

黑暗中，喻嘉言慢慢地抬起头，轻声地回答道：因为，他是一条生命啊。

我晕，各位，我没法儿再劝他了，因为泪水已经把我的视线给模糊了，没办法啊，实在没法劝这个人，他心中想的、惦记的，和别人心中想的不一样啊。

不知道随着时间的推移，会不会有更多的人理解他？

第二天，天亮了，患者的儿子从内室走了出来，告诉喻嘉言说："昨天半夜，我父亲果然大汗眩晕，赶快把你开的药喝了，也没有大的效果，只是觉得困，就睡了一会儿，现在还是肚子胀。"

喻嘉言就随着他进入内室，给患者诊脉，患者看到喻嘉言，就说："服药以后，病势并没有增加，反而好像减少了一些，那就再服用一剂吧。"

这次，喻嘉言没有管他，直接把两剂药当一剂药一起给煎了，还把人参给加到了三钱（也不多啊，现在有人一开就几十克的）。这剂药服完以后，紧接着就又给准备了一剂，里面加上了点黄连。这剂药服完以后，患者就能起来了，他在家人的搀扶下来到客厅，说："真奇怪了，现在不那么胀了，看来不用大黄也可以啊（即不用大黄亦可耐），但是我连日没有吃东西，我觉得还是一定要用点大黄，稍微通一下大便，这样才能放心地吃下东西啊！"（必用大黄些些，略通大便，吾即放心进食矣）

喻嘉言差点把脑袋撞到墙上："就这么和你讨论，你居然还觉得这需要泻下啊？！告诉你，你尽管吃东西，明天我一剂药一定会让你泻下来！"（许以次日一剂立通大便）

喻嘉言

患者一听，高兴了，于是就喝了些粥。

患者的二弟也很高兴：一剂药就通？看来你也想用大黄了！

第二天，患者的家属们又都来了，客厅里挤满假装关心，实则来看热闹的人。

患者从里屋走出来，让喻嘉言开方。

喻嘉言说："现在患者大小便都不通，膀胱胀得很大（看看古人对人体解剖的认识），结果膀胱挤压住了大肠的通路，所以再怎么使劲也出不来，现在各位看我用药通膀胱之气，不去直接通大便，却让大便泻下。"

然后，开了一剂五苓散（《伤寒论》中方子，用来治疗太阳经腑同病之蓄水证），药熬好了后，给患者喝下。

这药才喝下（药才入喉），患者就开始大喊："马桶在哪里？！"

然后狂奔而去，据说泻了个痛快。（小便先出，大便随之）

大厅里的人都傻了，半天，才把张开的嘴闭上，连声称赞：看来这个医生真的是个好医生啊！

然后，这个患者的病就痊愈了。

各位发现了吧，这位喻嘉言同志的治疗水平那可真叫一个高啊。现在，问题又来了，大家同样都学的是《黄帝内经》《伤寒论》等书，为什么就只有人家学问高，别人都怎么了？凭什么只看见人家在那里挥洒自如了？剩下的一不留神，就学成了庸医了？（或者间或客串一把庸医）

这里面一定是有原因的，现在，让我来把这个谜团解开吧。

◎ 境界，什么是境界

忘了曾经在哪里看到的，美国发生的事：一个医学院毕业的新医生刚到岗位实习，看到抢救与死亡，心灵被震撼了，自己几乎无法控制自己了，退出急诊室的门外。一位老医生看到后，对他说了一段话，让我无法忘记，他说：这个世界上有两种医生，一种是不用感情的，只要机械操作就可以了，把患者当作一个和自己毫不相干的物体来处理，按照规章操作，这样自己就不会痛苦，这样也可以成为一个合格的好医生；另外一种医生是会动感情的，会觉得患者的痛苦就在自己的身上，然后努力去解决，这种医生会很痛苦的。两种医生都是好医生，现在需要你自己来选择你会做哪种医生。

我记得我当时就被他的话给震了，感情人家外国医生也思考这个问题啊。

是的，医生的确就分这么两种，前者会成为一个合格的好医生，我们需要大部分医生都来做这一种人，在这些人里面，会出现杰出的医生。

但是，这个世界上偏偏还有后一种医生，这种医生一生是在痛苦与欢乐交替的过程中度过的。他们在治疗的时候，不是用技术，而是用心，他们会因为一个问题没有解决而整夜思考，他们会因为患者的痛苦而自己都痛苦不堪。

这种医生里面，会出现伟大的医生。

如果要把喻嘉言给分类的话，那么，无疑他是属于后面那种用心来治疗的医生。

很多人感慨喻嘉言的治疗技术高超，但是没有人注意他这种高超的医术是怎么来的，让我们来看看吧。

在《寓意草》这本书的序言里，喻嘉言自己谈到这个问题，他说，"我对于医学并没有什么特殊的经验，只是从小到现在，凡是我治疗的疾病、我碰到的病患，我都要静下心来，全神贯注地思考，甚至感觉自己的呼吸都和病人一样，感觉我的身体和病人的身体都化成了一体，我的心也似乎变成了患者的心。患者的那种孤独、无助，那种痛苦、呻吟，都仿佛来到了我的身上。如果患者的病很快地好了，哪怕我的脑袋和骨髓扔掉了都不觉得可惜；如果患者的病没有好，我一定会殚精竭虑地思考，甚至患者的病没好，我的身体却先憔悴了。"

这段话的原文堪称经典，有兴趣的同学可以拿来《寓意草》拜读一下，绝对震撼人心。

他又说："不知道的人，都说我是看书看来的这些学问，实际上这些治疗的方法都在人的心里，岂能从纸上得来呢？"（不知者，谓昌乃从纸上得之，夫活法在人，岂纸上所能与耶）

原来如此，这就是秘诀，这就是登上医学至高境界的秘诀啊！

有了这种境界的医生，在给患者诊病的时候，会竭尽心思地思考，因而犯错误的机会也就很少。

我给大家举个例子，这个例子让我记忆深刻，我在给人看病的时候，会经常想起它。

有一位先生叫黄咫旭，他的老婆病了。

这种病很奇怪，叫膈气，什么症状呢？就是总是痰沫上涌，从胃里返出来，这位患者从患病开始二十来天了，简直是一点饭都吃不下去，大小便也不通了，乍一看上去，跟绝症关格差不多（关格，一种绝症，上边饮食无法进入，下边大小便无法排出，现代的食道癌、尿毒症等疾病可以参照）。

这对一个家庭来说是太可怕了，这么下去会死人的啊，怎么办？

不知道谁给出了个馊主意，请一位大夫来给判断一下告别的日期。（估计已经通知亲戚朋友做好准备了）

当地有一位姓施的医生，这位医生有一个绝活儿，那就是他只要一搭患者的脉，就知道这个病会不会死。

过去有这么一路医生，号称善断生死，一诊脉，就能知道这个患者会不会死，哪天死，什么时辰死。一般情形是这样的，他手一搭脉："这个患者，后天，冬至日，夜里子时一过必死。"家属哀求，您给治治吧？回答："不会。"您说气不气人？

于是就把这位神算施医生给请来了，施医生也不含糊，一搭脉，就很肯定地说："此人尺脉已绝，肾气全无，脉象已经没有根，告别的日子不远了。"（脉已离根，顷刻当坏）然后扬长而去。

好嘛，这还不如不说呢，这一下，家里更慌了，乱作一团。（估计个别手快的人已经开始研墨准备写挽联了）

怎么办？这才有人提出，去找喻嘉言吧，听说这个医生还可以。

此时，喻嘉言在家里正在接待来访的朋友呢，他们坐在院子里，望着萧萧落叶，忧心忡忡地议论着时局。

这个时候，大明王朝的统治已经摇摇欲坠，各地饥荒四起，老百姓是民不聊生，李自成和张献忠等农民起义军在各地的战役中正在以十万计数地歼灭明军。

从立场上讲，喻嘉言似乎倾向于明朝统治者，但是，实际上他更悲叹的是老百姓的命运。

我们看医书，总会以为医生是在和我们一样的太平环境里诊病的，他们所面对的只是一个个患者，可真实的情况是他们几乎没有这样的条件，就在喻嘉言撰写《寓意草》的这些年里，中原发生了多次大规模的旱灾、蝗灾，庄稼颗粒无收，甚至出现了父子相食的惨剧。

一阵冷风吹来，喻嘉言裹紧了衣服。

这时，来请喻嘉言的人到了，喻嘉言叹了口气，对朋友说："天下的事我们管不了啊，可是眼前的人却要救！我去去就回。"

到了患者家，诊脉后，喻嘉言倒是很奇怪："你们怎么都那么悲伤呢？这个患者没到死的份儿上啊。"

黄咫旭先生："得了，您就别安慰我们了，快说还能拖延多久吧？"

喻嘉言："什么拖延多久啊？这也就是个中焦气机壅塞，导致的上焦气机不降而已，各位看我治疗，一定会逐渐转好的。"

于是开了旋覆代赭汤加味（旋覆代赭汤，《伤寒论》中的方子，用来治疗胃虚痰阻，虚气上逆之证），但是，在开方子的时候，喻嘉言想，这个患者的尺脉察不到，如果她此时怀孕了，那我也判断不出来啊，应该把这个情况考虑在内啊，万一她此时有孕在身，我用了代赭石这种重坠之药，那恐怕胎儿就要留不住了。

您看看人家喻嘉言用的心思吧，为什么人家成了名医？人家绝对是用心去思考，照顾到了患者各个方面的情况，我每次看到这里由衷地生出钦佩之情，这就是大医手眼啊！

结果他就用赤石脂代替代赭石，用煨姜代替干姜，然后合上六君子汤（《妇人大全良方》中的方子，用来治疗脾胃气虚兼有痰饮之证），给患者喝下去了。

这药还真没白喝，下去以后，呕就开始平息了。

可是药稍微一见效，患者家属的劣根性就开始出来了。这位黄咫旭的父亲，也就是患者的老公公，看见药方里有人参，就在旁边嘟囔："这人参好贵啊，能治好吗？治不好就别治了。"（这位老公公心够狠的）

喻嘉言听了，正色道："您别害怕，一定能够治好，如果治不好，不但这人参钱我掏，我还愿意再赔您三十金，如果治好了，我分文不收可以

185

了吧？"（治此不愈，愿以三十金为罚，如愈，一文不取）

这位老公公算是碰到钉子上了，话说到这个份上，还有什么多说的啊？于是，喻嘉言得以全心地投入治疗，他亲自给患者熬药，三天后，患者的呕逆终于止住了，又过了三天，已经开始喝粥了。

但是，从患病到现在，大便可是几乎一个月没有通了。

跟上面的医案一样，大家都为了通大便而着急（各位千万别小瞧了这个大便啊）。

喻嘉言每次给患者诊脉，患者都特意嘱咐："给我加点通大便的药吧。"

喻嘉言耐心地解释："别着急，您的脾胃之气太虚了，等饮食积累得多了，自然会慢慢通的。"

患者和家人却不这么想，他们认为喻嘉言太不近人情了。他们哪里知道，喻嘉言是有顾忌的，因为此时如果用了当归、地黄等润肠通便的药，恐怕这些药性滞腻，会引起膈气的重新发作，如果用大黄等泻药，则如果患者有身孕的话，又会伤了胎儿。

在慎重的思考后，喻嘉言还是坚持让患者的大便自然通下。

于是他不管别人怎么催促，都坚持不给患者服用泻下之药。

又过了几天，结果正如喻嘉言所料，患者的大便自己就通下了。

再过了一个月，患者的肚子逐渐地大了起来，连患者自己都不知道，原来自己是怀孕了！

喻嘉言用缜密的思维，保护住了母子两人的平安，没有因为乱用药而伤害到胎儿。

医生的工作是平凡的，没有那些战场上横扫千军的大将军们威风，医生的职业素质体现在工作的每一个细节当中，只有那些用心关注每一个细节的人，才有可能成为真正救人的最优秀的医生。

这种对细节的关注，并不是来自于他们天生的性格。

而是来自，他们对众生的爱。

在这个时代里，老天爷给人世间带来了旱灾、蝗灾、水灾，让老百姓成千上万地死去。

统治者在胡乱地统治着，让人民遭受涂炭。

外族在蚕食着中原的土地，劫掠能够占领的土地。

起义军在和官军反复地激战，数以百万计的人在刀剑下悲惨地死去。

只有喻嘉言这样的医生，怀着一颗慈悲之心，一个生命一个生命地去抢救。

这是非常不成比例的，那边在成千上万地死去，这边却只能一个一个地救。

似乎救人的速度永远也赶不上杀戮的速度。

但是，这些医生却没有灰心，没有叹气，他们明知不可为而为之。

他们凭借着心中的信念，守护着人类生存的火种。

可是历史，却总是偏爱记录那些杀戮后的成功者。

而忽略了那些渺小的、默默地，却永不放弃地去救人的医生。

◎ 议病式的出现

喻嘉言在经历了那么多的与庸医打交道的过程后，也经常觉得纳闷，怎么这些人总是出错啊？诊病这可是人命关天的事情啊，您总是这样搁谁也受不了啊！

于是喻嘉言同志本着负责任的精神，开始仔细琢磨怎么帮这些人提高一下业务素质。

最后终于琢磨出来了。得，别人没法儿管，先拿自己的弟子开始吧。于是召集弟子们，开会！

各位弟子纷纷到场。

喻嘉言老师开始训话："各位出师以后，看病谁都别怕麻烦，别再像以前那样靠拍脑门决定：'就开这个药了！'然后就抬屁股走人。"

大家都莫名其妙地："那怎么办呢？"

"怎么办？"喻嘉言老师在小黑板上写了几个大字："要先议病后用药！"

大家你看看我，我看看你，都觉得奇怪："先议病？这可够新鲜的啊，什么意思呢？"

喻嘉言老师面对着学生一双双惊异的眼睛，开始解释："先议病，就

喻
嘉
言

187

是在诊完了脉以后，先别急着给人家开药，要先自己仔细思考，然后给人家把病讲清楚，这个病是什么原因得的，您的体质是什么样的，现在问题在哪儿，如何治疗，用的什么法，使的什么药，会达到什么效果。这些，都要先给人家讲清楚，然后再给人家下方子开药。经过这样仔细的思考，就会保证大家少走弯路。"

瞧人家喻嘉言想的，多仔细，现在大家评价，说喻嘉言的这种理念今天都不过时，不但不过时，还值得我们学习呢。

弟子们明白了，准备散会："好的老师，我们遵照执行。"

喻嘉言喊住大家："别急，还有呢！"

"还有什么？"

喻嘉言说了："这么做还不够完备，还要写下一个议病式。"

"天哪？什么叫议病式？"

您可千万别小瞧了这个议病式，喻嘉言的这个议病式一提出，可不得了啦！从此，中医历史上第一个完备的病历格式诞生了！

喻嘉言说："接诊一个患者，您要先写下接诊的年、月、日、地点，还要记录患者的年龄、体形（连胖瘦都要记录，还有个子的高矮）、肤色、皮肤的枯燥或者润泽、说话声音的清浊、说话声音的长短、情绪如何、什么时候发病的、服用药物的历史、以前服药的效果、病情白天重还是晚上重、身上寒热如何、饮食如何、大小便如何等。"

顺便插上一句，这个病历的格式在今天都绝对不过时（当然，除了里面没有西医的内容），而且其中有些内容甚至比今天的更加完善。比如，关于患者说话声音状态的，一般情况下今天就不记录了，但是实际上这个闻诊（是用耳朵听的，不是用鼻子的那个闻）在古代是非常重视的。现代研究认为，说话的声音的确是诊断的一个重要信息来源。澳门大学就研究出来一个声音诊断仪，录下声音后经过分析，居然和我们用其他方法诊断得到的结论几乎相同，这个仪器我参观过，当时令我感慨万千。

"这回内容可真够多的了！"弟子们纷纷想。

喻嘉言老师用粉笔头打醒了一个有点走神的弟子，然后很耐心地告诉大家："别急，还不够！"

"啊？"

"你为什么要写下接诊的年份啊，为的是你要了解患者患病那年的天干地支，所以要标注上该年的运气（别误会，不是我们说的好运气的运气，而是古人创造的一种天体运行导致的气候大格局变化的理论）。为什么要写下月份啊？那是要记录春夏秋冬四季对患者发病的影响，这也要写下来。为什么要写下接诊的地点啊？那是要考虑到地理情况对患者疾病的影响，要记录下来……"喻嘉言老师规定的那叫一个多啊，我就不给您细说了，以下省略若干行。

弟子们心想：如此详细，这回总该可以了吧？

喻嘉言老师脸一板："告诉你们，这还不够！"

弟子们都晕了："我的天啊？还有什么？"

喻嘉言规定道："你们在开方子之前还要写下用的是什么方子，根据什么组方的，方子中的药都是什么性味的，要用来做什么，什么时候能够见效，什么时候能够痊愈，都要事先写下来。"

最后，喻嘉言老师望着同学们惊愕的眼睛，做了训话："要想成为一个合格的医生，一定要按照这个规定来执行，否则就会耽误患者，你自己也会成为你们最痛恨的庸医！好了，散会！"

多亏当时政府工作一团糟，否则如果真的按照喻嘉言的这个格式来要求医生了，那就坏了，可以想见，一半的医生该立马关门，回家赶快报名网络继续教育学院，重新学习去了，因为没点儿水平根本就写不出来那么多的分析。

应该说，现在也可能做不到这些了，很多医生会说如果写这么多内容，那我们一天就甭看病了，光在那填表了，现在有的医生一上午要看几十个患者，平均十来分钟一个，根本就没有时间来问这些内容。

但是，我们却不能不知道这些内容，如果有一天，中医的诊疗环境改善了，诊室外面有像国外的诊所那种专门接诊的人员了，那就可以让接诊人员先把这些内容填上了，留下最关键的内容，进去由医生自己填。

另外，比如服我的药什么时间见效，见到什么效果，这个现在医生一般都不说了，怕没达到效果人家跟你打官司，可是古代好的医生是一定要说的，人家手下有谱儿，甚至有的情况下把这个作为衡量医生水平的标准。

喻嘉言

这些标准，虽然在当时无法全部推广，但是喻嘉言要求自己的学生们都要这么做，而且把这个规定写进了《寓意草》的开篇，作为规范。

◎ 一片痴心对患者

写到这里，相信大家已经清楚了喻嘉言是一个什么样的人了，他是个性情中人，对待患者满腔热忱，对待技术不好的医生很不客气，也正是由于这样，估计他当时也得罪了不少人。

这个内容在文献里并没有记载，但是明摆着的，他那种不给人家留面子的行为方式一定会让很多人怀恨在心的，这些人在患者背后不定都说什么呢！

由于他此时还没有真正地悟道，结果是喻嘉言在这方面吃了很多的亏。在若干年以后，当他懂得了真正的医道的时候，他才成为了一位真正的大家。此时，他不过是一个心怀慈悲、技术高超的医生而已。

真正的大家，不但自己境界高远，水平高超，还能让周围的人都受到感染，并能够把学问传播下去。

此时的喻嘉言，由于自己性格等原因，不但不能感染别人，往往还会到处受阻。

比如，有这么一位刘筱枝老爷子，有点儿钱，但是有句话说叫男人有钱就学坏，搁古代也这样，这位老爷子都七十多岁了，还找女孩子，非常英勇地坚持频繁的性生活，用喻嘉言的话说是"御女不辍"。这么长此以往，身体可就没那么健康了。夏天的一日，身体感觉不大舒服，就请了个医生，结果这个医生判断是伤暑，于是就开了一些清暑的药，有香薷、黄柏、石膏、知母、滑石、车前、木通，估计量也不少，结果药服下去以后，立刻就感到体力不支，倒在了床上。

当第二天把喻嘉言请来的时候，喻嘉言一看，这位刘老爷子身上、脖子都僵硬了，舌头也硬了，嗓子也哑了，喻嘉言判断，已经属于病危状态了。

喻嘉言说："这个绝对是服错了药导致的，但是只隔了一天，还可以挽回，现在我开方子，马上服用，一定能把他救回来！"

于是开了附子、干姜、人参、白术各五钱，甘草三钱，让他们去买，结果是这几个儿子反而犹豫不决，小声嘀咕："这药能行吗？"

喻嘉言一看，等你们几个决定了，这位刘老爷子就该西天报到去了，于是就自己去掏钱买药，然后自己亲自把药熬好（余忙取药自煎）。

每次看到这儿我都感慨，这帮人怎么就不知道自己身在福中呢？现在我们要是碰到一位这样的医生该多好！

结果那几个笨蛋儿子还是犹豫不决，最后商量先喝这个药的四分之一，看看效果怎么样。（这个方子的四分之一，量已经非常小了）

喻嘉言没有办法，只好答应。可是还没等喻嘉言往里送药呢，前面那个医生又来了。

我始终很奇怪那个医生到底是使了什么法术，让这家人这么相信他，他在进入内室以后，在里面耽搁了很久，就是反复阻拦不让服用喻嘉言这个药。

喻嘉言这个时候就又控制不住自己了，进去当面痛斥了那个医生（余面辱其医），估计是发了很大的脾气，然后亲自监督，让患者服用那四分之一的汤药。

药服下去以后，没多久，这位刘老爷子就大呕一声，然后醒了，而且还能说话，只是声音发颤，喊了诸位笨蛋儿子的乳名，还说"适才见州官回"。

别人问："认识这个医生是谁吗？"

刘老爷子回答："江西喻。"（可见他以前就认识喻嘉言）

说完，还知道抬手给喻嘉言作了个揖。（遂抬手一拱）

然后又说："门缝有风来，塞塞。"

喻嘉言一看机不可失，一会儿这帮人不定又怎么想了呢，于是赶快拿来了剩下的四分之三的药，想给老头喝下去。

这个时候，刘老爷子的这帮亲戚就开始劝喻嘉言回去，还准备了轿子，让喻嘉言马上就回去休息吧。

喻嘉言说："让我把药给他喝了吧！"

大家说："不急，您先回去，或者明天我们再去请您，成吗？"

喻嘉言后来分析道："其意中必惧吾之面折医辈耳。"也就是说怕喻嘉言再继续骂其他的医生。

结果喻嘉言没有办法，只好被人家给劝走了。

第二天当然没有人来请他。

又过了一天，听说刘老爷子在服用了别的医生的药后，嗓子又哑了，神智也昏聩了，然后当天就死了。

喻嘉言在听说这个消息的时候，悲愤不已，明明是可以救活的人，自己却偏偏失去了救人的机会，难道世上的人真的不知好歹吗？

整个一个晚上，喻嘉言都在叹气中度过。

这么看来，喻嘉言这个人性格太直爽了，该圆滑点儿的时候他却无法忍耐，用现在的话来说，就是太不会包装自己了，结果有时好心反而让别人无法接受。

从《寓意草》中来看，虽然他这一时期治疗好了不少病证，但是，像上面那个事情不被人理解的情况也很多。

◎ 心，彻底地凉了

当时还有一个国家干部姓顾，他的两个儿子种水痘，那个时期水痘疫苗的灭活情况不是很理想，所以这是有风险的。

其中一位顾公子的水痘先出，请了位医生来看，这位医生一看，这水痘长得很漂亮，"明润可爱"，就立马开始逢迎这位顾干部，这位的嘴那叫一个甜，说这是"状元痘"，吉利，真够会说话的，可这医生要是跟马屁精画等号，各位知道就一定要坏事了。

喻嘉言一看，什么状元痘啊？这不是分明有毒气要往外发吗？这时千万不要用痘科套方，那一定会危险啊，他可不会什么溜须拍马，于是就直言对顾干部说这是个危证，要服自己的药。

估计是顾干部被那位捧晕了，毫不为喻嘉言的话所动，没理喻嘉言，然后就出门，和其他干部一起，到街上去挨家普查受灾情况去了（挨户查赈饥民）。

这要是一般医生也就算了，可是喻嘉言却没有放弃，他又跑到顾干部的亲戚家，向人家游说，劝人家上街去找顾干部。那位亲戚一听，是吗？

有这事儿？于是就真的上街找顾干部去了。

这边喻嘉言回到家也没闲着，自己又动笔写了一封信给顾干部，这封信写得是"其辞激切，不避嫌疑"，估计是该用的狠词都用上了。

傍晚，一个顾干部家的仆人带来了一封信，这位仆人把信往桌子上一扔，"忿忿而去"，估计是心想：这个医生太麻烦了，害我跑这么远的腿。

喻嘉言打开信，原来是顾干部让他开方，于是他就开了个方子，让自己的书童送去。

书童很不情愿，就跟喻嘉言说："你一天之内，跑到人家顾干部的家里三四次，人家不待见你，你自己不觉得羞辱吗？"（是自忘其耻辱矣）

喻嘉言长叹一口气，说："我岂是不自爱的人啊（余岂不自爱），可是如果有能救活人的机会，我怎么能不去争取呢？"

于是就不用书童去（估计是使唤不动那位自爱的书童了），他自己亲自跑去顾府。

结果到那里，夜已经晚了，大门都关了，他只好把信给了看门人，让明天早晨送进。

然后自己摸黑，走了五六里地，返回了住处。（余暗地独行，行返六里）

第二天又托那位亲戚劝说顾干部，结果得到的回答是："既然是状元痘，就不用那么麻烦地治疗了。"（既是状元痘，何必服药耶？）

此后喻嘉言几次想去这位顾干部家，都没有成功。

过了几天，喻嘉言早晨起来正在院子里洗脸。

那天天气还不错，早起的鸟儿到处在鸣唱。

晨光从树梢斜斜射下，带着橙色，布满了院落。

有个朋友进来，告诉了喻嘉言一个最新的消息：顾干部家的两个公子，在服用了那个医生的药后，都死了。

喻嘉言瞬间觉得天地暗了下来，鸟儿的鸣唱也变成了聒噪。

他用擦脸巾遮住脸，怕让人看见流下的泪水。

为什么？为什么我的一片良苦用心会被人拒绝？为什么奸佞的小人却会被信任？！

喻嘉言痛苦地思考，可是却无法得出答案。

类似的事情不断地发生，让喻嘉言真正地陷入了痛苦之中。

他在寻求着解决之道。

到底是哪里出了问题？是患者，还是自己？

这些痛苦的问题一直缠绕着他，让他夜不成寐。

他的思想，正在力求进入更高的境界，但是，此刻还没有找到机会。

在这个时期，喻嘉言有时会长时间地站在城边的高地上，有时会木然地在繁华的街市上漫无目的地行走，有时会写着东西，却莫名其妙地停下了笔。

他在苦苦地思索，什么，是真正的医道？

◎ 青灯古寺中的顿悟

这个时候，就是在《寓意草》出版以后，世界已经发生了天翻地覆的变化。

公元 1644 年正月（即《寓意草》出版的第二年），李自成发兵东征，在三月份就攻破北京，崇祯皇帝自杀，大明王朝宣布灭亡。

就在当年四月，清军入关，攻陷北京，十月顺治登基。

然后清军挥师南下，就在公元 1645 年，先是在四月，清兵对扬州进行了十天的屠城，杀死居民数十万，史称"扬州十日"；八月，对江阴进行了三日屠城，杀死居民十七万；七月至八月，清兵对嘉定进行了三次屠城，杀死居民二十万，史称"嘉定三屠"。

也就是在当年，清军攻破了江西豫章（现在的南昌）。

就在疯狂地镇压各地反抗的同时，清政府命令全民剃头。

当时的老百姓很不情愿自己被搞成这种造型。

但是清政府推广这种时尚的决心很大，他们的推广方案是：你不剃这种发型，就剃你整个的头，你剃这种发型，就留着你的头。

这是一种你没法儿拒绝的推广方案，广告费用很低，贴几张告示即可，但广告回报率却几乎是百分之百，所以，几乎大部分人很快就都变成了愣头青。

但是，还有一少部分人躲过了这一次声势浩大的发型浪潮。

他们也剃头了，但是，采取的却是另外一种方式。

豫章城南，百福寺。

香火缭绕，钟声悠扬。

这天，来了一位汉人。

他向主持法师提出要出家。

这个人就是喻嘉言。

此时的喻嘉言，几乎是万念俱灰，他对政府的失望，对老百姓遭受苦难的悲愤，对自己行医思想的无法执行，都把他逼上了无法解脱的地步。这些内容文献中没有记载，但是我们从种种迹象中却可以分析出来，他在晚年写的《会讲温证语录辞》中说他自己"余中岁弃家逃禅"，这个"逃"字就透露了他当时的心境。

虽然文献没有记载，但是我现在把这个事情揭示出来，是希望大家了解，人生总是要经过从痛苦，到蜕变，最后升华这样的阶段的。无论你是谁，即便像喻嘉言这样的高手，也是在中年以后才有此历练的。

另外一个喻嘉言进入佛门的原因，可能和当时顺治皇帝征召他进京有关。

顺治皇帝入主中原后，马上下令各地把有名望的人才上报，然后征召一些人进京，授予官职，这其中就包括喻嘉言，但是对当时的知识分子来说，这实在是一个两难的选择。

因此，出家也是一个很好的拒绝方式。

其实主持又何尝不知道喻嘉言是何许人也？

于是，他大开方便之门，不但收了喻嘉言进入佛门，还允许他可以自己攻读医书。

这样在清静的佛门中，喻嘉言得以重新思考自己的人生道路，思考自己的方向。

至此，喻嘉言的人生历程进入了一个修整阶段，他将在这里脱胎换骨，最终达到更高的精神境界，成为一代大师。

并且，获得真正的医道。

青灯古寺。

在诵经的声音中，喻嘉言的心思开始安静了下来。

他在学习佛学思想的过程中，开始参悟世间的道理。

他为了让自己能够终生修炼，喻嘉言采取了众多苦行方式中的一种，他自己说是"不倒睡卧"，佛家的术语是"不倒单"，就是在睡觉的时候不躺下睡觉，而是打坐。从此他坚持这个苦行方式一直到去世，也就是说，从此以后，每天晚上喻嘉言都是坐着睡觉的。

各位千万别跟他学，这种修炼方式是有技巧的，普通人这么做是会吐血的。

佛学是一门大慈悲的学问。

当年释迦牟尼曾经感慨，人世间为何有如此多的痛苦，如何才能解脱？

于是历经艰辛，创造了佛教。

千百年来，它不知使多少人的心境得以平静，使多少人忘记了暂时的痛苦。

我在没有读《金刚经》以前，以为这是讲如何刚强的经典，因为它的名字太强大了，等到读了，才知道它只是在告诉世人，这个世界的一切都可能是空的，也可能是不空的，不要太在意了。为什么呢？比如我手中的电脑，它现在不是空的，但是过五亿年以后，它只是一些分子或者原子了，它可能早已被组成其他的事物了，可能其中的部分原子进入了一个人体，又成为一个人的部分了。所以，这个电脑只是暂时叫它的名字为电脑，从某种程度上，它又不是电脑，它是一些物质暂时聚合而成的一个现象而已。

所以，《金刚经》告诉你别太执着于现在的一些事情了，比如愤怒，那绝对是假象，转眼就会消失的。有了这种意念，那么就没有人能够摧毁你了，连金刚都不能（的确不能，因为金刚自己也是虚幻，它在高热下就会变成二氧化碳的），因为你自己已经把自己放下了。

因此，佛学思想中，讲究一切都要在心中把它放下，当你在自己的心中有所改变的时候，你再看外面的世界，它也会改变的。

心里总是有疙瘩的朋友可以仔细想想这个事情。

落叶从附近高大的树上飘下，在寺院宽阔的院子里被风吹来吹去。

喻嘉言穿着僧衣，站在院子里，深深地沉思着。

一些信众在香炉前膜拜着佛祖。

香火缭绕，青烟袅袅。

突然，仿佛是灵光一闪，一些百思不得其解的事情开始变得清晰起来。

喻嘉言逐渐明白了，原来，治人要先治心啊！

一个人的心如果没有端正，那么你可能都没有机会给他治疗，或者即使暂时治疗好了，可是由于他的心仍然有问题，那么这个疾病也会再次出现的。

比如，一个人容易愤怒，并因此而患病，你可能用药暂时给他调理好了，但是他仍经常愤怒，那么过几天他就会旧病复发的。这个时候，真正的高手，会用药与治心同时进行，这样才能在康复了以后不再复发。

因此，要治病与治心同时进行，这才是更高的境界啊！

下雪了，江西的雪是很难得的，薄薄的一层，洁白晶莹。

经堂里，主持在给众信徒讲经。

这些本来是各阶层的百姓，思想杂乱不一，但是在听到了这种讲述如何"放下"的理论以后，竟然慢慢地开始变得平和了，遇到事情也不那么在意了。

喻嘉言从他们一张张平静的脸上，看到了内心改变的力量。

原来是这样的啊，原来道理是要这么讲的啊！

你没有机会把道理这样讲，大家当然不知道，在他们患了病的时候，人的心是慌乱的，当然就更无法像平时那样做出最好的选择，你不能责怪病人和家属啊，只能责怪自己没有像这样把道理讲给人家听！

而佛教就是在这样的讲经过程中，把平静的心态传递给了一个又一个的世人。

医学的道理为什么不能这样讲呢？

喻嘉言的心中开始豁然开朗起来。

其实，喻嘉言本来就已经是个高人了，他有高超的医术，有慈悲的心肠，只是这两者没有找到一个合适的组合形式，他需要一个思想境界上的平台，将这两种东西承载起来。现在，这个平台终于找到了，他终于获得了境界上的提升，从此，一位真正意义上的大师诞生了！

喻嘉言

◎ 一个叫钱谦益的朋友

几年以后，喻嘉言蓄发下山，重新走进了世间。

从此，一个崭新的喻嘉言进入了人们的视线，他也开始了自己人生的新阶段！

在喻嘉言下山后，先是到了江西的靖安县行医，因为此时他的家里已经没有什么人了，喻嘉言自己也一辈子没有结婚，他只有一个姐姐嫁到了靖安县一户姓舒的人家，于是喻嘉言就来到了姐姐住的地方。

此时的喻嘉言已经达到了医学的至高境界，不再像以前那样浮躁，而是强调治病与调心并重，因此获得了极佳的治疗效果。《靖安县志》中有一个很生动的细节记载了当时的盛况，它说喻嘉言家"户外之履常满焉"，也就是说门外摆满了进屋的患者和家属的鞋，估计蔚为壮观。

这种治病与治心的方法现在我们已经不大讲了，或者把一部分活儿干脆推给心理医生了，现在您在看病的时候如果见哪个医生给您瞧完病，还跟您推荐佛教思想，估计您的心里会犯嘀咕的。

但是日本人学去了，我曾经碰到过一个日本体检医院的院长，他说在日本，除了正常的体检外，还会根据心理学量表来分析这个人的性格。如果是过分关注于工作，压力太大的人，就给他推荐佛家思想；如果是很消积的人，就推荐给他儒家思想；如果是杂乱无章，对自己的身体很不在意的人，就给他推荐道家思想。这样下来，各得其所，取得了很好的效果。

多说一句，由于这些体检工作做得好，日本近些年在医疗经费投入下降的情况下，重大疾病的发病率与死亡率却也在不断下降，这和我们国家正好相反（我们国家似乎有点失控了）。所以有个网友说，日本的医生到中国吓了一跳，这么严重的病在日本早就不存在了！原因是在萌芽阶段就消除了。

在靖安行医若干年后，喻嘉言接到了来自常熟的一个当时著名人物的邀请，这位著名人物就是钱谦益。

钱谦益是何许人也？

此人还不得不讲，因为后来他与喻嘉言的关系太密切了。

这位老兄是个大才子，万历三十八年（1610）进士，曾经官至礼部尚书，明末的时候是东林党人的首领，当时东南称为"文宗"。此人前期深得众望，但行事亦常离经叛道，曾经做过的最不靠谱的一件事情是，在近六十岁高龄的时候，迎娶了当时秦淮名妓中的头牌柳如是做夫人。显然这位柳如是非常的出名，连我手中的电脑在打"钱谦益"的时候都要重新组词，而打"柳如是"则顺利出现，可见她影响之大。据说她不但容貌出众，而且琴棋书画样样精通，尤其是词填得那叫一个好，在挂牌出台的时候超红，许多大家公子都争相预订。至于她为什么要嫁给一个老头子谁也搞不清楚。

当时许多学人都觉得钱谦益娶一个妓女做正房，太给读书人丢脸，尤其过分的是，在娶亲的时候还弄了一条漂亮的大船，招摇之极，搞得两岸的读书人纷纷向河里扔板砖。

但是清兵来的时候，情况却变了。柳如是天天劝钱谦益以身殉国。

钱谦益很尴尬：怎么碰上这么个夫人，真是有苦难言啊，但也只好故意做出大男子汉的样子。

于是有一天，两人盛装划船来到湖中，准备很严肃地投湖殉国，结果历史上最搞笑的场景出现了，只见钱谦益用手在水中探了探，说了一句千古名言："这水太冷了，怎么跳啊。"于是就不愿意跳了，倒是这位柳如是，一个猛子就扎进了水里，好在立刻有人把她救了上来，没死成。

清兵来了，钱谦益就投降了，文献记载他还献了许多古玩给清朝将领。

柳如是估计是感觉很不爽。然后清政府让钱谦益到京城去做官，柳如是穿着一身白衣服送行。钱谦益到了京城，被清政府给耍了，只给了他一个极小的官职，于是他又很失意地回到了常熟。

他请喻嘉言到常熟应该就是在这个时候。喻嘉言到了常熟不久，这位老兄还真的出事了，而且患的还是一种莫名其妙的疾病。

起因是这位老兄受人家邀请去喝酒，结果喝完以后，在回来的路上，轿夫在路过迎恩桥的时候一个不小心，把这位学究从轿子上给颠出来了，跌到了地上，结果起来后患了一种奇怪的病，就是躺着还可以，只要一站着，眼睛就向上翻，同时头往地上扎。

这病把柳如是给吓坏了，请来诸位医生，这些医生一看，都不知道这

喻嘉言

是什么病。

于是赶紧去找喻嘉言，此时喻嘉言到外郡去给人瞧病去了，听说后赶紧走了几天的路才返回来。

此时的喻嘉言治病已是信手拈来，他用了一个很奇怪的方法治疗这个病。

他看到这个症状后，就很有把握地说："没问题，很容易就可以治愈。"

啊？大家都不相信。

喻嘉言说了，要是治疗，我一个人可不行，需要八个身强力壮的轿夫，于是从府中选来八个人，然后喻嘉言让备酒菜，给这些人大吃一顿。

柳如是都晕了，心想这都哪儿跟哪儿啊？找这帮人狂吃，跟治病有什么关系啊？

可既然这位喻嘉言先生是老公请来的，遵照执行吧。

等这八位吃饱了，喝足了，喻嘉言让他们分别站在院子的四个角落那里。

大家都目瞪口呆，不知道喻嘉言要干什么。

喻嘉言让其中的两个人架着钱谦益的胳膊，从院子的一个角跑到另一个角，然后接力，另外两个壮汉架过去，接着跑，又到另一个角落。

喻嘉言在旁边不断地催促：快！加快！

柳如是差点没晕过去：天哪，这是运动会啊！这是奥林匹克啊！这跟治病有关系吗？

再看那位钱谦益老兄，也是痛苦不堪，直喊停，可是喻嘉言告诉大家：继续！

于是就这么一圈又一圈地跑着，钱府上下都很兴奋，纷纷前来观看这场表演赛。

轿夫们在喻嘉言的敦促下，越跑越快。

最后，喻嘉言终于下达了命令：停！

轿夫们都累晕了，钱谦益也很愤怒地走过来：兄弟你也太不够意思了，这不是让我当众出丑吗！

然后他发现大家都瞪着自己，怎么了？我有什么好看的？

大家都用手指他的眼睛。

钱谦益这才注意到，咦？我的眼睛怎么不向上翻了？也不栽倒了？

高人啊！这是什么治疗方法啊！

从此钱谦益对喻嘉言终生服膺，称他为"圣医"，直到喻嘉言去世后，还把喻嘉言当作神仙给供奉起来。

这些在场的医生也极其好奇，在上前祝贺的同时，也顺便问问，这到底为什么啊？

喻嘉言的解释是：在跌倒的时候肝脏的叶片折叠了，现在给"抖擞经络"，同时把肝叶给抖搂开，令木气调达就可以了。

这个解释现在看上去当然很费解了，但是古代确实有很多这样的解释。

其实，这是蒙古族医生的一种治疗方法。在蒙古部落中，经常有骑马从马上跌下的情况，他们的医生总结出了一种奇怪但有效的方法，这种治疗方法是，众人骑马将患者在各个人之间来回地抛（别再掉下去就行了），然后这个患者就会好的。

在清朝，清宫太医院里的外科都是蒙古族医生来操作的，因此在清宫里就有这样的记载。这说明此种治疗方法非但不是虚构，而且还很有效果，只是现在因为机理不明，大家不大敢用罢了。

从此以后，喻嘉言就经常出入钱谦益家，而且还自己盖了房子，在常熟居住了下来。

这里面有一个谜团，那就是喻嘉言在江西姐姐家住得好好的，为什么这位钱谦益一招呼，他就来到了常熟，而且还在这里居住直到去世，这个常熟有什么吸引他的呢？

◎ 开门办学

原来喻嘉言这样做，是为了完成一件事情：传播医学理论。

喻嘉言在寺院的修行中已经悟到，不能像以前那样自己一个人埋头看病了，医学的道理必须讲出来，让其他的医生知道，让老百姓知道，就像佛教的传法一样，要加大传播的力量，让所有的人水平同时提高，这才是

喻嘉言

正道。

用喻嘉言自己的话说，那就是，"执方以疗人，功在一时"，"著书以教人，功在万里"。

但是，如果要做这样的事情，在江西是不大适合的，因为当年江西的信息还是比较闭塞的，而常熟一带文化基础比较好，而且有钱谦益这样的大文人给打好了人脉基础，相信做起事来会容易得多。

因此喻嘉言选择了来到常熟开始他的新事业。

他的新事业就是，开门办学，广招门徒。

这在当时可绝对是一件新鲜事儿，为什么呢？因为中医传授知识，历来都是一个师父带那么几个徒弟，也不正经地讲什么课，就是给你几本书，让你晚上背，然后白天跟师父出诊，碰上愿意讲的师父还能问问，师父给指点几句，碰上那不爱说话的师父，人家都不愿意搭理你，这边瞧着病呢，您问师父："师父，您这里为什么要用熟地啊？"师父头都不抬地回答："自己琢磨！"您说，这能学到多少东西啊？所以，经常是跟了师父几年了，心里还一片茫然呢。

喻嘉言现在可不这么想了，他希望的是，所有的人都懂得医学的道理才好呢，在生命面前，有什么可保守的啊？有什么可保密的啊？

于是，他采取了佛教讲经的方式，让很多学生坐在下面，他在上面弄一个讲台，自己在讲台前面讲（不知道当年有没有黑板），然后用自己写的书做教材，学生们一边听讲一边记笔记，同时还可以提问（好多提问的内容现在都可以看到），然后喻嘉言回答（现在课堂上提问，老师回答的情况都少见）。

天哪，这不就是现在医学院上课的方式吗？

是的，各位记住，现在公认喻嘉言是中医界第一个采用课堂式教学的人，也就是说，喻嘉言老师办的中医学校是中国历史上第一所中医学院。

要说现在的中医药大学的教学模式和佛教的讲经有什么联系，您可能不大相信，但是从源头上来说，还真是这么回事儿。

喻嘉言老师当时在学校里被称为"上堂师"，估计和现在称呼的教授差不多。从文献上来看，他显然还请了当时一些其他名家来给讲课，这叫"会讲"，比如在《尚论后篇》的"上堂师嘉言老人第三会语录"中，喻嘉言提到"诸公会讲，大举温证，以建当世赤帜"，可见当时他举办了一些规模不明的温病学术思想研讨会给学生们听（后世的温病学说的形成，就是在喻嘉言的影响下开始的，这个我们后面会说到），而且这种学术会议好像还不止开了一届，似乎是经常举行。

您该吃惊了，这位喻嘉言搞出了中医第一个完善的病历模式，又办了中医第一个学习的课堂，又搞了中医的第一届学术研讨会（这个历史上应该记录一下，意义重大，现在整天开研讨会的朋友应该感谢人家），又给后世的温病学说的形成开了个头，这位喻嘉言教授很不简单啊！

没错，这些内容里面搞出任何一个都可以说是对中医有很大的贡献了，可这位高人喻教授一下子搞出了若干个，这可不是一般的猛啊。

显然，当时的课堂气氛是非常活跃的，同学们经常提问，就一些有争议的问题展开讨论，创造了良好的学习氛围。现在的《尚论后篇》这本书里就记载了一位从杭州来的叫"程云来"的同学的提问，他就《伤寒论》中自己搞不懂的十六个问题进行了提问，然后喻嘉言教授很认真地回答了这些问题。

尤为可贵的是，在这些回答的最后，喻嘉言教授对这个同学居然看出王叔和同志的错误而大加赞赏（王叔和，西晋医学家，整理了张仲景的《伤寒杂病论》，喻嘉言教授对他很有意见，认为他整理得不好），喻教授认为该同学"具过人之识矣"，然后用了一个非常夸张的句子"敬服！"来结束了这次回答。

"敬服！"这是老师对学生说的话吗？您见过现在哪位教授在听说您有什么创见的时候说过"尊敬而又佩服"吗？喻嘉言教授的这个行为只能说明一件事情，那就是，他已经不是以前那个一跳三尺高，压不住火头的意气用事之人了，现在的他，已经是一位胸襟开阔，境界高远的大师了。在这种大师的眼里，没有谁会超过我，我会嫉妒谁这种问题，他们想的只是如何让所有的人都尽快地提升到这个高度，尽快地拥有和他一样的学识。

这一点我深有感触，真正的大师，都谦虚而又和蔼，他们会把自己的心得毫无保留地告诉你，他们想的是如何使学问传承下去，如何使各位都变成大师，这和一般那种小专家捂着盖着自己那点经验方有着天地之别。

◎ 温病思想的萌芽

在这种活跃的学术气氛下，新的思潮不断涌现，当然，主要的贡献者还是我们的喻嘉言教授。喻教授本来就对《伤寒论》有着很深入的研究，我们在讲述《寓意草》中的医案时就发现，他使用的方药主要是仲景方，从某种程度上来说，喻嘉言可以算作是经方大家了。

但是，他在对当时王叔和整理的《伤寒论》版本进行研究时，却发现了一些编次上的问题，这个问题较喻嘉言稍微早一点的医家方有执已经提出来了。喻嘉言也持这种观点，他认为《伤寒论》原来不是这个样子的，原来的竹简已经都散乱了，王叔和在把这些散乱的竹简整理到一起时，好多地方给排错了（这让人冷汗直冒），应该按照仲景方子中显示出的法则，把这些错简再给排列一下，这就是《伤寒论》研究史上著名的"错简派"。此派影响甚大，后世的许多医家都是按照这个思路来研究《伤寒论》的。

为了更好地给同学们讲述这个理论，喻嘉言教授把这个思想整理了一下，写成了两本书，《尚论篇》四卷、《尚论后篇》四卷，作为教材发给同学们学习。

虽然此时的喻嘉言已经心境平和了，但是在学术问题的讨论上，还是显得激动了一点，对王叔和同志说了些过头话，他说王叔和整理的《伤寒论》是"碎剪美锦，缀以败絮，盲瞽后世，无由复睹黼黻之华"等。当然，在喻嘉言教授晚年的时候，他对这个问题做了深刻的检讨，向王叔和同志做了道歉。

在这两本书中，如何使用《伤寒论》中的方子在我看来其实没有什么特别重要的，毕竟经方俱在，大家按照自己的心得去使用就可以了，这两本书中最为重要的，是喻嘉言教授突出地讲述了温病的思想。

温病？什么是温病？

现在的中医对外感病的治疗分为两大派：一个是伤寒派，他们认为仲景论述的伤寒是一切外感病的统称，伤寒方可以治疗一切外感病。另一派就是温病学派，他们认为仲景只是讲了寒邪侵袭人体的情况，世界上还有一种寒邪之外的温热之邪，这种温热之邪侵袭人体后，治疗方法与伤寒是不一样的。这一学派到了清朝逐渐发展成熟了，现在已经影响到了我们治疗外感病的各个领域，这个温病学派的出现，是中医学说进步的表现。

那些说中医从来都没有进步的说法是错误的，中医理论在历代医家的艰苦努力下，一直在不断地完善着，从来都没有停止过。

那么温病理论是怎么出现的呢？这里面就有我们喻嘉言教授的一份功劳。喻教授提出温疫之邪由口鼻而入（一开始，温病和瘟疫在理论上是联系在一起的），直入中道，流布三焦，对于上、中、下三焦要分别施治，这是温病三焦辨证的开始，后世在吴鞠通的完善下，就形成了温病三焦辨证的理论；喻嘉言又提出了卫（气）、营（血）的深浅程度的问题，他认为病邪侵入人体是按照由浅入深的步骤进行的，是有一个次序问题的，这个观点后来在叶天士那里就形成了卫气营血理论。

看到了吧，为什么我写中医故事要写人家喻嘉言一笔啊，没办法，躲不过去啊，人家确实有贡献啊！在这么多个领域开了中医的先河，这岂是一般人所能为之！

◎ 给穷人炼银子

当然，除了办学之外，看病还是需要的，而且喻嘉言此刻已经是名满天下了，找他看病的人绝不会少，因此在诊病和办学传授学问这双重压力下，喻嘉言的工作强度应该是非常大的。

但是在这种忙碌中，喻嘉言还要抽出时间来炼丹。

炼丹？那不是求长生不老的那帮人干的事儿吗？难道大医家喻嘉言也信这个？

喻嘉言当然不信，他炼丹自有他的目的。

我们前面说过，喻嘉言小的时候遇到过一个高人，教给他医术，同时还有黄白之术。什么是黄白之术呢？就是炼丹，但不是炼长生不老的仙丹，而是炼一种奇怪的东西，黄是指黄金，白是指白银。

要说这炼丹真是一项奇怪的运动，原来的目的是长生不老，随着配方越来越复杂，长生不老的目的没有达到，却产生了一些古怪的东西。比如轰的一声产生了火药；随便在豆浆里一点，又产生了奇怪的化学反应，出现了豆腐；最厉害的，是不知道怎么搞的，居然炼出了跟黄金相似的东西，这东西怎么看上去都和黄金一模一样（不知道是何种合金），还有和银子一样的东西（也可能就是直接从银矿里提取出白银来）。古代文献记载，西汉后期，黄金的数量剧增，这是很不可思议的事情，后世怀疑都是炼出来的。

喻嘉言会的黄白之术就是炼这种东西。

那喻嘉言炼这种东西是为了什么呢？难道他也想发财？

原来，喻嘉言是为了贫困的百姓。传说喻嘉言也不经常炼，炼的时候都让别人躲开，自己操作，而且每次只炼十金或二十金。

炼好了以后干什么呢？他就把这些银子放在旁边，等诊病的时候，如果看到有很贫困的老百姓，他就偷偷地放在装药的包里一些，"或三星，或四五星"，然后告诉患者："归家须自检点，乃可煮也"。

老百姓回家以后，一打开药包，看到闪亮的银子，喜出望外。

为什么这么做呢？因为喻嘉言知道，贫穷的老百姓没有钱，没钱就会耽误看病，这样小病成大病，大病最后变得无法医治。所以，他用这种方法来帮助老百姓渡过难关，其用心良苦啊。

◎ 劫难

诊病的同时他还要写书，因为他的信念就是，一定要把学问传下去。

在写完了《尚论篇》和《尚论后篇》以后，他又集中精力写了一本大部头著作《医门法律》。各位千万别误会，喻嘉言不是又改行做了法学教授，这个"法律"和现在的司法体系的法律不是一回事儿，这个"法律"就是方法和规律、规程的意思。

在这本书里，他把自己对各种疾病的治疗心得都写了下来，其中包括一些常用的方剂和对历代医家思想的评述。

您该问了，他这么做累不累啊？又要出门诊，又要给学生讲课，又要写书，抽空还得给穷人炼点儿银子，身体能行吗？

其实，说不累那是假的，做过医生的人都有体会，诊病其实很累的，因为要嘴里不停地解释半天，既动脑，又动口，出半天门诊下来基本就不爱说话了。您想，那么大岁数的一个人了，然后还要讲课，晚上还要写书，能不累吗？

结果，在他七十四岁的时候，终于累倒了。

那是公元 1658 年的夏天，天气异常的热，正常的人在这种天气里都觉得无法呼吸。

喻嘉言像往常一样在诊病以后给学生们讲课。

讲着讲着，突然，他感觉到头有些晕，他想停下来，但是，他又想到课刚刚讲了一半，于是就接着讲。

然后，危险就发生了，学生们看到喻嘉言老师突然倒了下去。

由于过度劳累，喻嘉言患了中风。

这一次，喻嘉言经历了生与死的考验。

他的病很重，无法说话，神志不清（舌卷不知人），处于弥留之际很长时间，所有的人都认为他过不去这个关头了。

是啊，他一生辛劳，历尽艰苦，终于到了休息的时候了，人生七十古来稀，也值了，就放心地去吧。

一般人都会这么想的。

不知道在弥留之际的喻嘉言都想了些什么？

那是一段黑暗的时光，喻嘉言无法行动了，躺在床上，但是思想却没有停止，他仍然在思考着。

在最初的阶段，他觉得自己就要放弃了，因为确实没有力量了，应该马上就会离开这个尘世了吧，自己从此就长眠了，不要悲伤，所有的人都会面临这个归宿的。

但是，他转念一想，不行啊，自己还有心愿没有了却啊。

这批学生，自己的医术还没有完全传给他们啊，不能就这样放弃啊！

迷离之中，喻嘉言觉得自己仿佛又回到了寺院里。

他想起了自己在寺院里沉思的岁月。

那个时候，他经常长时间地凝望佛祖塑像慈悲的面容。

释迦牟尼怀着慈悲的心，想要为世人寻找摆脱苦难的方法，历尽艰辛之后，也曾经昏倒在河边，几乎失去了性命，但是，正是为救世人的慈悲之心让他坚持下来，最后，在喝了牧女送的牛奶后，活了过来，终于在菩提树下修成正果。

此时，他真正地感受到了慈悲的力量。

不行啊，我要醒来啊，我还要活下去，直到把学问传给学生们！

黑暗中，仿佛点燃了一支蜡烛，它的光芒虽然不大，却顽强地燃烧着。

这样的思想活动，不知道出现了多少次，在漫长的白昼中，在宁静无人的深夜里，喻嘉言的身体仿佛没有了生命迹象，但是，他的思想却在活跃着。

冬天来了，江南的冬天，如果遇到台风，那是非常冷的，所有的人都蜷缩在衣服里。

树倒猢狲散，那是一般的规律，老师患了这么重的病，估计是不行了，同学们该散了吧？

没有，大家谁都没有走，除了照顾老师的值班的同学，剩下的都集中在教室里。

寒冷中，他们聚集在一起，仍然在读着医书。

看门的人都奇怪了，这帮学生，还不散去？

学生们没人理会他，仍旧像老师在的时候一样，每天学习。

看门的人不知道，连喻嘉言自己都没有想到，他的信念，此刻已经在学生的心中扎下了根。

学生们按照老师书中的方子，熬好了药给老师喝。

奇迹终于发生了，慢慢地，喻嘉言醒了，他能说话了！

然后，他吩咐学生们调整了配方，开始加大用量服用。

在经历了二百余天后，他居然已经基本恢复了，同学们都激动地流出了眼泪。

在经历了这次生死考验以后，大家发现，喻嘉言似乎变了。按理说他应该更懂得休息了，可恰恰相反，他似乎是在抢时间，他投入了更多的精力去教授学生，投入了更多的精力去给患者诊病。

人们甚至发现他的性格都变了，他对患者更体贴了，几乎像对待自己的孩子一样。

他甚至对以前自己批评王叔和的过激言语表示了后悔，他说："仲景的书是百世之师，有才能的和无才能的人，都可以各取所需啊，我干吗要抨击王叔和呢？我的那些言论，和圣贤的心是不相对称的啊！逞才骄气，不做那些有意义的事，却做此无用之事，我还有什么好辩解的呢？大家都要引以为戒啊！"

这是多么真诚的语言啊，说明此时喻嘉言的心，已经是纯洁一片，了无尘埃。

◎ 巅峰对决

在一年一年的钟声里，时光飞快地逝去了。

一转眼，喻嘉言已经八十一岁了。

这个时候，他觉得自己已经把学问都传授给学生了，他感到很欣慰，开始放松了下来。

他的空闲时间是这么度过的，一些时间用来打坐诵经，一些时间用来下围棋。

据说，他的围棋水平极高，一般只有高手才能与之过招。

这年夏天的一天，钱谦益来请喻嘉言，此时的钱谦益也八十多岁了，他的夫人柳如是也四十来岁了，他们把喻嘉言请到家里，给他组织了一场友谊赛。

下棋的另一方是当时的国手李元兆。

顶级高手对决，自然引人注目，几位当时的高手都来观战。

喻嘉言的心里也非常的欣慰，因为李元兆的棋艺已经达到了顶峰。

棋室的外面，竹影扶疏，清风徐来。

棋室里，两人凝神落子。

此盘棋连下了三昼夜。

其实两人棋艺相当，但是，最后李元兆感到了吃力。

因为他发现，对方有一种力量深不可测，在棋艺之外。

一盘棋，正如人生一样，有多高的境界，走多高妙的棋局。

终于，疲惫的李元兆露出了极细微的一个破绽。

喻嘉言慢慢地，把最后一粒棋子落下。

喻嘉言

棋局圆满，喻嘉言微微地笑了。

李元兆摇摇头，表示服输。

大家纷纷起身鼓掌。

但是发现喻嘉言仍然坐在那里，纹丝不动。

仔细看去，他面容安详，已经往生西方了。

《常熟志》载，喻嘉言"年八十余与国手李元兆对弈三昼夜，敛子而卒"。

喻嘉言，名昌，晚号西昌老人。他生逢乱世，一生孤身一人，却怀一颗大慈悲之心，拯救患者于病痛中，他对患者赤胆热忱，无怨无悔。他一生潇洒磊落，豪气冲天，中年以后更是从佛门悟到了医道的真谛，开创了中医课堂教育的先河，将学术思想广泛传播，其功伟哉！

他那些呕心沥血写下的医书，各位如果有时间，一定拿来读读，其间精彩纷呈。

喻嘉言的时代已经距离我们很远了，但是我在感情上宁愿相信，在一片佛光普照的世界里，他仍然在一笔一笔地为我们写着医书。

◎ 后记

喻嘉言去世后，一直有这样的传说，直到现在，有很多研究者还这么说，就是喻嘉言是明朝王族的后代，原本姓朱。我理解这么说的人的动机，是想为喻嘉言的脸上贴金，觉得沾上了王族的气，很荣幸，有的文章甚至用中医队伍中的皇族这样的语气来说事儿。

这种说法有两种版本，第一种是说他是在明朝覆灭以后，为隐瞒身份，将朱姓改为喻姓。有人说这是钱谦益说的，其实不是，是后世的文人在描写钱谦益和柳如是的故事时顺嘴说的（见《牧斋遗事》，牧斋就是钱谦益）。

这种说法显然不靠谱，因为喻嘉言在崇祯十六年（1643）出版的《寓意草》这本书就署名"喻嘉言"，如果他是改姓喻的，那么这时候明朝政府还没垮掉呢，他急着改什么姓？

另一种说法是说喻嘉言的祖上是朱元璋的儿子宁王的后代，他的比较近的祖上朱宸濠在正德十四年（1519）造反失败，因此喻嘉言家族被迫隐姓埋名，才由姓朱改成了姓喻。

这个说法在喻嘉言的家乡得到了否定，在江西省新建县朱坊喻家村，确实有朱、喻两大姓氏，其中朱姓是洪武元年来此定居的，而喻姓是洪武二年（1339）来此定居。喻姓的祖上来自四川，是因为任南昌知府而迁到江西的，现在喻姓的百姓仍然每年清明都祭祀喻嘉言呢。这样就清楚了，喻嘉言的祖上早在朱元璋那会儿就姓喻了，那个时候还没有朱宸濠的造反呢（1589 年干的事儿），哪来的改姓之说？

这事儿的澄清，要感谢当时任新建县人民医院医生的熊振敏同志在1983 年亲自到喻嘉言家乡的考察，熊振敏同志所采集的第一手资料为我们提供了确实的证据。

这样就清楚了，喻嘉言根本没有可能是由姓"朱"改成姓"喻"的。

但是，我比较担心，别过些日子哪位又提出喻嘉言的祖先是打朱元璋那会儿就不招待见，隐姓埋名，由姓"朱"改姓"喻"了，反正不管怎么说他都是皇族。

有意思吗？您觉得？

您真觉得是皇族就那么的贴金吗？特有面子吗？

要知道，明朝的那些藩王是地地道道的寄生虫，他们不劳动，不生产，却有吃有喝，老百姓还要交租给他们。他们不管人民的死活，过着腐化的生活，正是"朱门酒肉臭，路有冻死骨"。他们鱼肉人民，横行乡里，从各个方面看，他们都对社会毫无益处，他们丝毫谈不上道德、境界，奈何要以此败类之名，贴到为患者呕心沥血、普救众生的一代名医的头上呢？

这岂不是辱没了一代大医的英名，辱没了他的慈悲心肠，他的高远境界？

此事可以休矣！

喻嘉言一生救人无算，普及中医功德无量，其芳香自留人间，何须靠那些寄生虫留名？

不多说了，此事看官心中自清。

最后，让我们用钱谦益在顺治八年（1651）赠给喻嘉言的一首诗来做结尾吧：

公车不就幅巾征，有道通儒梵行僧。
习观湛如盈室水，炼身枯比一枝藤。
尝来草别君臣药，拈出花传佛祖灯。
莫谓石城难遁迹，千秋高获是良朋。

其实，不管钱谦益是一个什么样的人，他和喻嘉言的友谊是真诚的，他们一直是好朋友，都活到了八十多岁。喻嘉言去世后，钱谦益把喻嘉言当作神仙供养，直到一年后自己去世。

※ 心脑血管的养生方法

现在心脑血管的疾病非常的多，翻开报纸，经常可以看到一些名人本来事业如日中天呢，突然患心脑血管疾病就离开了人世，非常遗憾。而一些在外打拼的年轻人，最担心的也是远在老家的父母的身体了，很多老年人的心脑血管疾病都非常严重，有的甚至经常需要抢救，这都是儿女们最揪心的事情了。

那么，怎么才能保养好自己的心脑血管呢？

喻嘉言可以给我们提供这个事情的借鉴。

首先，情绪一定要调理平和了。我在生活中看到很多人心态不平和，很容易生气，这是养生的大忌，要知道有句老话说："肝气不舒为万病之源"，这话绝对了点儿，但是也很有道理。肝气不舒，会导致体内的气机紊乱，使得人体正常的功能出现问题。曾经有位重症肌无力的患者问我：罗老师，我在住院的时候发现患这个病的病友大都是脾气特急、特要强的人，您说这是为什么呢？

其实，这种急脾气看似对事业有利，但对身体是很不利的，一旦受了什么挫折，就会肝气不舒，会导致很多的疾病，后果很严重啊。

喻嘉言在年轻的时候性格就非常的急躁，我们从故事里看到了，他虽然都是为了患者好，但有的时候确实很冲动，都敢把患者自己煎的药给掀翻了，这还了得？也正是这种性格，导致了他的身体出现异常，后来发生了中风。在中风以后，他认真地反思了自己的性格，承认自己存在着急躁

212

的毛病，这从他晚年写的文字中可以看出来，他反思自己诋毁古代医家的行为，他说自己的做法是不妥当的，承认错误的态度非常诚恳，这说明他确实已经开始从心理上发生了转变，不再是那个急躁的人了。

同时，他对自己的中风治疗也是很及时的，当时发病的时候，病情非常的重，他几乎是神志不清了好久，后来自己服药后，慢慢地恢复了健康。

那么，喻嘉言对中风是怎么看的呢？

原来，喻嘉言还真研究过中风这个病，他认为中风都是人体自己的正气先虚了，然后才导致出现了问题。在以前，很多中医都认为是被风吹到了，喻嘉言就认为是正气虚导致的。

其实现在我们清楚了，心脑血管的疾病主要是由于血脉瘀阻造成的，但是，为什么会血脉瘀阻呢？喻嘉言的分析是对的，原因就是：我们的正气不足。

我们可以打个比方，我们体内的血管就好比是很多管道，管道里流动的是一种液体，当流动正常的时候，管道的任何地方都会通畅的，不会出现问题。但是，会有两个因素导致管道在某个地方堵塞，一个是液体的黏稠度太高了，几乎流不动了，那么就会在某个细微的管道里停住，堵塞在那里。

另外一个因素呢？就是推动液体流动的动力，如果动力足够的话，那么液体再黏稠，也不会停留在哪里的，会被推动开，而如果推动的动力不足了，无力推动了，那么它才会停留下来导致阻塞，而这个动力，就是我们人体的正气。

这就是为什么老年人特别容易发生心脑血管疾病的原因，因为随着年龄的增大，人体的正气开始衰减，我们前面提到的两个因素他们都占了，所以才会出现此类问题。

其实人体衰老的过程，就是正气不断减弱，瘀血不断增加的过程，如果能够把这两个因素给阻断，那么衰老的进程就会放缓。

如何阻断这两个因素呢？

首先，我们要通络去瘀，我建议老年人可以在当地医生的指导下，用一些活血化瘀的中药来服用。比如，用丹参每天五克泡水当茶喝，也可以放入三克的桃仁和三克红花，这都是活血化瘀常用的药物，长期服用，可以软化血管，去除瘀滞。但是在服用前要咨询一下医生，有出血性疾病的人不要服用。

同时，还要补足正气，就是可以用一些西洋参、生黄芪等药物来补气。其中西洋参是补气的，但是对于阴虚的人很适合，补而不燥，可以每天用三片含在嘴里，生黄芪是补气的一味主药，药性平和，对于阳气虚的人很适合。

这两个方法使用后，就把产生瘀血的原因给阻断了，这也就可以使人减缓了衰老，降低了心脑血管的发病率。

但是有了解中医的人该问了，您这个思路我们看着怎么眼熟啊？

是啊，这个思路就是著名的补阳还五汤的思路。这个补阳还五汤是清朝的一个著名医家王清任创立的，治疗的就是中风，表现为半身不遂、口眼歪斜、言语不清。之所以起了这么怪的一个名字，就是因为王清任有个观点，他说这人到了岁数，正气就自然衰减，如果衰减剩下了一半，也就是十分正气，剩下五分了，那就坏了，就会中风的，如果我们把这五分的正气还给他了，那么他就会恢复健康的。

好了，喻嘉言的故事就讲到这里，希望各位有所收获。

傅青主

◎ 一个神秘的人物

我刚刚学医的时候，也不知道该有什么门径，就花费积蓄，把当时能见到的古代医书悉数买回，放在家里，然后一本本地当作课外读物看，虽然很多也不懂，但是越来越兴致盎然。

但在读到一个人的医书时，我却十分反感，这个人就是明末清初的陈士铎。

原因是我一读他的书的序，就晕了。

现在来和各位一同欣赏一下吧，看看各位是何感觉。

首先是他写的一本叫《石室秘录》的书，书的第一篇序是义乌一个叫金以谋的人写的，这个序很普通，没有什么特别的。从第二篇序开始，就很特别了，第二篇序是谁写的呢？落款是：天师岐伯职拜中清殿下弘宣秘录无上天真大帝真君岐伯书于玉河之南，时康熙丁卯冬至前一日。

估计您也该瞪眼了吧？是的，就是说这个序是《黄帝内经》里的神人岐伯写的。

再看第三篇序，落款是：汉长沙守张机职拜广德真人题于玉河之南，时康熙丁卯冬至后十日也。

怎么样？更绝了吧？也就是说这个序居然是张仲景写的！您该问了，张仲景不是东汉的吗？怎么清朝人写书张仲景会来写序？

您别诧异，人家的意思是，张仲景此刻已经是神仙了，下凡来写的序。

再来看第四篇序，就更加无话可说了，落款是：吕道人题于燕山。

这位吕道人是谁呢？就是著名的神仙吕洞宾，也就是说，陈士铎面子很大，居然请了吕洞宾大仙来给写序，这搁一般人绝对做不到。

陈士铎的一本书这么写还不够，再看看他写的《辨证玉函》，书最后

傅青主

217

的一句话竟然是：太仓公淳于意传于燕山之东。

淳于意是何人啊？是汉朝的名医啊！甭问，这又来了位神仙啊！

然后，让我们再看看陈士铎写的《辨证录》，在该书的自序里，更神奇的故事出现了。这个故事是这样的，他说：在丁卯年的秋天，他客居在北京，一天晚上，突然听见有人敲门，他开门一看，是两位老人，都"衣冠伟甚"，就是衣服穿得都特夸张，陈士铎一看这装扮就被吓晕了，忙问，两位高人来干吗呢？两位老人说：听说你喜欢医学，我们特意来指点一下。于是，就开始给陈士铎讲述《黄帝内经》里面的内容。陈士铎说他们讲的内容"多非世间语"，于是就留两位老人住下，跟着两位学了五个月，最后两位老人对他说：你可以写书了，于是告辞走了。留下陈士铎自己，凭着记忆，就写出了这本《辨证录》。

这看上去似乎没有什么特别的，但是下一页的凡例第一句，就把我吓得吐出了舌头，这句话是："是编（这本书）皆岐天师、仲景张使君所口授（口授？不得了啦），铎敬述广推以传世。实尊师诲，非敢自矜出奇（还不够出奇？）。"

您看，人家还挺客气，说我这书都是抄人家的，版权不是我的，版权是岐伯天师和张仲景的。

再看他写的一本叫作《洞天奥旨》的外科书，书的凡例里也说，本书的一部分是"天师娓娓言之，铎记忆不敢忘，今汇成全书云"。

另外《外经微言》，开篇第一句就是："岐伯天师传，山阴陈士铎号远公又号朱华子述。"

总之，这位特谦虚，他写了那么多的书，除了很少一部分说是自己积累的一些经验方外，剩下全部都说是自己记录的，内容是人家神仙说的，语气特恭敬，就跟真的有这些神仙似的，而且态度特认真，丝毫看不出有自己造假的嫌疑。

我现在还清晰地记得自己在学医之初，刚刚读到这些序的时候那种感觉，记得当时灯光昏暗，我瞪着眼睛把这些序都翻了一下，气愤不已，心想：天下的医书，以这个人写得最不靠谱！没有这么干的，托神仙也不能这么逮大个儿的托，想必一定是这个老兄怕没有人买书，销量搞不上去，才这么干的，其态度如此不严肃，其中内容也一定一塌糊涂，不看了。

从此，我大概有将近几年的时间没有翻过陈士铎的书。

直到后来，我真正了解了中医才发现，这里面竟然隐藏着中医历史上最大的谜团之一。

原来，陈士铎碰到的高人是真的存在的，不但存在，而且是真正的传奇人物！

而且，他和陈士铎的师承关系也是传奇的，这种关系亘古未见，足以让人感慨欷歔。

那么，这位高人是谁呢？

让我们从头来说吧。

◎ 很有来头的出身背景

明万历三十五年（1607）闰六月十九日。

山西阳曲（太原府府治所在地）。

一个孩子出生了。

父母给他取的名字叫傅鼎臣。

这就是后来的傅山。傅山，字青主，因为中医著作都以傅青主命名，所以我们下面就都称呼他为傅青主吧。

傅青主他们家原来不在这里，以前是在太原北面的忻州，说到如何搬来阳曲，还有一段搞笑的故事。

原来是傅青主的曾祖父傅朝宣这个人长得非常俊美，用现在的话说是超酷、超帅，结果就惹了祸了，要说这女孩子长得太漂亮容易出事，这男士还真少有这种可能，但这位帅哥傅朝宣却偏偏碰上了。

当时这阳曲住着一位明朝的王爷，封号是宁化王。这宁化王是晋恭王朱㭎第五子，名洛焕，宣德八年（1433）袭封，现在您去太原，那里有制醋特出名的宁化府街，就是人家王府的旧址。

话说帅哥傅朝宣因为办事经常骑马路过王府的大门，结果就被王府的人看见了，觉得这帅哥太酷了，于是就一拥而出，把这位傅朝宣给抢进了王府，给他头上插上了花。然后说，我们王爷的姑娘看上你了，现在就成婚，你就别走。

面对如此生猛的场面，不知道当时的傅朝宣作何感想，估计会说：我只是早晨随便出来遛遛，说到成婚，我的牙还没有刷呢。

不要回去刷了，就在这里刷，刷完了就拜堂成亲！

结果帅哥傅朝宣就这样被抢进王府入了赘。您一定该想了，这岂不是天大的好事？如此艳遇我等怎么没有碰上？

好事？您以为王府的女婿就那么好当？据说这位帅哥在王府里失去了自由，过得很不爽，后来干脆连书都不读了（反正读也没用了），最后娶了妾（胆子够大的），才生下了包括傅青主的爷爷在内的三个儿子。等到傅青主的爷爷中了进士，做了大官，到傅朝宣家，那帮舅舅们还摆架子欺负他呢，怎么欺负的呢？就是不让你坐你都不能坐下，只能站着说话。您瞧瞧，这王府里哪儿那么好混的啊。

后来这位傅朝宣在临去世的时候告诉后辈，"子孙再敢与王府结亲者以不孝论，族人鸣鼓攻之"，可见一肚子苦水没地方倒啊！

这位傅朝宣就是著名的山西戏曲《拉郎配》主人公的原型。

轮到了傅青主的父亲傅之谟，却没有中举人，一辈子只是个贡生，但这也正好，因为他比较厌恶官场的污浊，决意远离尘垢，所以自号离垢先生，一直在家乡做个乡村教师。傅之谟从小受过严格的家庭教育，据傅山回忆，父亲身上有几处伤疤，每每在洗脸时以手抚摸着，便泪如雨下，年幼的傅青主问起，他回答说："此爷爷教我读书鞭扑之恩也，今不得矣。"意思是说：再想让你爷爷打我，都打不着了，伤心啊！

现在的学生可能不理解，这挨打怎么还跟恩赐似的啊？在过去，那叫严父慈母，读书人家都这样，父亲打你是为了你好，让你将来有前途，如果纵容你，天天拿钱让你去网吧混，那这个父亲就该挨打了。

在傅青主出生的时候，当然，和古代众多的名人一样，有着种种传说，版本不同。有说是他母亲卖了首饰供养佛像，最后他母亲梦到佛指着一个老尼姑，说这就是你的儿子，随后就生下了傅青主，生的时候雷电交加（各个名人的故事里都有），"龙起所居屋极"。还说生下来后傅青主不哭，这让大家很为难，最后是一个盲僧站在门口说了句："既来，何必不啼？"这才哭出来。

还有的说他六岁就开始服用黄精（黄精，一种补益类的中药，过去认为坚持服用可以成仙），不喜欢吃饭，家里人吓坏了，强迫他吃饭，这才又重新吃人间的饭了。

总之，这些传说的目的是为了说明傅青主本来不是个人，是神仙托生的。古代人有这个毛病，自己不进取，碰到了哪位非常进取然后成才的，就愣说人家原本就不同，是神仙来着。

不管是不是神仙，读书总归是要读的，从现在的记载上来看，傅青主没怎么被父亲打过，原因是他太聪明了。

他当时简直可以用小神童来形容。当时有人描述傅青主读书的情景，说他"读书十行并下，过目辄能成诵"，估计这位也写得夸张点儿，居然说傅青主十行字一齐往下读，然后还立马能够背诵。换现在，如果有这等速读的本事，估计一定会上《鲁豫有约》或者《小崔说事》。还有的人说，傅青主"读十三经、诸子史，如宿通者"，就是说像以前一样。当然，这些都是夸他的话，我们姑且听之。

其一次考试前的准备过程，却被真实地记录了下来，准确地反映出傅青主的极度聪明。在一次考试前，傅青主的哥哥为他准备了五十三篇范例文章，让他背下来，当时的一个姓马的同学也自认为非常聪明，就提出要和傅青主比试一下（选错比试的对象了）。傅青主说那好吧，我们从现在开始背，一天以后，看能够背多少。结果这位同学回去开始狂背，第二天吃奶的劲都使出来了，总共才勉强背诵下来四五篇。再看傅青主，从第二天早晨起床梳头开始背，到吃早饭的时候，一张嘴，五十三篇，全部背下，一个字都没错（栉沐毕诵起，至早饭成唤食，则五十三篇上口，不爽一字）。

估计当时这位马同学懊悔得一定直用脑袋撞墙，天哪，既然生了我，还生傅青主干吗啊？

看来，以此本领，功名指日可待。

◎ 一生中最幸福的时光

果然，在十五岁的时候，傅青主就应童子试，以第一名的成绩入庠成为博士弟子（瞧人家，十五岁就和博士沾上了边），二十岁时就成了一名廪生。

在考取了廪生之后，生活向傅青主展开了笑脸，似乎人生的顺境来临了，他在一片赞扬声中继续攻读学问。

他的学习兴趣广泛，不仅仅局限在举子业中，似乎经、史等一切学问都在他的涉猎范围之内，以他的那种学习能力，基本上是横扫一切学问。

他从七八岁开始练习书法，此时已经是略有心得了。

在这种愉快、舒畅的生活色调中，又有一件好事向他走来。

家人开始为他准备婚事了。

那是个春天，二十二岁的傅青主刚刚回到家里，父亲就把他叫到了书房，问他："老家忻州的张御史你还有印象吗？"

傅青主很奇怪，为什么提起这个人呢？就回答："有印象啊，做御史二十年，为官清廉耿直，是一位很值得敬佩的前辈啊。"

父亲："那他的女儿张静君你还记得吗？"

傅青主的心中出现了一个大眼睛的小女孩的形象，不知道她现在长成什么样了？

父亲："听说这个姑娘现在出落得贤惠大方，如果你没有意见，我们就托人去张家提亲了。"

傅青主没有回答，他的心在咚咚地跳着，我要娶亲了吗？

傅青主结婚了！

彼时山花正放，绿草青青。

傅青主骑着高头大马，来到张家娶亲，沿路百姓驻足观看，热闹非凡。

鞭炮齐鸣中，傅青主揽着新娘子上轿，新娘子红色的盖头在阳光下艳丽异常。

晚上，傅青主轻轻地把新娘子的盖头揭开，新娘子低首含笑，脸色绯红。

刹那间，傅青主愣在了那里，烛光下，新婚妻子美丽不可方物。

他的心中一时间有曲乐轻弹。

第二年，张静君为傅青主生下了一个儿子，这就是傅眉，傅青主一生中唯一的儿子和得力助手。

妻子出身书香门第，两人诗书相伴，琴瑟相和，无比恩爱。

让我们来看看傅青主这段时光的关键词吧：考场得意、新婚燕尔、喜得贵子。如果此时给傅青主画一幅画像的话，那么微笑应该是他脸上最显著的特征了。

记住此时的傅青主吧，这应该是他一生中最快乐的日子了，在学问的海洋里畅游，有温柔贤惠的妻子，有可爱的儿子，父母都在身边，一家人其乐融融。

在以后，这样的时光将只会出现在他的梦境和回忆里，命运之神从此将向他展示出狰狞的一面。

◎ 我将永远记住你，我的妻子

五年以后，傅青主的妻子张静君病了。

关于张静君所患的疾病，我在文献中没有找到相关记载，似乎张静君这个人只是这个世界的匆匆过客，我们只知道她是个佛教信徒，非常虔诚，曾经用手绣佛经。

而且我们知道她在傅青主的家里非常劳累，因为傅青主沉溺于学问，家里的事情，侍奉公婆、带孩子、操持家务都是她的事情。

此时的傅青主还不懂什么医术，因此只好去请医生。在经过医生的治疗后，张静君的病情并没有好转，在当年就去世了，那一年，傅青主才二十七岁。

太悲惨了！转眼之间，自己的一个温暖的小家庭就消失了，只剩下了四岁的儿子傅眉。

妻子的去世在傅青主的心里到底留下了怎样的创伤我们不清楚，但是我们知道，这件事情出现了四个结果。

第一，傅青主从此终生未娶，很多人都劝他再娶个老婆，包括在他后来名动天下以后。有人说，如果你想把妻子这个名分留给张静君，那你还可以再娶个妾嘛，对此他一概加以拒绝，他只是一个人，从二十七岁开始，带着儿子傅眉度过了一生。

傅青主

很多人说爱你一生，其实他根本做不到。

但是傅青主说爱他妻子一生，却真正地做到了。

如此痴情，天下又有几人？

在他这一生中，他的心里只有一个人，这个人的位置，其他的女人永远不能够替代。

第二，他从此再也没有提起过那段日子，只是在一次逃难中翻出了妻子曾经绣的一幅佛经，才写了一首情真意切的怀念妻子的诗《见内子静君所绣大士经》。对于那段美好的时光，他似乎深深地给埋在了心底，自己平时一点儿都不敢触及。

但是那首诗，在那些简单的字句里，透露出了怎样的一种深情啊！

第三，本来他一直说自己和佛教有缘，自己还抄写过佛经，结交过许多佛教界朋友，但是在明朝灭亡的时候，他却选择了出家当道士，而非出家为僧。他怀念妻子时还曾悲愤地写下了"佛恩亦何在？在尔早死也！"这样责问苍天的句子，可见妻子的去世给他的打击有多大，这种打击大到了令他怀疑自己信仰的地步。

第四，后来他开始研究医学，并刻意于妇科，写出了流芳百世的《傅青主女科》，开创妇科论治一代风气。很多人不知道这是为什么，怎么那么大一个学问家无端地搞起了妇科？

难道你还不知道吗？难道就没有想到吗？这是出于他对逝去的妻子深深的爱，出于对自己无法挽救妻子生命的无比内疚！

他是一个至情至性的人，这种内疚激发出了他对天下处于病患中的妇女的慈悲之心，这种悲天悯人的情怀让他苦读医学，最终成为一代医学大家。

总之，这次失去妻子的痛苦让傅青主改变了许多。虽然这种痛苦被傅青主隐藏在了内心的深处，而且后来又被国家灭亡的痛苦所遮盖，但这的确是研究傅青主一生的一个重要线索。现在我把它揭示出来，希望各位能够真正地理解这位学问大家的内心世界。

虽然妻子去世了，但是日子还是要过的，书还是要读的。

在傅青主三十一岁的时候（1636），他进入了三立书院。

◎ 三立书院

这个三立书院是怎么回事儿呢？这要从一个叫袁继咸的人谈起。这位袁继咸同志是复社成员，在明末是有名的敢于直言的人，曾在朝廷官至兵部侍郎，因为做官清廉，为人耿直，敢于直言，得罪了当朝权贵，因此被贬到了山西做山西提学。当然，得罪了权贵那绝对是没有好果子吃的，这帮人把袁继咸调到山西是另有用意的，他们早就安排好了后手，我们后面再说。

话说这位袁继咸同志到了山西主管教育，他立刻着手恢复了山西最重要的教育机构三立书院。过去的书院就跟现在的大学似的，请各路学者来讲课，招收的都是年轻优秀的学子。傅青主就和其他来自山西的三百名精英人才进入了三立书院学习。

可以想见当时开学的盛况，一定是彩旗招展，人头攒动，大喇叭里广播着书院历史的介绍，新生接待处充满了一张张热情洋溢的笑脸。傅青主和新同学意气风发地走进校园，在开学典礼上被告知你们是早晨八九点钟的太阳，是精英中的精英，山西的未来就靠你们了！

要是知道后面发生了什么，估计当时就该跑掉一半的人了。

但是当时气氛那是相当地热烈，袁继咸同志亲自主抓书院的政治思想工作，他以"立法严而用意宽"为精神宗旨，没有告诉大家死读书本，而是教育大家文章和气节的重要性，傅青主在这里受到了很大的影响。

现在我们经常会发现，在我们走向社会以后，其实身边最牢固的一个关系网经常是由以前的同学组成的。有的人甚至去读 MBA 课程就是为了结交一些朋友，这是有原因的，因为同学时朝夕相处所产生的友谊是异常坚固的。

傅青主也不例外，在三立书院里，他遇到了从山西各地来的年轻学子，他们成了最要好的朋友。他们在一起谈学问，谈道义，谈气节，他们经常会被理想激动得热泪盈眶，会被胸中澎湃的激情激动得难以入睡，他们会一起在黎明登高远眺，会在群峰之巅指点江山。

这里面，与很多人的友谊伴随了傅青主的一生，其中的名字有薛宗周、王如金、孙颖韩、曹良直、白孕彩等（白孕彩这个兄弟比较有趣，明亡以后他还偷着收留了一个明朝皇室的遗孤，结果发现这个孩子越长越傻，越长越呆，最后他曾据此向傅青主报告：由这个孩子看出，原来明朝真的是气数已尽啊）。

由于傅青主思维活跃，才华出众，很快就成为学生中的骨干。

此时的天下，正是风雨欲来，就在傅青主进入三立书院的同一年，皇太极在沈阳称帝，改国号为大清，而关内李自成也正从牺牲的高迎祥手中接过闯王的旗号，各路毁灭明朝的力量已经蓄势待动。当时的另一位医家喻嘉言也已经对明朝政府表示失望，从北京返回家乡行医三年了。

而三立书院的学子们也没有想到，等待他们的将不是拯救国家的召唤，而是来自宫内权臣的迫害。

这个时候，朝廷里面的奸邪人物正在蠢蠢欲动。

那么，当年袁继咸同志在朝廷里到底得罪了谁呢？有些资料说是得罪了太监魏忠贤，这个说法是错的。袁继咸是否攻击过太监集团，我们无法确定，但他这次得罪的是当朝的首辅温体仁，温体仁与太监集团不是一伙的，他们相对保持着距离。对于这位温体仁，我实在是没有什么好印象，因为当年杀害忠良袁崇焕时，就是这位温体仁蹦着高在皇上耳边撺掇的。顺便说一句，这位温体仁还曾经对当时另一位名医喻嘉言的朋友钱谦益大肆攻击，因为钱谦益是东林党人，所以温体仁对其痛下狠手，将钱谦益从朝廷中赶回了老家。明朝的首辅们似乎都有个特点，那就是对异己会毫不手软地下手干掉，而且经常是下的连环手，连个后路都不给你留，直到把对手彻底废掉。

这次也不例外，温体仁在把袁继咸贬职到山西的同时，也暗设了一个狠招儿，就是把自己的党羽张孙振也派到山西当巡按御史，这是一个安放在袁继咸身边的定时炸弹，当然，遥控装置在温体仁那里。

◎ 千里告状，义声闻天下

就在三立书院开学的当年，温体仁就按下了手中的遥控器（看来这位老兄是真的猴急啊），于是走狗张孙振立刻启动一号方案，以贿赂之罪弹劾袁继咸（当然，张孙振这位老兄也借机报一下自己的私仇，因为他曾经推荐一个考生入学，却被袁继咸在试卷上连批了几个"不通"给拒绝了，这分明是不给自己面子嘛，此事让张孙振很是恼火），结果同年十月，袁继咸被捕，立刻被押送京城受审。

这下，学生们立刻炸了锅了，我们的袁继咸老师为人清贫，一心办学，哪里有什么贿赂？这帮奸臣实在是可恨之极啊！

怎么办？大家在痛恨之余，一时也想不出办法，因为北京远在千里之外，于是大家只有痛骂。

各位请设想一下，如果换成您，您会怎么办？估计骂一通是肯定的，然后呢？然后恐怕就各自散去了。

但是，傅青主却立刻回到了家里，开始让家人变卖部分家产。

同学都很奇怪："你这是要做什么？"

傅青主："我们这么骂能救得了老师吗？我要跟随囚车去京城，为老师申冤雪耻！"

同学："可是他们在京城有后台啊！"

傅青主："即便是有天大的后台，我也要去，因为老师教给我'忠义'这两个字，现在我要告诉他，他没有白白教授他的学生！"

大家都惊愕地望着傅青主，他们突然发现，傅青主的脸变得无比坚毅。

这时，一个叫作薛宗周的同学（该同学后来在反清起义中力战而死）站出来，握住傅青主的手，对他说："我和你一起去，为老师申冤！"

大家心中的热血被激荡了起来，站出来的同学越来越多，最后达到一百来人，于是，在傅青主和薛宗周的带领下，这一百来个学生，跟随着囚车，徒步踏上了赴京的路程！

在路上，老师袁继咸发现了远远跟在后面的学生，就求官兵让囚车停下，然后对后面的学生喊："你们都回去！不要跟着我去送死！"

学生们看见囚车停下，立刻也停了下来，跪倒在地。

可是，却没有人回头一步。

官兵们押着囚车继续走。

学生们也起身，默默地跟着走。

傅青主

袁继咸的眼泪流了出来，他再次求官兵停下，冲着远处的学生们大声地喊："你们回去！不要去送死！"

学生们再次跪倒，流着眼泪，远远地望着老师，却没人移动半步！

这是一些怎样的师生啊！连官兵看得都为之动容！

秋天的烈日炙烤着大地，从太原到北京，路途是很远的啊（朋友告诉我坐火车要七个小时），何况是徒步而行呢，各位看官可能无法想象当年的艰辛了。

在空旷的原野上，前面是一辆囚车，后面是一百多位学子在奋力前行着，远方依稀可见连绵的远山，在这样的背景下，他们显得是那么孤单，但他们的心中却燃烧着熊熊的烈火。

一种能够将腐朽烧成灰烬的正义之火！

到了北京以后，他们马上赶到负责投诉的衙门，开始了上访的工作。

首先是由傅青主起草了上告的文件，然后大家联名签署，最后把这个告状信交到通政司。

但意外的情况出现了。

通政司的接待人员态度很是冷淡："你们哪儿来的啊？"

"山西，阳曲，来为老师袁继咸申冤！"

"回去等着吧，什么时候有了信儿，我再通知你们，甭没事儿就来了。"

大家愕然。

他们哪里知道，原来这通政司的通政参议袁鲸就是和诬告袁继咸的坏蛋张孙振一伙儿的！他立刻把告状信给拷贝了一份儿，派人送去山西，给了张孙振。

张孙振一看信，勃然大怒，没想到啊，这帮学生胆子居然如此之大！给我派人去抓，尤其是这个傅青主，一定要给我抓到，而且还放出风声，你傅青主去告状，你的弟弟傅止可是在我的手里呢，你要给我乖乖地听话。

这边傅青主毫不知情，还在给通政司写告状信呢，这帮通政司的人也很无赖，拒绝傅青主的理由居然是：文件不合乎规格。

于是就让傅青主不停地回去修改。

这是等待山西来抓捕的人啊。

这时，有人就把这个消息透露给傅青主了，傅青主恍然大悟，原来真的是官官相护啊！

怎么办？难道束手就擒？或者就这样返回山西？

不行，老师还在监狱之中，一日不救出老师，我们誓不返回山西！

于是大家改变了斗争策略，你们跟我们玩阴的，你以为这手只有你们会啊，我们也会！傅青主和大家想出了一个令对手猝不及防的主意，那就是，把告状信的形式改成传单的形式，然后多多抄写，大家随身携带，到京城的各个衙门去投递。

这还不够，大家还要在街上见到当官的就送一份（好在当年当官的很好识别，至少帽子就很不一样，很有鹤立鸡群的感觉），以示尊重。

这里面最狠的一招，各位可能都想不到，那就是，在街上见到太监同志也要立刻非常客气地奉送招贴海报一份，然后低声地说："大人，回去看看吧，内容十分火爆。"搞得太监们都很急切地一溜小跑就回宫里看去了。这可太厉害了，要知道太监都在哪儿活动啊，宫里啊，在宫里面制造气氛，这可是直中要害的方法啊！

估计那位张孙振老兄如果早知道自己是惹上了这帮兄弟，一定会吓得睡不着觉的。

至于传单的内容，当然是我们的傅青主同学动笔写的，以傅青主一代学问大家的文采，想写个内容极具杀伤力的传单简直易如反掌啊。节录两句让大家赏析一下吧，他说袁继咸老师"朝夕劝课，蔬食菜羹，与诸生共之，不取给于官府，不扰及于百姓，有贪吏若此者乎？！"

得，这还有什么说的呢，人家粗茶淡饭，和学生一起研究学问，连饭钱人家都不向政府要，您见过这样的贪官吗？是啊，无论搁谁拿到这传单在心里都要思考一下啊！

于是，当年在京城的街头就出现了这样一幕，一帮学子分站在各个路口，跟现在派送房地产广告的一样，派送招贴。

据说有一次，他们还在宫门外拦住了上朝的首辅温体仁，向他申诉，估计温体仁一定被吓得魂飞魄散。

但斗争是艰苦的，这个时候已经是冬天了，京城的冬天很冷，学子们从山西出来的时候只穿着单薄的衣服，现在都被冻得浑身发抖。

而且，山西张孙振派来抓捕傅青主的人已经到了，为了躲避抓捕，傅青主到处更换作战地点。

文献载，此时傅青主"敝衣褴褛，转徙自匿，百折不回"。

每次看到这里我都会心情激荡，感慨一番。真的不容易啊，估计当时这帮人混得都快跟乞丐一个模样了，忍饥挨冻，还要躲避前来抓捕的人员，而他们要面对的，却是实力无比强大的一个势力集团！

有希望胜利吗？大家衡量一下吧，真的，几乎没有。

因为，他们几乎什么优势都没有。

他们有的只是一腔热血。

和一颗忠义之心。

他们可能很饥饿了，他们的衣服可能都破了，他们可能都被冻得病了，他们的脸上可能都满是灰尘，但从他们的眼睛里，我们却看到了忠义的力量！

就是这"忠义"两个字，使得他们面对强敌毫不畏惧，勇敢地冲了上去，战斗到底！

终于，斗争获得了成效，这件事情引起了京城各个阶层广泛关注，甚至波及全国，各地的学子们都在关注着事情的进展。

估计在上朝的时候，每个大臣的袖子里都揣着一份传单，大家心照不宣，然后用很古怪的眼神看着温体仁，露出诡异的微笑。

连宫里都在议论这件事情（这都是太监们的功劳）。

最后，温体仁终于受不了了，这种精神折磨太厉害了，这是哪位老大搞的啊？我不就只是干了一点儿坏事吗？你们至于如此折磨我吗？

恰巧就在这时，不知道哪位兄弟的广告招贴，又很准确地发送到了一个锦衣卫的手中，最后竟然被送到了崇祯皇帝手中，崇祯看后大怒，吩咐严查此案。

温体仁终于要崩溃了，对不起了张孙振老弟，我还是要混下去的啊，原来商量好的二号方案取消，新的二号方案就是：干掉你！为了我，只有牺牲你了。

于是，次年一月，张孙振被捕，移交北京受审。

四月，刑部在北京城隍庙公开审理此案，傅青主出庭作证，怒斥张孙振，最后袁继咸当场被判无罪释放，后来被派到武昌去做官去了。

同时，张孙振以诬告罪被判发配边疆，永不录用。罪恶的人终于受到了惩罚！

此事令天下学子人心大快，山西学子这次勇敢而又成功的请愿，博得了一片喝彩。

事后，一位叫马士奇的人写了一篇文章，叫《山右二义士记》，把傅青主和薛宗周称誉为山西的两个义士，文献说傅青主因领导此事而"义声闻天下"。

从这件事情以后，大家就把傅青主看成是山西文人的领袖了。

后来，袁继咸曾几次邀请傅青主到武昌去做官，傅青主都以母亲行动不便拒绝了。

但是，傅青主与老师袁继咸的故事并没有结束，在明朝灭亡后，他们的故事更加令人欷歔。

◎ 痛失亲人

傅青主赢得了官司，回到山西后，开始埋头于学术研究。

从这个时候开始，傅青主对所谓的举子业开始失去了兴趣，因为他在北京看到了官场的腐败，他觉得在那样乌七八糟的环境中是不会令自己快乐的，从此，他开始将注意力集中到了诸如史学、宗教等方面的研究中。

我们现在能够见到的傅青主最早的一幅书法作品就是出自这个时期，是书写于1641年的《上兰五龙祠场圃记》，现在我就正在端详着这幅书法作品的拓本，我把自己的感受向大家汇报一下吧：它以行草风格书写，给人的感受是笔势圆转流畅，雍容华贵，从容不迫，看上去与明朝和平时期的文徵明、祝枝山等人的作品很有些相似之处，其笔意之娴雅，与王羲之的书法作品亦有相通之点。可见，前期正规的书法训练，给傅青主的书法奠定了坚实的基础，但是，由于此刻他还没有经历人生中真正的惊涛骇浪，因此书法还没有达到真正的至高境界，至少，还没有到让人望之骇然，精神为之一振的地步。

另外，傅青主到底是什么时候开始学医的呢？这是一个不解之谜，有的文献说他是家传医学，"家传故有禁方，乃资以自活"，这个说法不够确切。或者可能是家里有一些医书，但是他却没有学习，因为在他十几岁的时候父亲患了外感病，甚至到了病危的地步，根据文献，具体的症状是"呃逆，直视，循衣摸床，发黄发瘀"。如果傅青主此时要是经过医学训练的话，那么用《伤寒论》中的方法就可以解决问题，至少是缓解，但他却相信神仙，听说南关文昌庙特灵，就跑去那里一心求神，结果拿回了一些莫名其妙的神仙药，父亲服下后病情有所减轻，他还认为是神仙显灵了，可见当时他还没有学医。

在他的妻子去世后，我们也没有找到他学习医学的记载，有可能他开始对此事关注，但还没有开始学。

实际上，傅青主自己的身体就非常不好，小的时候曾经几次得了重病，差点死去，把他的父母吓坏了。

在傅青主三十五岁的时候，也就是他从北京打官司回来四年后，他的家庭再次遭遇打击，他哥哥傅庚的儿子傅襄病了，具体患的是什么病文献中没有记载，只知道没有多久就死去了，年龄只有二十岁。就在傅襄去世的当天，他年仅十九岁的妻子喝下毒药殉情自尽。

一对儿文静可爱的年轻夫妻就这样相伴着离开了人世，这是何等的令人痛心啊。傅青主的心中感到了锥心刺骨般的疼痛，他自己描述道："庚辰夏，舍侄物故，余长日拥被坐，昏昏然不出门，亦不见客，中楚不时作。"

由于有关傅青主的文献存世的比较少，而且研究得不够，所以我们对傅青主并不真正的了解，很多人只知道他是个水平非常高的医生，甚至很多人认为他是"神医"，但是，人们却不知道他的医术是怎么来的，更不知道他和他的家庭曾经被病魔逼迫到了何种地步！

现在，让我们来看看作为一个凡人的傅青主真正的情况吧，看看他是如何一步一步走上钻研医学的道路的。

傅青主的侄子去世的第二年（1641）春天，很不幸，傅青主自己也感染上了瘟疫，这次的病严重得用他自己的话来说是"几死"，就是几乎死掉。具体患病的情况傅青主自己没有记载，可见，这个时候他对医药并不了解，也没有解救的对策，多亏他的哥哥傅庚照顾他，为他精心调护，傅青主才活了下来，但是这次患病的时间却很长，直到秋天的时候还没有完全恢复。

可是，傅青主自己的病刚刚好，他的哥哥却不幸地染上了病，在第二年夏天，就去世了。

到底哥哥患病的情况如何，文献中也没有记载，我们已经无法了解当时的具体情况了，只知道这次失去兄长对傅青主的打击无比巨大。

傅青主自己记载说，在那些日子里，他和老母亲两个人整天抱头痛哭（此时他父亲已经去世），一会儿母亲安慰他，一会儿他安慰母亲，但那都是无济于事的，随即两个人又痛哭。（日夜共老母哭泣，老母慰山，山慰老母，随复涕出，不能仰视）

在那些日子里，傅青主甚至到了不能出门的地步，"直怕见人家有兄弟偕行者"，看到了人家兄弟，就想起了自己的哥哥，就会抑制不住自己，失声痛哭！

看到了吧，这就是傅青主年轻时期的真实状态，病魔一个一个地夺去了他的家人的生命，傅青主虽然此时已经学富五车，却无能为力，并因此被折磨得痛苦不堪。

怎么办啊傅青主？努力学习医学吧！千万不要让这样的事情再次发生了，快快找到你自己的位置吧，因为你日后将是我们的大医傅青主！

相信这是此时所有看官的心声。

我现在要告诉您，不要着急，因为老天爷对他的打击还没有真正到来，在他的人生历程中，他还要经历更大风雨，遭受更大的打击！

◎ 明朝灭亡了

就在傅青主的家庭连遭不幸的同时，大明王朝也即将走到了他的尽头。傅青主在这一年和几个同学去拜访了一位一百多岁的老和尚，这位老和尚曾经在辽东逗留过，傅青主他们非常想知道明军与清兵的交战情况，就问这位和尚："熊廷弼大人在辽东怎么样啊？"

只见这位老和尚仰天长叹："好个熊经略，好个熊经略！"然后伏地叩拜，半天不起，当他再次起身时，只见他已经是泪流满面了。

傅青主

傅青主等人都被这位老和尚的举动所震撼了，忙问缘故，原来，熊廷弼被朝廷奸人陷害，已经被崇祯皇帝处以死刑了。

那天，大家的心中都感到了无比的沉重，每个人都似乎预感到了大明王朝的衰败。

同年，傅青主参加了乡试，没有中，那位老和尚前来道喜，傅青主感到很郁闷，心想这位拿我开心呢吧？就说："老和尚你搞错了，我没中！"

老和尚很认真地说："对，就是因为你没中，所以我才道贺！"

傅青主听了，恍然大悟，从此放弃了科举的念头。

在这些年里，傅山写出了《两汉书人姓名韵》这样一本专业书籍，此书考据严谨，工程浩大，是不下一定的功夫难以完成的著作。随后，他又写了《性史》一书，注意，这本《性史》不是写男女关系的，而是写心性的问题，探讨"孝友之理"，"取二十一史应在孝友传而不入者，与在孝友传而不足为经者，兼及近代所闻见者"，是一本纯粹的学术研究著作。

这个时候，唯一让人感觉有些兴奋的事情就是，三立书院发来了邀请，请傅青主去做老师，给学生们讲课。

这似乎是好事，要知道现在毕业能够留校任教也是好差事，可是，傅青主却怎么也乐不出来；因为，李自成已经马上要打过来了（或者说是已经打过来了）。

学校让傅青主等老师讲课的内容居然是军事教育等，有什么火攻、守城之类的。

也不知道文人傅青主老师的讲课效果如何，总之文献中只留下了他评价当时教育政策的一句话："迂哉，蔡公（当时的巡抚，兼管三立书院的工作）之言，非可以起而行者也。"

其实这句话说得很空，也没有提出自己的见解，反正评价别人迂也好，自己迂也好，此刻都不管什么用了，因为天下的趋势已经无人能够阻拦了！

相信任何处在明清交替时期的人都会感到无比困惑的，因为时局变化得太快了。公元1644年，也就是著名的甲申年，三月的时候李自成攻克了北京，崇祯皇帝上吊自尽了，明朝灭亡。正当这些忠于明朝的文人痛骂李自成的时候，五月份清兵就进驻了北京，然后清兵就横扫中原，估计当时的老百姓只能看见军队打来打去，都快分不清到底是谁打谁了。

清兵杀过来后，斗争的矛盾性质就变了，原来还是中原的内讧呢，这可就是外族入侵了，虽然现在满族已经和我们是一个大家庭了，我还有若干个哥们儿的老婆是满族人，但是那时候的认识可不是这样，否则您就没法儿理解为什么那么多人宁可掉脑袋也要抗争到底。那个时候人们对清兵的愤恨，和后来对日本兵的愤恨是一种性质的，抵抗外侮的。

就在眨眼之间，文人心中的支柱，大明王朝覆灭了，取而代之来统治自己的居然是些骑着马的外族人。

这对傅青主来说才是无比巨大的真正的打击，甚至他整个一生都没能从这种阴影里走出来。在那些日子里，傅青主在数次努力参与抗争斗争后，感觉凭自己的力量是无法与整个局势抗衡的，怎么办？清兵此时开始要求所有的汉人剃头了，难道自己也要被剃成一个瓜皮头？那可真是奇耻大辱啊，怎么办呢？

此时，另一位医生喻嘉言的办法是出家当和尚。

傅青主和喻嘉言的办法有着异曲同工之妙——出家当道士。

就在这一年，傅青主三十八岁，他上五峰山，拜还阳真人郭静中为师，出家做了道士。

◎ 学医之谜

现在，我来给各位解开傅青主到底是何时开始学医的谜团吧！

我翻遍了傅青主留下的文献，在甲申年做道士之前，没有任何他给人看病的记载，反倒是他和他的家庭被病魔折磨得痛不欲生。

从他做了道士以后，文献中开始出现了给人诊病的记载，比如，他从五峰山下来后，开始到晋中各地游历，寻找反清复明的机会，到了哪个地方，老百姓就请他看病，有的时候想走都走不了，而且治疗效果还非常好，也不收老百姓的钱。（所至老幼男妇以疾请者，辄遮留不得去，从容诊治，多奇验，酬之金，不受也）

另外一首他写于四十四岁的诗记录了他给一个叫花史的人的母亲看病，病痊愈了以后，花史用驴驮着傅青主来回往返的过程，诗下自注中写道："花史母君得危疾，余设医愈之，每往来皆以其所爱黑驴驮之。"

各位自己看看，这前后有多大的反差，从之前被病魔逼迫得痛哭流涕，到后面的从容不迫，显然在五峰山上傅青主经历了一个人生的转折点。那么，到底在五峰山上发生了什么呢？

所有的疑点，集中到了这位还阳真人郭静中身上，他到底是谁呢？难道是他，使得傅青主发生了什么改变吗？

让我们从文献里找找傅青主和郭静中的交往记载吧。

现在我们能够找到的，只有傅青主写的几首和郭静中道长交往的诗了，其中有一首题为《甲申八月访道师五峰龙池不遇，时道师在马首伪署，次又玄韵》。这里的伪署指的是李自成起义军的一个办公地点，可见当时郭静中道长和李自成军队有联系，这个时候李自成已经从北京撤出，成为抵抗清军的一股力量，估计当时已经全乱了，管他什么李自成还是明朝残部，只要是抗击清军的都是团结的对象。这次傅青主并没有见到郭静中，失望而归。

然后，有一首诗是在冬天写的，题为《雪中过五峰道师留夜谈》。在那天，天空下着雪，冷风刮过山峰，发出尖锐的声音，傅青主奋力上山，来到了郭静中道师的道观，两人秘谈了一个晚上，他们房间的灯一直亮了个通宵。

至于那天晚上他们到底谈论了什么？则成了一个永远没有人知道的秘密。

但是，我们从傅青主日后的行为中，似乎可以猜测出当晚谈话内容的一些大概。

从那以后，傅青主以道士的身份开始游走于各地，从事反清复明运动，显然这应该是当晚谈论的内容之一。

从那以后，傅青主开始留心医药，钻研医籍，最后终于成为一代名医，相信这也是那晚谈论的议题之一。

傅青主的好友兼三立书院的同学戴廷栻在给傅青主写的传记中说"道人（指傅青主）善病，受道还阳真人"，意思是说傅青主身体不好，经常患病，因此受道于还阳真人。这里，"善病"和"受道"有什么关系，为什么他要连在一起写，难道是还阳真人会对傅青主的身体有什么指教和帮助吗？

再联系傅青主写的《雪中过五峰道师留夜谈》这首诗中，曾把还阳真人郭静中比喻成给人间送药的仙人王子乔，我们则可以更加坚定前面的观点，在那个夜晚，健康问题一定是一个重要议题。

那么，这位还阳真人郭静中到底是个什么人呢？他神秘的面纱下面到底隐藏着什么秘密呢？

此事历来文献中记载甚少，这位还阳真人似乎神龙见首不见尾，外人很难遇到他，连傅青主在开始的时候找他都难。在傅青主拜他为师的时候，他已经是八十五岁的老人了，居然还能下山跑到李自成的军营中，实在是体力好得很啊。

现在，让我们解开这位郭大侠的神秘面纱吧！

原来，这位郭大侠本是明处士，看到明朝开始衰落了，就出家做了道士（师明处士，见明之衰，遁于黄冠），至于他是哪派的道士，从他赐予傅青主道号"真山"的"真"字来看，他是属于全真教龙门派的，因为龙门派以"道、德、通、元、静、真、常、守、太、清"等十字为号。

但是，他却似乎不拘于派别之限，而更擅长道教神霄派的修炼。神霄派最擅长什么功夫呢？一个是修内丹，一个是驱雷行雨。文献记载，这位郭大侠"尝过华阴，遇异人刘，授以金丹之术及五雷法。由是往来晋楚燕赵间，善祈雨，遇旱则各省院司及州县之长吏，辄走书数百千里迎还阳为祷。祷时亦无他异，但结一坛，登坛以掌中雷印拍手一拍，则霹雳随起，大雨如注。或求之者众，则第书一符以付之，持者方入境，而雨已集矣"。

这段话的意思是说这位郭大侠路过华阴的时候，遇到了一个姓刘的神秘人物，这位刘老师传授给了郭大侠炼内外丹的方法，还有驱雷行雨的方法。从此以后，郭大侠就开始在各地行雨，他的主要客户就是各地的政府部门。遇到大旱的时候，政府官员就千里迢迢来请郭大侠。郭大侠驱雷行雨时也没有什么特别的，就是建一个高坛，站在上面，一拍巴掌，雷声就响起来了，然后就大雨如注。

这么看，郭大侠当年简直是一个超酷的人物。不知道这种道教文献里的记载有多大的可靠程度，估计是神话的成分居多，居然敢挑战天气预报，胆子似乎大了点儿，但是他们注重气功调理身体倒是真的。

更重要的是，这位郭大侠博览群书，"尤精于《易》"，显然，这对傅青主是有影响的，因为以傅青主这种钻研学问之人，《易经》那是必须研究的，而且后来傅青主还是此中高手。

总之，可以肯定的是，傅青主没有去学习驱雷行雨的方法，否则历史就将重写，后世会出现一个在气象局工作的傅青主，而不是像现在这样在卫生系统。

那么，傅青主在郭大侠这里到底学习了什么呢？神霄派的修炼内容里有什么对傅青主有启发呢？

这要从神霄派的理论核心说起，神霄派的理论基础是天人感应与内外合一说，谓天与我同体，人之精神与天时、阴阳五行一脉相通，此感必彼应。在他们的经典《雷说》中有这样的内容："学者无求之他，但求之吾身可也。夫五行根于二气，二气分而为五行，人能聚五行之气，运五行之气为五雷。"

可见，他们在修炼气功的时候是以五行和阴阳为基础的，尤其注重五脏配五行之间的相生相克的关系。

那么，让我们来翻翻傅青主的医书吧，我们会吃惊地发现，傅青主所有的医方和治疗方法都用五行生克来分析，这是他的医书的最显著特点。

原来如此啊！

而且，傅青主医学思想的一个主要特点是善于补益，却不擅长外感病的治疗，这也与道家修炼擅长补益有相似之处。

而从傅青主留下的关于郭静中道长的记录中，我们确实可以发现，这是一位得道高人。

在郭静中九十岁的时候（顺治五年），傅青主还写了一首诗《书扇贻还阳道师》，诗的序中还记载了还阳真人用气功调治自己身体的事情。

而王又朴（1681—1760）写的《诗礼堂杂纂》中的记载则更加印证了我们的推测，他说："先生（指傅青主）性好奇，博学，通释道典，师郭还阳真人，学导引术。"导引术，即气功之类的养生方法，实际上，傅青主学习的应该还不止这么多。

我们猜测，也可能傅青主早就看过一些医书，但是没有取得突破性进展，但是在郭静中道长的启发下，开始把握住了五行辨证的精髓；或者是干脆他就是在这里开始起步攻读医书的。

在后来，他刻苦攻读了《黄帝内经》等医书，同时用道家的思想来对其进行辅助消化，终于发展出了中医理论的一个独特的领域。

这就是事情的真相。关于傅青主的医术到底是从哪里来的，前人没有阐发过，这一直是一个谜团，大家都含糊带过，现在，我把它给剥离出来，希望大家能够理解，我们的傅青主并不是一个横空出世的神仙，而是一个饱经沧桑、备受疾病折磨，最终在祖国古典文化的启发下，悟出健康之道的普通人。

◎ 恩师被杀

到底傅青主在五峰山上向郭静中道长学习了多长时间，文献中没有记载，似乎时间不是很久，但是，以傅青主学贯天人的博学之才，稍加点拨就会融会贯通的。他在研读中医古典著作的同时（现存《霜红龛集》有傅青主读《黄帝内经》的大段笔记），还在阅读诸子百家的时候来与医学理论互相参证，这则是其他人所无法做到的。

我相信他一定从郭静中道长的嘴里得到了切实的指点，因为他在《题幼科证治准绳》中，提出了学习医学的正确途径。他说："既习此，实无省事之术，但细细读诸论，再从老医口授，自当明解。"既然他认为"从老医口授"如此重要，而在他的一生中并未见他跟随其他人学习，因此，郭静中道长的指点一定是十分重要的。

在他下山以后，开始在山西各地游历，他的足迹遍及平定、寿阳、盂县等地，一方面寻访志同道合之士，伺机准备反清复明，另一方面开始了行医的实践活动。在这段时间里，他的医学理论和临床实践开始结合，医疗水准得以大幅度地提高。

在这样的岁月中，公元1644年过去了，也就是说，崇祯十七年甲申，是人们使用明朝年号的最后一年了。在这一年的除夕之夜，傅青主百感交集，他写下了《甲申守岁》这首诗："三十八岁尽可死，栖栖不死复何言。徐生许下愁方寸，庚子江关黯一天。蒲坐小团消客尽，烛深寒泪下残编。怕眠谁与闻鸡舞，恋着崇祯十七年。"

傅青主

凄惨之意，尽显笔端。

但是，其中又透露种种豪情，似有所寄托。

这样过了一年，在公元 1645 年，发生了一件意想不到的事情，傅青主的老师，就是那位傅青主帮着打官司的袁继咸老师，在反清斗争中，被俘了。

袁继咸老师在武昌，后来清军入关后，他就跑到了南明政府，负责抗清的军事事务，在清兵南下的战斗中不幸被俘，被押送到了北京。

在被押解的途中，他写了一首诗给傅青主，诗云："独子同忧患，于今乃离别，乾坤留古道，生死见心知。贯械还余草，传灯不以诗，悠悠千载业，努力慰相思。"

然后，他还说他已经知道傅青主出家为道士了，很高兴，并鼓励傅青主一定不要出山为清廷做事。

傅青主在接到老师的信以后，犹如五雷轰顶，虽然他早已料到会有这么一天，但没有想到会来得这么快。怎么办？恩师命悬一线了！此次情况，与当年被诬告有着天地之别，这次绝对是杀头之罪啊！

于是，傅青主毅然辞别家人，收拾行囊，秘密潜入了京城。

在京城，他早晚窥视监狱的情况，伺机解救袁继咸老师。

但是，此时的清政府已经政权巩固，岂是一个区区傅青主可以劫得了法场的？于是，不久袁继咸就被清政府杀害了。

在被杀之前，袁继咸老师给傅青主传出来一封信，信中说，自己有两本著作，一本《经观》已经完成了，另一本《史观》还没有完成，傅青主能否替自己写完，同时，他说："山西的那些学者中，唯有你傅青主最了解我，现在我不希望你来为我送行。但是，请相信，我绝对不会做出对不起国家的事情，使你日后以结识我为羞啊！"（晋士唯门下知我甚深，不远盖棺。断不敢负门下知之，使异日羞称袁继咸为友生也）

在这封信传到傅青主手中的时候，傅青主知道一切都晚了，他的老师已经殉国了，他手捧着书信，放声大哭！说："呜呼！吾亦安敢负公哉！吾亦安敢负公哉！"

在民族危难之际，这些文弱的学者，用飞溅的一腔热血，来印证了"舍生取义"这四个字！

最后，傅青主收拾了老师的书稿，含着眼泪，返回了山西。

◎ 那些慷慨赴死的兄弟们

回到山西后，他继续在民间游历，一边诊病，一边联络有识之士。他在这一时期的诊病活动是可以从他的诗作中看出来的。他与老百姓建立了非常好的关系，走到一个村子，就给人看病，也不收诊费，然后这家给他点饭，那家给他些水果，一个书香门第出身的大学问家，此刻开始彻底地融入了老百姓之中了。

但是，傅青主这个时期的反清复明活动却很少能够在文献中找到，因为当时的活动太隐秘了，在那些时候都无法见诸记载，当然我们现在也就无从看到了，但是从他的一些诗作里，仍然可以看出一些蛛丝马迹。

在公元 1649 年，也就是傅青主四十四岁那年，山西各地开始了农民起义，反清的大旗被重新拉了起来。

看来这些起义很让清政府头晕，因为清政府一下派出了多尔衮、鳌拜等著名的猛人出兵镇压。

在清政府残酷的镇压下，起义军损失惨重，但也歼灭了大量的清军。

傅青主曾经积极地参与策划起义等事宜，一同参与的，有当年在三立书院和傅青主一起进京请愿的薛宗周、王如金。

在最后的日子里，他们聚集了很多起义人员，准备奔赴太原，参加最后的决战（此时前方已经开战了）。在路过雷家堡的时候，有位曹举人为他们摆酒饯行，席间，曹举人劝大家，现在实力悬殊，就别去送死了。

薛宗周激动地说："我们也知道此去有去无回，但如果我们看到了明朝的旗号，却还观望的话，那么我们还算是大丈夫吗？！"（极知事不无利钝，但见我明旗号，尚观望，非夫也）

然后，薛宗周转身对王如金说："你有老母亲在堂，就别去了！"

王如金盯着薛宗周回答："我已经和母亲讲了，是老母亲让我去战斗的！"

薛宗周含着眼泪点了点头。

最后，他把傅青主拉到了旁边，对傅青主说了一番话。

傅青主

他说："青主，你我兄弟一场，今天就要分别了。"

傅青主很诧异："此事怎讲？"

薛宗周："我希望你能够活下去，我们这些人里，你的笔法最好，我希望你能够在我们战死后，把我们的故事写下去！"

傅青主一听急了："大家一同出生入死，为国捐躯，岂可独活我一人！"

薛宗周："青主，此事必须有人记载下去，这比我们去战斗还重要啊，否则，壮士们一腔碧血，转眼就会被掩埋掉的，反清复明的大业，又岂是一天能够完成的！"

傅青主的眼泪汹涌而出，已经无法说话了。

薛宗周："青主，为了弟兄们，请你一定要活下去啊！一定要把壮士们的精神写给后代！让千古之后的人知道，什么是‘忠义’二字！"

傅青主紧紧地抓着这位兄弟的手，泪流满面。

然后，薛宗周转过身，带领着这几百人的队伍，奔赴前线。

此次战役，清军派重兵大举进攻，起义军最后退守晋祠，清军攻城几日不克，最后挖地道放入炸药，炸开城墙，起义军与清军展开了白刃战，王如金身中数箭，力战而死，薛宗周力战群敌，最后葬身烈焰之中。

他们不是正规的军人，他们是手无缚鸡之力的书生，但是，在国难当头的时刻，他们却拔剑杀敌，慷慨赴死！

面对这些前辈，我们斯复何言！

在事后，傅青主含着眼泪，写下了饱含悲愤之情的《汾二子传》，其中详细地记载了起义的过程，和最后壮士们慷慨赴死的过程，此文流传了下来，我们现在可以看到。

傅青主一生都在自责，怎么没有在那场战斗中和大家一起死去。

但是，我相信，薛宗周在九泉之下一定会微笑的，他一定会说：谢谢你，青主，是你，成就了我们的义举！感谢你。

《汾二子传》这样的文章流传了下来，傅青主一生写的多如牛毛的攻击清朝的诗作也流传了下来。其实我一直都很奇怪，为什么在文字狱那么多的清朝，傅青主会是一个例外，不但没有因此而受到迫害，清政府还不断地试图给他官做，最后连皇上都对他特客气，真是奇怪，看来，有忠义之心的人连敌人都会佩服的啊。

◎ 朱衣道人案

从那以后，傅青主继续在民间行医，同时著书立说，直到四十九岁的时候，发生了著名的"朱衣道人案"。所谓朱衣道人就是傅青主的别号，傅青主因此被捕入狱。

事情发生的起因是这样的，当时在南方还有南明永历政权从事反清运动（后来被吴三桂给镇压了），永历政府派了一个叫宋谦的人到山西来组织起义。此人来到山西后，广泛联系山西反清人士，准备伺机起义，宋谦曾经前来见过傅青主。

本来宋谦和各界人士约好在三月十五日起义，但他在三月十二日路过武安县的时候，有个捕头发现宋谦骑着骡马，并随身带着弓箭，形迹可疑，就报告了县衙。结果县衙派兵丁在十三日凌晨将宋谦抓获，在严刑拷打下，宋谦变节，供出了起义的一些组织者，这其中就有傅青主的名字。于是河南巡抚（此事发生在晋冀豫交界）上报朝廷，不久，朝廷下令，将宋谦正法（这是个很愚蠢的命令），捉拿其他人等。

于是傅青主及其儿子傅眉入狱。

整个案件的过程其实我们能够从普通文献里见到的记载很少，大家历来说法不一，但幸运的是，1963年在北京中央档案馆的清朝档案中发现了"朱衣道人案"的审讯记录和判决题本，这样，我们就看到了真实的情况，对事情有了深入的了解。

傅青主在被捕后，"容色自如"，虽严刑拷打，仍"言语不乱"，显示了大丈夫本色。

在审讯中，傅青主面对审问，从容应对，一口咬定没有参与，拒绝供出其他人，因为知道宋谦已经被处决，所以在应对中提出了一个要求："若将姓宋的提来，与山（傅青主自己）杂在乱人中，他若认识得山，山便情愿认罪。"（以上为审讯记录原文）

审讯的人气得脑袋都快爆了，谁下令先把宋谦杀掉的啊（皇上下的令），现在死无对证啊。

没办法，只有严刑拷打，于是大刑伺候！

这个案子一直牵动到清朝的最高统治者，顺治皇帝几次朱批，指示如何进行审理，可见清政府对此十分重视。

可是，却一直从傅青主的嘴里得不到任何有价值的内容。

最后，傅青主说宋谦来拜访他的时候他拒绝了，没有见面，当时有山西布政司经略魏一鳌正巧来傅青主的家里给他父亲求药方，所以亲眼看见，可以作证。

傅青主就是这么随口一说，其实哪有这事啊？

那么，如果衙门去询问魏一鳌岂不就暴露了吗？

实际上，傅青主心里是有数的，能够在危急关头托身的朋友是谁，他自己心里应该很清楚。

果然，衙门派人到布政司魏一鳌那里询问。

魏一鳌听了，连一点犹豫都没有："没错儿，当时我就在傅青主的家里，亲眼看见的，他们没有见面。"

什么是真正的朋友？可以将生死相托者方是！

这事儿又被汇报给朝廷，北京那边在八月由皇上下旨，由刑部尚书任俊、都察院左都御史龚鼎孳、大理寺卿尼堪等十五名大臣会审（级别很高了），结果又是搞不出个结论，最后还是告诉下面，严刑逼供！

在遭受酷刑的时候，傅青主还曾经以绝食来进行抗争，他曾绝食九日，可见其不屈的意志！

傅青主是六月份被捕的，期间受尽了折磨（大家可以想象出来，清朝的酷刑是比较多的），严刑拷打甚至摧毁了他的健康，但他始终不曾低头。

他还在监狱里写下了许多诗篇，在诗中，他曾经用坚硬如石的老椿树来比喻自己："狱中无乐意，鸟雀难一来。即此老椿树，亦如生铁材。高枝丽云日，瘦干能风霾。深夜鸣金石，坚贞似有侪。"其坚毅乐观之气节，令人赞叹！

要是我们自己碰到这种情况不知道会表现如何，您可以设想一下，被日本鬼子抓去了，会经受得住严刑拷打吗？

傅青主不但能，居然在监狱里还有精力给别人讲课（俺真是服了），他在给一个青年狱友讲忠孝的事情的时候，提到了自己的母亲。其实，傅青主在监狱中最担心的就是自己的老母亲，她已经八十多岁了，还让她跟着自己担惊受怕，实在是心中不忍啊，但是他说忠孝不可两全，想必母亲该会理解自己"责有不得辞"吧。

那么傅青主的母亲此时如何呢？文献载，老人家对傅青主的侄子傅仁说："你二大爷，我已是舍了。"此时老人家里已经没有什么人了，儿子和孙子都入了监狱，但老人却平静如常，她对傅青主的朋友们说："道人儿应有今日事，即死亦分，不必救也！"可见，她早已做好了牺牲自己儿子的准备。

那么，难道老人真的是那么坚强吗？实际上，人心皆为肉长，哪有不痛心之理？别人告诉傅青主，他的母亲实际上却已"饮食稀少，泪眼肿痛"，背地里"念儿忆孙，不少绝口"！

傅青主听了以后，心如刀割，"热泪浇心"。

到了年根底，由于始终审不出个眉目来，只好先把傅青主的儿子傅眉放回。

傅青主在后来的诗里描述了傅眉一路狂奔回家的情况："黄昏奔西村（他们家居住的地方），几死固碾沟（差点掉进沟里）。敲门见祖母，不信是尔不。稍马顷少米，菜向邻家求。明日是年下（除夕），稀粥寒灯簌。老母举一匙，如我进遮羞。"

诗中写到傅眉回家后，老祖母简直不相信是他回来了，马上拿出仅有的一点米，然后向邻居要了点菜，给傅眉做吃的。明天就是除夕夜了，结果祖孙两人在寒冷的屋子里喝点稀粥就算迎接新年了。

每次读到这首诗，我都会泪流满面。

好一位深明大义的老人啊！

在审讯实在没有什么结果后，只好在第二年的七月份，由顺治皇帝下旨，把傅青主给释放了。

时人称赞傅青主"浩气如虹贯碧空"。

傅青主在出狱以后，曾经去南方游历，估计他是想考察一下南方反清斗争到底进行得如何了，因为听到的传说太多，今天说那儿起义了，后天又说没有，到底如何呢？傅青主决定亲自去看看。

这次游历的结果是，傅青主看到清朝政府已经基本控制了全国的局势，各地已经基本平静了下来，老百姓已经开始恢复生产了。正所谓，大势已去矣。

这次游历是傅青主生活的一个转折点，从此，他知道武力斗争已经没有太大希望，自己能够做的，只是不与清政府合作而已。

回到山西后，傅青主搬到了太原东山脚下的松庄，因为他不承认满清政府，认为自己是侨居在异国的统治下，所以一直称自己侨居松庄（当时还没有护照之类的说法，所以华侨的身份可以自己封）。

在他侨居松庄的第一年，他的母亲去世了，享年八十四岁。

◎ 侨居松庄的日子

他在松庄一住就是十多年，在这些日子里，他除了整理一些学术著作，生活中一个比较重要的事情就是为人瞧病，因为此时他的医名已经比较大了，前来求方的人很多。

他在临床中发现，妇女患了病是比较凄惨的，过去人很封建，尤其是妇科疾病都认为是隐私，所以一般都不好意思讲，等到病重了，治疗的难度也大多了。而妇女在中国社会环境下所承受的压力也较大，生孩子，养孩子，孝敬公婆，伺候老公，都一个人干了，一般是还没到四十岁呢，就是一个标准的黄脸婆了，有的甚至因疾病而早死。

而且，由于妇女的生理与男子不同，因此，其疾病也有自己的特点。

所以自古有"宁治十男子，不治一妇人"的说法。

在面对这些患者的时候，傅青主的心情是非常难过的，因为他想起了自己早逝的妻子。

为什么治疗妇女疾病的方法如此之少呢？难道妇女就不值得我们去尊重吗？

于是，有着叛逆思想的傅青主开始刻意于妇科病的治疗，并在这期间写下流传千古的《傅青主女科》。

说起这本《傅青主女科》真是值得特书一笔啊，这本书对妇科疾病分析得非常透彻，其中的药方也是傅青主经过千锤百炼，最后总结出的。此书之精炼，临床疗效之好，我认为古今少见，就在今天，很多妇科医生仍然是用其中的方药来进行加减，每天全国妇科医生开出的傅青主的医方应以千计，我自己就在临床中经常使用傅青主的方子，疗效都非常的迅速，所以对其推崇异常，经常向同道朋友宣传。

由于傅青主这个人太神秘了，光他的笔名就有几十个，所以在清朝的时候曾经有人怀疑《傅青主女科》是否是他写的。实际上在近世已经没人争论此事了，因为新中国成立后在山西发现了多部傅青主医学著作的遗墨和抄本，经过文物考古专家鉴定，已经得到确认。

值得欣慰的是，随着社会的稳定，家藏文物的人不断献宝，目前有更多的傅青主留下的文物正在被公之于世。

除了《傅青主女科》，他还在这个阶段写下了很多其他医学著作。

在他的诗作里，我们可以看到傅青主这一时期的写作状态，如"一缕沉烟萦白牖，先生正著养生书"（摘自《青羊庵》，先生是指他自己）、"江泌惜阴乘月白，傅山彻夜醉霜红"（摘自《红叶楼》），可见他经常通宵达旦地写着医学著作。

当然，您别以为傅青主整天都在写医学著作，那就错了，傅青主的博学是我们无法想象的。首先说他的书法，此时他的笔风已经由原来的雍容华贵变成了狂傲和洒脱，其气势之恢弘，其对章法之藐视都达到了令人动容的地步，尤其是他的草书作品，更是让人看了心旌摇荡，有慑人的气魄。

我经常向人讲做事的境界问题，而书法是最能体现此中之道的。做事有"术"和"道"的区别，有"术"的人已经很不错了，可是他们会经常发现，到一定程度以后自己再也无法提高了，怎么努力都无济于事，这个时候，如果他能够获得更高的境界，进入"道"的层次，那么他就会获得突破性的进展。而现在很多人写草书，都是沉醉于"术"的层次，事先安排好运笔的路线，然后慢慢地按照设计线路书写，这样的作品总是在二流中，而真正达到了一定境界的书家，则根本不是这样写的，他们完全是自己先进入酣畅淋漓的状态中，然后挥笔而就。据说唐代张旭在写狂草的时候，经常是喝了酒，自己兴奋得大呼小叫，然后一蹴而就。这种作品，才是真正能够震动人心、气势磅礴的作品，让他自己再写第二遍都不可能。你再来看傅青主的作品，亦多如此。

傅青主

因为，他已经达到了那种意在笔先，无拘无束的境界。

书法界公认，傅青主是中国最后一位草书大师，从此以后，如此大师，再也没有出现过。

有的人说在20世纪80年代又出现了许多草书大师，在我看来，"出现了许多"，就等于"根本没有出现"。

因为，书"道"的功夫在笔墨之外，在人生的境界中。

顺便说一句，傅青主的某些书法作品在现在看来（比如《啬庐妙翰》手卷中的楷书），绝对是后现代主义作品，放在今天风格前卫的美术馆中展出，仍然绝对前卫。

他和他儿子傅眉的某些画也是，我乍一看吓了一跳，这不是典型的印象派画作吗？

傅青主在学术研究方面则认为"古学不可废"，因此他把研究各种古学都当作自己的任务。他提倡"经子平等"，在注解、训诂、考据的基础上，开始进行批注、评注、校改。他打破独尊儒术的概念，对诸子百家一同研究，开创了研究子学的一代风气，子学研究从他那里开始繁荣起来。

总之，他的学问我难以用简单的语言来概括，各位知道他是一位在学术各个方面都有巨大建树的人就可以了。

有人会提出这样的问题：这位涉猎的范围如此的广泛，能样样都精吗？

这个问题我也曾考虑过，因为我也没有达到那种境界，所以只好猜想（实在是没有办法啊，请各位原谅）。但是我们会发现，这个世界上有许多大师，会同时在几个领域里都独占鳌头，因此我猜想学问之间是互通的，是互相促进的，可能在一个领域达到了至高的境界，也会使人更容易理解其他领域的问题。大家也帮着想想，是不是这么回事儿。

由于傅青主的学问太大了，所以前来拜访的人络绎不绝，全国各地的许多学术精英都前来拜访，进行学术交流。其中比较有影响的比如著名大思想家、学者顾炎武，这位是当时学术界的一大牛人，学贯天人，也极重民族气节，一生反清，同时学问渊博，在音韵、训诂、考据方面是一代大师，和傅青主两人一见如故，从此成为一生的好朋友。这两位大学究在一起，那可真叫一绝，他们俩说话估计您站旁边可能听不懂，因为全是典故，听上去就跟江湖黑话似的。在《十七史商榷》中记载，有天傅青主叫顾炎武起床，说了句"汀茫久矣！"顾炎武一愣，继而才恍然大悟，原来古音中"天"就读做"汀"，"明"就读做"茫"，也就是"天亮很久了"的意思，人家大学究的说法就是不同。

两人在一起还写了大量的诗，各位别以为古人写诗很费精力，其实就和我们发帖子一样，随手写的，特快。这两人写的诗拿来，可能大家基本都看不懂，也都是满篇的典故，看来学问太大了也是毛病啊！

当然，这样也有一点好处，就是他们在商量反清复明的事情的时候，就算弄一个清廷的密探在身边，这位密探伸多长的耳朵也听不懂，怎么也要个教授级的密探才能听个大概。

后来这二位为了给反清复明提供方便，还创造了一种转运资金的方式，就是票号，这就是后来横行天下的山西票号的开始。没有想到，两位大学究的一个点子，竟创造了日后的票号传奇。

为了生活，傅青主和儿子傅眉在太原南门附近的玄通观旁开了个药局，其实傅青主不常在那里，生意主要是傅眉打理的。有趣的是，我们的高人傅青主极具广告意识，竟然自己手书广告招贴，贴到大街上，这可真是一大奇闻，现在山西省博物馆还收藏着傅青主亲笔广告招贴一张，实在是让人眼界大开。现在我给收录如下，让大家也欣赏一下：

"世传儒医西村傅氏，善治男女杂症，兼理外感内伤。专长眼疾头风，能止心痛寒嗽。除年深坚固之沉积，破日久闭积之滞瘀。不妊者亦胎，难生者易产。顿起沉疴，永消烦苦。滋补元气，益寿延年。诸疮内脱，尤愚所长。不发空言，见诸实效。令人三十年安稳无恙，所谓无病第一利益也。凡欲诊脉调治者，向省南门铁匠巷元通观阁东问之。"

怎么样？有趣吧，瞧人家广告写得都那么对仗，可能要说这知识分子下海，傅青主算是早的了。

但是，估计这则广告的效果不会好，因为大家一看是傅青主写的，立马就抢先撕下来，拿回家当宝贝收藏了（这不就最后流转到山西省博物馆了），估计傅青主写一万张也没有用，只能是让现在拍卖行里更热闹一些而已。

当然，这个药铺只是傅青主一家糊口而已，他的生活依旧拮据，经常

是靠朋友们接济度日。

◎ 敢跟皇上叫板

在这样的忙碌中，转眼到了康熙十七年（1678），这时傅青主已经七十三岁了。这一年，康熙皇帝为笼络知识分子，施行怀柔政策，让各地推荐选拔有学之士到北京应试，录用授官。

这就是著名的博学鸿词科考试，正月二十三日下的诏，结果立刻就有人跟着起哄，吏部给事中李宗孔、刘宗周推荐傅青主，让他赴京应试。

傅青主这个气啊，都七十多岁了，还考什么试啊，我一辈子都反清你们又不是不知道，于是就托病推辞。

没办法，名声太大了，躲不过去，朝廷一听：什么？傅青主不来？那可不成，传令下去，必须来！

这下苦了下面当官的，县令戴梦熊亲备驴车，来到傅青主家，就差点给傅青主跪下了："老大，你就给点面子吧，你不去也就罢了，可我还要在道上混啊，您就行个好吧！"

其实这位县令平时和傅青主还真不错，没办法，犹豫再三，傅青主想这事也不能拖累别人啊，就在儿子傅眉的扶护下上路。

但他这次去京城，是下了可能要死掉的决心的，他在《病极待死》诗中写道"生既须笃挚，死亦要精神……"，"此生若得生还里，汾水西岩老首丘"。

在进京的路途上，傅青主悲愤交集，寝食皆废，据说他用锥子刺破两腿，造成了自己伤病的假象。

到了京师后，傅青主让驴车停在了崇文门外，拒不入城，他在崇文门外三十里找了一个久无人烟的圆教寺中住下。

真是牛啊，这是何等气节！我不承认你的政府，连你的都城都不进。

这时候城里的人听说忠义满天下的傅青主来，这可是大新闻，于是组织了浩浩荡荡的傅青主参观团，上至什么王公九卿、士大夫，下至普通老百姓，全都跑出城来，到这个圆教寺来探望他。估计其中有很多人也不知道什么是学问，有的是附庸风雅的，也有纯粹是崇拜的粉丝，反正是都来了，简直快把这个圆教寺挤破了，没办法，傅青主一律借口病重，躺在床上，不起身迎送，由儿子傅眉迎送各位。

这些被推荐的一百多位学者大部分是当年秋天到的北京，结果考试是第二年三月才举行的，这帮学究在北京住了那么长的时间，干吗呢？没事就互相交流吧，于是就开始互相串门，最后使这次考试变成了一次全国性的学术交流大会，会后还发表了论文若干（互相应和写的诗作）。

第二年三月，考试开始了，大家都参加考试并被皇帝赐宴体仁阁，这对一个知识分子来说是何等的荣耀啊！

结果傅青主告诉考官，对不起，我身体不好，不参加！

这让康熙皇帝觉得很没面子。

接着是在保和殿由康熙皇帝面试，结果很多参加考试的人没有通过，倒是没有参加考试的傅青主，康熙皇帝宣布因为"人望"（短信支持率太高），被破例"示恩"，授予官职。吏部本来是拟定授予"正字"，但是康熙觉得官号太小，下旨"傅山文学素著（是挺著名的，净拐着弯儿地骂清朝政府来着，骂了一辈子），念其年迈，特授内阁中书，着地方官存问"。

好嘛，这可真够客气的了，这搁一般人可就乐坏了，还不赶快谢恩？

结果傅青主告诉来提醒谢恩的大臣，我不去！没什么恩可谢的。

啊？！这下可把这帮大臣给吓坏了，这您还不谢？老大，您实在是太不给面子了吧，怎么说这也是皇上啊？

傅青主告诉他们，不去，再逼我，我就绝食死给各位看。

天哪，那也得逼啊，否则我们没法儿交代啊！估计当时这帮大臣的腿都抖了，吓的，脾气倔的见过，这么有骨气的没见过！

于是接着逼，傅青主就真的绝食给他们看。（七日不食，佯颠将绝）

这下大臣们更傻了，这人要是死了，就更没法儿交代了。傅大爷！我叫您大爷成吗？您就给个面子吧！

傅青主还是不去。

这时有位叫冯溥的大臣急了，因为这事他是主管啊，他也管不了那么多了，就直接命令人强行架着傅青主来到了午门（因为谢恩要在午门），没想到傅青主一看见午门，想到故国尚在，江山易主，不禁眼泪喷涌。

此时，别的人都受宠若惊，远远地向康熙三跪九叩首，傅山却昂首挺胸，直立不跪。

这帮大臣们吓得差点尿裤子了，心想傅大爷啊，您这是什么胆子啊，这不要命了吗！

那位冯溥更急了，急忙扑上去，强把傅山按倒在地。

在皇帝身旁的大臣魏象枢连忙向皇帝解释说："行了，行了，他已向皇上谢恩了"（止，止，是即谢矣），康熙皇帝也自己打圆场，好，不用谢了，平身。

这才算应付过去。

很快，傅青主就准备离开京城，要返回山西。在他走的时候，大学士以下皆出城送他，这帮人实在是太佩服他了，赞叹傅青主"权贵难移志，威武不能屈"，连那位冯溥都来写诗相送。在北京春天满天的风沙里，傅青主载着满满一驴车的送别诗，离开了京城。

公平地说，此次进京，傅青主本来是抱着必死的信念来的，但是谁都没想到康熙皇帝如此有度量，在傅青主的进逼之下，居然毫不在意，还优待对方。从康熙皇帝这边看，因为此事得到了更多文人的心；而从傅青主这边看，此事则成全了他一生的气节。

倒是一帮大臣，被吓得开始整晚做噩梦了。

◎ 秘密授徒

傅青主回到家乡后，继续他的乡居生活，写字和看病是他生活中的两个主要事情。有的时候，有些当官的想来看他，可是傅青主的原则是，如果你是来看病的，那么没有问题，如果不是看病，那对不起了，不见（有司以医见则见，不然不见）。有的人还称呼他"内阁中书"大人，傅青主则像没听到一样，根本不理睬，如果叫他傅青主，这才搭理人家。

在这样忙碌的日子里，傅青主的年龄越来越老了，他此时开始思考一个问题，就是如何把医术传下去。

想了很久，最后他决定采取一种秘密的方法，把医术传给后代。

这里出现了一个谜团，令人百思不得其解，就是傅青主一生著述甚多，为什么单单要把医术以一种秘密的方式传下去呢？

我在翻阅了很多傅青主的言论之后，终于明白了其中的缘故。因为傅青主对他自己写的那些诗歌啊、校注啊等东西并不是很在意，虽然最后他告诉他的孙子们要好好整理，但也就是作为文献而已，在平时，他经常随写随丢，弄的他的友人们很着急，经常跟在他后面捡（都是宝贝啊），有些资料他还认为不成熟，所以就不急着拿出来。而医学的书籍，他却觉得非要传下去不可，所以他决定要以一种特殊的方式来传播。

事实证明，他是非常有远见的。现在，他的其他内容的书基本都失散了，只有医书，以一种特殊的方式传播了下来。

这是一种什么特殊的方式呢？

一天，他把一个朋友找来（此人具体是谁，已经不可考了，我分析应该是道教中人，因为后来在《石室秘录》序四中托名是吕道人），向该朋友说明了自己的意图，然后让朋友去北京一带寻找合适的人选。

于是，这位朋友背起行囊，出发了，而这个被找来传承学问的人，就是陈士铎。

这位陈士铎我们在本文的开始提到过，他是浙江绍兴人，是个喜欢道教的学子。那么，具体找人的细节如何呢？当然没有任何文献记录下来，那么，让我们从陈士铎的医书里寻找这个事件的蛛丝马迹吧。

陈士铎写的最早的一本医书就是《石室秘录》，好的，我们就从这本书的序里寻找线索。

《石室秘录》的序二就是岐伯天师写的（当然，是托名），其时间是康熙丁卯年冬至前一日，历来学者根据这个时间，来研究陈士铎和傅青主的见面日期，怎么对都对不上，因为丁卯年（1687）傅青主已经去世了，所以学者们把这作为一个疑问。做学问如果这么做就太死板了，您要根据傅青主的性格来推理。傅青主什么性格啊？他一辈子拐弯抹角地骂清政府，经常是一首诗里捎带着骂好几笔，所以要根据这个思路来分析。

丁卯年的丁在天干里配五行属什么啊？属火。卯在地支里配五行属什么啊？属木。那丁卯根据甲子纳纳音那年该是什么呢？是炉中火，他之所以写这么个年份，是因为清朝属水，而明朝是火。那么为什么要把日子定在冬至前一日呢？哪有那么巧啊，还正好冬至前一天，那是因为中医认为冬至日阴气始降，一阳始生，阳气就此生发，说冬至前一日，那是说阳气始生的这天还没有到来，但是快了！再看序三张仲景（也是托名）的落款时间：冬至后十日，说明光明已经到来了。

连落款的日期都要灭清朝一道，这就是傅青主的性格。

这本书的序四是托名吕洞宾写的，这就是傅青主那位道友，在这个序里，我们大致可以看出当时的情景。

当时，陈士铎一个人正在北京游荡，估计是一边赶考，一边寻找些老师什么的，恰巧，碰到了傅青主的那个道友，两人就聊了起来，陈士铎提到了自己想光大医学的远大理想，以及自己正在注释《黄帝内经》。这位道友看到陈士铎为人诚实可靠，就向他透露，现在有个高人，要选择一个传承学问的徒弟，不知道你是否有想法？（今陈子注《素问》《内经》，余叹其有志未逮，乃以华元化青囊术动之）

陈士铎一听，忙问："是哪位高人？"

道友："傅青主。"

陈士铎大吃一惊，然后忧愁地说："我怎么能够见到他老人家呢？"（陈子忧之）

道友："不用愁，此事我来安排！"

陈士铎听后，喜出望外，起身长拜。（陈子再拜受教）

然后序四里说这位道友就安排岐伯天师（就是傅青主）和张仲景（推测是傅眉）来到了北京河北一带（燕市），估计这又是开始摆迷魂阵了。

以傅青主那么大的年龄，不可能说来北京就来，他一生中来北京的次数是有限的。

而岐伯天师（傅青主）在序二里说："（陈士铎）过我玉河之西。"也就是说，是陈士铎登门拜访的，估计这个描述比较符合实际。

那么，玉河是哪里呢？一般解释是银河，难道序里的意思是陈士铎为了请教问题上天了？其实，玉河就在太原，现在太原市还有玉河遗迹，这条河曾经改名为御河，现在可能仍然叫玉河。

现在，让我们来根据这些线索，复现一下当年的情景吧。

陈士铎跟随着这位道友来到了山西，他提出要去拜访傅青主，但是这位道友告诉他，不用，那样会让更多的人知道的，我会安排傅青主来找你的。

于是，一天，陈士铎正在屋子里坐着，突然听到了敲门的声音，当他打开门，看到傅青主和傅眉站在门口，一时间自己竟然愣住了，不知道说什么好。

在后来，他在《辨证录》一书的自序中，用深情的笔吻怀念到和老师见第一面的情景："黄菊初放，怀人自远，忽闻熬啄声，启扉迓之，见二老才，衣冠甚伟，余奇之，载拜问曰：'先生何方来，得毋有奇闻诲铎乎？'二老者曰……"

就这样，一对儿师徒以一种奇怪的方式见面了。

在那里，傅青主用了半年的时间将自己的毕生所学全部教授给了这个来自南方的学子。

时光荏苒，转眼半年过去了。一天，傅青主对陈士铎说："士铎，你我二人，就此分别吧！"

陈士铎感激地给老师跪下，叩头。

傅青主："以后，千万不要提起你是我的徒弟，这些书，用你的名义刊发吧。"

陈士铎忙推辞："老师，那是您的心血啊，我怎么敢用自己的名字？"

傅青主抬头仰望，叹了口气说："我一生与清廷为敌，相信在我身后，他们是不会让我的书传下去的，所以，我这么秘密地找你来，传授给你医术，这是为了使这个根不断掉啊。"

陈士铎："老师，您用心良苦，徒弟我知道了，可这是您的心血啊，怎能不写您的名字？"

傅青主："医书是用来救人的，用我的名字就没有办法流传下去，岂能救人？希望你用自己的名字刊印，让它流传下去！"

陈士铎非常难过："老师！我实在想让后世知道，是您写的医书啊！"

傅青主："不必了，以后不要对任何人提起。这样吧，我们现在编个故事，就说你在北京遇到了天师岐伯，他传授给了你医术，用这个故事，来纪念你我的一场师徒缘分吧！"

陈士铎的眼泪终于流了出来："老师……"他的嗓子哽咽了，说不出话来，只是在地上叩头不止。

于是，就有了我们文章开始的那一幕，在以后的日子里，陈士铎果然

傅青主

把傅青主的医书一一刊印，使它得以广为流传，但是，在每一本书的开始，他都要恭敬地写上：这书不是我写的，是我的老师岐伯天师写的，我只是"敬述"而已。

人们以为他在白日说梦，或者假托神仙。

其实，他的心里一直想的是他的老师，傅青主。

傅青主是有远见的，果然，在他去世以后，他写的书如《周易音释》《周礼音辨》《十三经评注》《十三经字区》《诸子注释》《春秋人名地名韵》《十七史评》《性史》《杜诗点评》《续编杜诗》《会韵小评补》《元释两藏精义》等全部消失，现在只剩下了后人搜集整理的一套《霜红龛集》而已。

而他的医书，却以陈士铎的名义刊行，全部保留了下来，流传给了后人。

傅青主何等淡泊！他写出了自己千锤百炼的经验，为了流传人间，却连自己的名字都不留。

他心里想的，只是救人。

名声在他的眼中，如云烟而已。

在将学问传给了陈士铎以后，傅青主的心终于放了下来，他开始继续过他写字、诊病的生活。

他的行医生活，全祖望在《阳曲傅先生事略》中有这样的描述："避居远村，唯以医术活人，求方者户常满，贵贱一视之，从不见有倦容。"

在闲暇的时候，他会和周围的农民坐在一起，在树荫下谈论着农家的话题。

◎ 悲伤的告别

在这种日子里，一转眼，傅青主七十九岁了。

在这一年，他遭受了人生的最后一次打击，他的儿子傅眉，病故了。

傅眉具体患的什么病没有记载了，总之是傅青主也没能把他治疗好。

其实，傅青主很早就知道这个儿子体质不好，所以给这个儿子起的字叫寿毛。但是，傅青主因为一心想着抗清，所以忍不住将自己的一切希望都寄托在傅眉的身上，应该说，这对傅眉来讲是个巨大的负担。在傅眉十几岁的时候，傅青主和傅眉两人曾经拉着车到各地卖药，晚上住下后，就挑灯让傅眉读经史等诸书，到早晨能背下来就接着走（基本上没有休息时间了），如果背不下来就举杖开打（打孩子是傅青主家的祖传法宝）。当傅眉长大了以后，又让傅眉拜金陵老僧续宗学武术，直练得纵跃山崖，上下如飞，左右开弓，隔山打牛，总之什么都练，然后还给傅眉灌输尚武思想，最后弄得傅眉认为自己好比是南齐时的大破魏军的周盘龙，然后又让傅眉学习各部兵法。

总之，有一段时期傅眉一直认为自己是个大将军的材料，因此从文献看，有的时候他说话别人听了都吓得吐舌头，可见豪言壮语比较多。但是，即使他有一腔豪情，傅家的大小事务还是必须由他来操办，所有的生活琐事，包括开药店等，因为家里没有别人了，故都要他来代劳，因此傅眉还承担着全家人的生活重担。

可以这样说，一方面傅青主很心疼自己的儿子，另一方面，他又忍不住把自己反清的希望寄托在傅眉的身上。

而傅眉五十岁左右的时候，到全国各地，尤其是边关，走了一圈，一看才知道，哪里还有大将军的梦啊，国家早就安定了，老百姓早就忘了什么明朝了，自己还苦练什么啊？！

从此，傅眉的精神受到了很大的打击，开始消沉，并一蹶不振。

应该说，傅眉是精神上先死去了，然后他才在抑郁中死亡。

傅青主对儿子的去世应该说既感到了无比的悲伤又有些内疚，从他妻子去世以后，一直是傅眉陪着他走过了风雨人生，最后令傅青主万万没有想到的是，自己居然会先送别儿子！

我们已经无从知道傅青主在人生最后的日子里是怎样的悲痛了，我们只知道，他连着作了十六首纪念儿子的《哭子诗》，然后用毛笔把这些诗一遍一遍地抄写。这些诗是他留在这个世界上最后的作品了，现在的文物工作者很奇怪，在世界各地发现了数个版本的这个书法作品，开始人们以为是模仿品，可鉴定后才发现都是真的。这时人们才知道，在傅青主的最后岁月里，他是一边哭着，一边抄写这十六首《哭子诗》，不知道抄写了多少遍。再看《哭子诗》的书写状态，傅青主显然已经不再讲究什么书法技巧了，因为所有的技巧已经完全融入了他的悲痛情感之中！他的笔，像

傅青主

一支悲愤的长剑，刺破苍天！像奔腾的黄河，怒吼咆哮！整个长卷看下来，令人心痛欲碎，猝不忍读。

在悲愤中，四个月后，一代学问大家傅青主与世长辞了。

傅山，字青主，他生逢外族入侵的动荡岁月，但他用自己一生的时间来抗争，来证明了什么是民族气节，什么是骨气，什么是坚贞不屈！他的无畏精神影响了后世无数的中国人。同时，他又开创了一代学术风气，他的哲学思想，他在文学艺术等诸多方面的成就，都位于同时代的顶峰。他怀着悲天悯人之心，苦攻医学，创造了许多独有建树的理论，尤其是他体恤妇女的悲苦，开创了妇科治疗的一代风气，为后世妇科理论的成熟大开法门，令后世不知多少妇女得以摆脱病痛的折磨，实在是功德无量！

傅青主去世时，告诉后人不可以"内阁中书"的身份下葬，要穿上道袍入土，他至死不忘保持气节！最后，他被葬在太原的西山。

你为老百姓治疗了多少病，可能你自己都会忘记的，但是，老百姓会记得。

傅青主下葬的那天，受过他恩惠的人们从四面八方赶来，向傅青主告别。

送葬的人数居然达到了四千多人！一时间，泪飞如雨。

几百人的送葬队伍见过，四千多人的，闻所未闻。

人们沿着山路排成了蜿蜒的长龙，来为他们心中的英雄送行。

这，就是忠义的力量。

无论在什么样的时代，忠义，就是人们心中的一点光亮。

这点光亮，是人们心中的火种。

令人们看见未来的希望。

※女士养生中的寒邪、瘀血和肝郁

事情的起因是这样的，我在读博士的时候，曾经协助北京同仁等医院设计中医体检的模式，正好有些朋友是一些公司的经理，就对我说，你自己先实践一下吧，你来我们公司，先给我们公司的员工来个中医体检呗？

于是我就去了这些公司给他们的员工一个一个地望闻问切等。一上午检十几个人，还没耽误人家上班，因为中医很简单，就是医生去就可以了，不用大家耽误工夫去医院排队。

这些体检的结果是普及了中医知识，他们中大多数人都没看过中医，这次对中医有了一定的认识，感到中医十分切实可用。

这些体检却在另外一个方面给我留下深刻的印象，那就是女同志的身体普遍存在问题。

这个比例之大超出我的想象，以前自己真的没有想到这个问题如此严重。

为什么呢？为什么现代的女性会出现这么多的问题呢？

原因很多，我先谈谈寒邪的问题吧。

其实妇科疾病一直都是中医里面大家都感觉棘手的问题，古人就有"宁治十男子，不治一妇人"的话。在古代，妇科比较难治的地方是妇女有很多话不愿意向男医生讲，而大长今那样的医生又实在少，所以医生手中掌握的材料少，自然治疗起来也就困难得多。

在现代社会，虽然妇女有些问题可以向医生讲了，而且女医生也很多了，但是影响女性健康的事情却远比古代多了起来。

首先是寒邪多了。

古代的寒邪多是在自然的情况下产生的，比如天气突然变冷，大家没有来得及多穿衣服等。

在出现人类的漫长的时间里，情况基本都是这样的，也就是说，人类的身体基本上进化到了适应自然界的四季变化的程度，夏天热，冬天冷，人类的身体基本上是有适应能力的。

但是现代社会，也就是最近的几十年，这种情况却彻底地改变了。首先是空调的出现，创造出了过去的几十万年里面都没有出现过的小气候格局，什么样的格局呢？就是前三十分钟在室外还是烈日炎炎呢，后三十分钟进入了办公室，就是冷得发抖的空调环境了。然后再出去出汗，再回来发抖。

人类进化了几万年、几十万年的身体（我们从猿人开始算吧），最近几十年突然遇到了新的情况，挑战够大的。

到了夏天，您观察一下就可以发现，各个商场里面，公共汽车里面，地铁里面，办公室里面，空调都开得很足，每年夏天华东地区的电力都会紧张。

人们的身体就在这一冷一热的交替中来回地经受着考验。

不知道大家注意到没有，现在皮肤病的患者特别多，我是深有感触，似乎就是最近这些年，皮肤病的患者在成倍地增长。这一方面和食物的污染有关，另一方面我认为和空调有关。

比如您正在室外汗流浃背呢，一进办公室，立刻就是冰冻如冬，结果您那些正要排出的汗都怎么办了呢？都郁结在皮肤里了，中医说这叫内热外寒，营卫不和。在一般情况下还真难以形成这样的疾病状态，可是空调每天就为我们制造了这个模型，当然，这个模型是拿您做的，在科研术语里这叫作"造模"，一般是在小白鼠的身上造模，然后试验我们药物的疗效。

这种情况时间长了，就会形成各种皮肤病，比如各种皮炎、荨麻疹等。

这种非正常的寒邪还会引起消化系统的问题，中医说是脾胃出了问题，因为四肢受冷，很快就会把这个冷传到内脏。人身体内的血液流动速度是很快的，有许多人在夏天，吃什么东西不对就闹肚子，虽然有时是食物污染了，但很多时候不是，有的人吃了就没问题，可有的人就闹肚子，这就是脾胃受寒了。

在东南亚行过医的大夫都说，非常奇怪，在那边，大夏天的有许多我们冬天才有的病，需要用麻黄汤和附子理中丸的时候非常多，仔细一考察，原来那边夏天的空调开得非常足。

可最容易受到影响的就是女同志了，因为女同志在夏天穿得都比较少，有的人还把腰都露在外面，这样，寒气最容易伤害到她们的身体。

中医认为，妇女的身体最怕气血凝滞，因为妇女的胞宫等生理系统都要依赖血液的温养，一旦遇到寒邪袭来，正气不足的人气血就会凝滞，这样对妇女来讲就会产生威胁。尤其是在生理期的时候，气血凝滞以后，瘀积就会难以排出，产生不良的后果。这就是为什么中医里面妇科的方子很多都是使用干姜、艾叶等温热药的缘故。

我在刚刚接触妇科的时候就很奇怪，这怎么和平时开药的方法不一样啊，这个患者没有什么寒的表象啊，为什么还要在方子里加上点儿温热的药呢？而且加上以后效果就好了，不加就不灵呢？最后总结出来了，原来妇女的胞宫是要温养的，即使有了邪热，也要在清热的同时注意保护其不要凉着了。您拿张仲景《金匮要略》里面的那些妇科的方子一看就明白了，人家仲景同志开方子早就两边都照顾到了。

另外一个问题就是冷饮，现在这种温度的冷饮在古代也是不可想象的，现在恨不能带着冰块的，咕咚一下喝到肚子里去，身上还出着汗呢，一团冷气直接进入脾胃了，我不说您都懂了，这样造出来的模型叫作"内寒外热"。

打个通俗的比方，这就好比是您把寒邪直接越过身体表面的防线，给空投到身体的内部去了。

这对妇女的身体影响也比较大，因为这会直接导致温养胞宫之气血受到损害，这种损害一天天积累起来，就会形成各种病证，冷、痛、凝、聚，不一而足。

所以，女同志在生活中一定要注意这些人工寒邪的侵袭，在空调特别冷的时候，要提醒同事把温度调正常一点，同时自己多披上一件衣服，买点姜片糖，泡在开水里喝。

尽量不要喝冷饮，常温的就可以了，当然，能够喝到温水更好，这样可以保证寒邪不会从这个渠道直接伤害到身体。

如果已经出现了病证，可以到中医院找个有经验的中医，开个小方子稍微调理一下就可以了，这不是什么严重的问题，一般的中医师都会调理得很好的。

下面来谈谈瘀血的问题。

中医理论认为，女子的气血是否充盈，血脉是否通畅，对于女子的健康是非常关键的。但是现在影响这两方面的事情特别多，比如：单位的压力非常的大，工作不顺心；孩子的教育也压力非常大，很多人因为孩子的学习而气恼等。这些问题都会令女子的肝气不舒，而肝失疏泄，则会直接影响血脉的通畅，有的女士甚至因为生气而造成绝经，这种例子绝不鲜见。

另外，现在饮食的不规律也会导致血脉不通畅，比如女子在月经期间猛喝冷饮，则会导致血脉的运行突然异常，因为中医认为血遇寒则凝，现在由于饮食西化，所以这种情况比较多。比如去洋快餐店点汉堡，它的套餐一定会给你配冰镇的冷饮，不喝吧，觉得不划算，结果硬着头皮喝下去，就影响了自己的身体。

如果血脉长期不通畅，则会引起体内瘀血的形成。

还有一些瘀血的形成是由于外伤，比如曾经出过车祸，跌过跟头，有的是由于人工流产，有的是生孩子的时候瘀血没有排干净，总之这样形成的瘀血也比较多。

中医认为，人体内如果有瘀血存在，那么则会引起各种病证。

比如，身体某个部分总是疼痛，有的是感觉人越来越苍白，有的是月经越来越少，等等，总之是影响了健康状况。

那么对于这样的瘀血，应该怎么样排出呢？

给大家提供一个经验，那就是最好在月经期间排出。

这个方法知道的医生很少，但是有的医生已经开始注意到了，他们发现在月经期间给女子应用了活血化瘀的药物以后，不但月经通畅了，以前由于瘀血导致的一些问题也随之消失了。于是大家就推测，在月经期间，妇女的身体会出现一种自我调节的状态，此时如果稍微用些药物，则可以使其体内的瘀血也同时被排出，许多平时用药效果不好的病证也会在此时产生良好的效果。

实际上，有经验的中医一直在这么做，但是由于没有总结出来，所以大家认为他们只是在调理月经，没有想到身体其他部位的疾病。

举个例子，我曾经治疗过一位女士，她是咳嗽，她自己说是每次在月经前开始咳嗽，有几个月了，月经后咳嗽就慢慢地消失，大家按照外感咳嗽治，怎么也治不好。我询问病史，原来她有一个月的月经曾经没有来过，所以我判断她是瘀血导致的咳嗽，故在她月经期就开始给她服用活血化瘀的药物，结果在服用了第一剂药以后，咳嗽就消失了。

还有其他的医生曾经观察过，发现在月经期间给患者服用化瘀的药物后，结果患者以前因车祸引起的各种病痛慢慢地消失了，这也说明，她体内的瘀血被自身排出了。

这些医案就说明，瘀血确实能够导致各种病证，而在月经期间准确用药，则可以促使其排出体外。

这里我是想给女士们提个醒，大家在关注自己身体的时候，可以考虑到这个方面的因素，然后去咨询相关的医生，请医生来给自己调理，按照这个思路，也许会起到意想不到的效果。

这是我治疗妇科疾病的一点心得，现在贡献出来，希望大家在这方面有个基本的认识。

下面谈谈肝郁的问题。

由于现代社会生活环境的复杂，所以现在妇女的精神压力是非常大的，而女士的特点又是容易敏感，所以精神压力大会严重地影响妇女的健康。

精神压力，在中医看来，就会形成肝郁的状态。什么是肝郁呢？就是肝经的经气不能够很好地升发，在中医看来，肝是主疏泄的，是主身体各个功能的顺畅与调达，如果肝气被压抑了，那么就会使得身体的很多功能都异常。

因为肝经与血液的关系密切，所以肝气不舒，血液方面会出现很多问题；由于中医认为肝经的循行路线经过阴器，所以肝气不舒，也会引起生殖系统的问题；肝属木，而五行生克中是木克土，土在中医看来就是脾胃，所以肝气不舒还会引起脾胃的问题等。

总之，如果肝经出了问题，身体的各个部分很容易就跟着乱套，中医过去就有一句话来形容这个事情，说是"肝为万病之源"，这意思不是肝不好，而是说如果肝气不舒，那么会引起无数的病证。

我曾经见到过很多这样的患者，有的是因为单位突然给了一个什么压力特别大的事情，结果导致该女士的月经就停止了；有的是跟别人生气，也导致了同样的结果；更多的人则是自己在不知不觉中，慢慢地就发现总是很不舒服，没有精神头，没有胃口；有的人是爱叹气，容易发脾气；有的是烦躁，晚上睡眠不好，容易紧张，情绪悲观，对什么事情都担心等。总之，是处于亚健康的状态了。

在这种情况下，就需要调理自己的身体了。

傅青主在这方面就非常注意，他在开方调理妇女身体的时候，经常会在药方中加入一些调理肝气的药物，比如柴胡、白芍等，分量一般不大，但是会起到很大的作用。

那么您在日常生活中该如何注意调畅肝气呢？

首先，您要自己保持开心的状态，有意地去自己调理。

比如经常保持微笑，或者是找时间对自己微笑，然后有意地和别人用轻松的语气谈话，这些都会让你觉得自己的状态是快乐的。

另外就是别太把工作当回事儿了（估计您的老板一定不愿意听这话）。当然，不是从此就开始马虎，而是需要在轻松的状态中去工作，不要总想工作失败后的结果，而要想工作细节中的快乐和成功后的喜悦。

还有就是参加体育锻炼，其实体育锻炼是调整情绪的最佳方式。我在中医体检中发现，凡是基本没有什么问题的女士，都是特别喜欢运动，有的姑娘甚至上班都穿得很运动，网球鞋运动衫的，坐在那里浑身充满活力，身体上基本什么问题都没有。

其实药物不是解决一切问题的方式，很多人，在调整了情绪，参加了运动以后，身体的状况就开始发生改变了，变得越来越健康。

只有在病证很明显的情况下，才需要使用药物进行调理，在这个时候，您可以去医院找一位有经验的中医师，让他针对您的病情调理一下。中医在调理肝气方面的经验是十分丰富的，一定可以在某一方面帮助您。

举个例子，我曾经治疗过一个外地的女士，这位女士就是情绪方面出现的问题。她主要是因为各方面的压力导致情绪郁闷，结果出现了很多奇怪的症状，比如手脚冰冷，容易呕吐，曾经喝完粥和同事走出几十步就全部吐出，在诊病的前几天曾经突然晕倒，不知原因，然后是失眠，严重的时候每天只睡两个小时。她自己的父亲就曾经是一家西医医院的院长，结果检查了很久，都没有结果，就是说不出她这到底是什么病。最后找到我，其实我也没有那么高的水平，只是根据《伤寒论》中的理论，认为她这是肝气不和而已，就开了《伤寒论》中的柴胡加龙骨牡蛎汤加味，结果服药三剂以后，症状全部消失，后来又接着服用了十几剂来巩固疗效。对于此次治疗，患者非常满意，表示要重新认识中医。

其实中西医各有优势，只要是对患者有好处，就可以使用，这个医案体现的就是中医的优势，在调理情志方面效果非常好。

实际上，很多中医师都有类似的经历，在调理情志导致的疾病方面中医确实有很好的效果。

其实人身处什么样的环境往往自己是没有办法决定的，所以产生些肝气不舒的情况也不是自己的过错，可是，如果您注意自己调理自己的情绪，那么就会使情况改善一些。

如果出现了明显的问题，那么医生也可以帮助您进行调理，恢复到正常状态。但是，要记住，这里面最关键的，是您自己对自己的调理，这是什么药物都无法与之相比的。

徐灵胎

◎ 引子

公元 1771 年腊月初一。

京城大雪。

城中百姓都沉浸在新春的喜庆气氛中。

谁也没有注意到，有一老一少两个人，带着两个仆人，踏着厚厚的积雪，悄然来到了北京。

老人显得很虚弱，但却不掩其神采。

他们找了处旅店住下，然后休息。

两天后，老人把儿子和几个朋友请到自己的房间，对他们说："此次奉诏进京前，我已经知道自己命数已尽，但忠义二字不可违，故不惜残命，冒死进京。非常不幸的是，现在我估计可能无法等到面见皇上了，就把各位找来，与各位告别吧。"

大家很诧异，但老人的态度却平和，与往日没有什么区别。

接着，他与大家从容议论阴阳生死出入之理，又写了自己的墓前对联：满山芳草仙人药，一径清风处士坟。

至夜，老人谈笑而逝，享年八十岁。

乾隆皇帝知道后，很是惋惜，拨给了老人的儿子路费，让他扶老人灵柩回江南安葬。

这位老人就是清朝著名医学家——徐灵胎。

这位徐灵胎同志是个中医历史上比较搞怪的人，此人完全自学成才，对中医基本全是自己看书看会的，水平还很高，对当时的医生基本上三个字儿——瞧不起！但是我翻遍了他的书，想给他总结出个学术思想来，感觉非常困难，此人属于杂家的，哪一流派的东西都用。最为可气的是，他除了搞中医之外还什么都搞，五花八门的都会，而且还都水平颇高，能把人的鼻子气歪——一辈子专业搞中医的人还没他厉害呢。

这位徐同志最擅长的一件事情是跟帖，就是别人写了什么中医书，他拿来，一段一段地跟帖，冷嘲热讽，搞得当时的很多人都不敢轻易在"网上"发帖子了。但是，他跟帖的水平非常高，跟帖跟出了巨大的成绩，当时中医的很多不良风气都被他的跟帖给骂回去了。

现在出版的清代著名中医大家叶天士的一个"长帖"《临证指南医案》就是和徐灵胎同志的跟帖一起出版的。

估计叶老地下有灵会很后悔发这个帖子（其实和叶老没关，是他的徒弟擅自发的帖）。

那么，徐灵胎到底是怎样一个人呢？他对中医学有什么贡献呢？乾隆皇帝为什么两次召他进京呢？

下面，让我们从头来讲述徐灵胎的故事吧。

◎ 他到底想干什么

康熙三十二年（1693），这位后来的天才出生在江苏吴江的一个读书人家，他的祖父当年曾举博学鸿词，授翰林检讨，后来曾参与纂修明史，在官场混了四年以后，觉得自己实在不擅长阿谀奉承，于是称病回家。癸未岁，康熙皇帝南巡，两次下诏书让他返职，但是他都以老病推托了。他是清朝初年一位很有名的辞章家，诗画俱佳。就是这位祖父不知道出于什么样的灵感，给徐灵胎起了名字叫徐大椿，字灵胎，据说这灵胎两个字出自道家，是练内丹的一个术语，但是徐灵胎自己说是和佛家有关。后来由于乾隆皇帝在召徐灵胎入京的诏书中用的名字是徐灵胎，为了表示对皇帝的尊重，他就把名字改成了灵胎。

总之这个名字起得虽然怪怪的，但是却无比准确，显然这位徐灵胎同学就是按照这个名字的思路发展的。

接着介绍徐灵胎同学的家长，他的父亲叫徐养浩，对水利工程比较爱好，曾经被聘用修编《吴中水利志》，看来是位理工科的人才，这在当时的中国应该是一个比较冷门的专业。

徐灵胎同学上学的时候跟大家一样，都是从私塾开始读的，上学的年龄也差不多，七岁进私塾。

徐灵胎同学在私塾的表现如何呢？为了让大家了解这段秘史，我们节目组特别采访了他的私塾老师，给大家来个独家爆料。

私塾老师："感谢大家给我这个机会，这个学生呢，当时感觉他就有点与众不同，具体的表现就是不愿意随大流，喜欢独立思考。至于学习成绩嘛，很一般，每天仅仅能背诵几行课文，而且最大的特点是记得快，好像忘得也比较快（犹复善忘）。"

好的，感谢私塾老师的爆料，看来徐同学此时并没有什么特别之处，让我们以后继续观察吧。感谢前方的记者，下面我们转回到演播室。

话说随着年龄的增长，似乎该考虑科举之途了，这也是徐家上下的期望，于是徐灵胎同学在十四岁的时候开始学习八股文。这回学习得还不错，在模拟考试排行榜中还是名列前茅的，于是徐灵胎同学的干劲来了，开始就找到了老师，问道："老师，我们学的这个八股文什么人写得最好？"

老师得意地回答："我们大清朝的一些前贤写得那算是最好了。"

徐灵胎同学又满脸天真地问："那我学几年能赶上他们的水平呢？"

老师的回答也很鼓舞人："你学个几年也就该差不多了。"（看来老师对徐灵胎同学的智力水平很是满意）

徐灵胎被老师鼓励得有些晕，下面问的问题就有些出格了，他问："那几年以后，我就不学习了吗？"

嘿！老师一看，这孩子怎么没完没了啊，我还真得把他给堵住，就回答："那就要学经学，经学那是学无止境的。"

没想到徐灵胎同学更来劲了："老师，在诸经里面哪本经最难学？"

老师望着这位愈发嚣张的同学，只好回答："《易经》为诸经之首，经中之经，当然是《易经》最难学了！"

徐灵胎同学非常认真地："好的，那我就开始研究《易经》了！"

然后留下已经晕了的老师，走了。

但是他可没过完嘴瘾就算了，他开始行动了，好在徐家书是不缺的，很快，徐灵胎同学就抱出来了一大摞的注解《易经》的书籍，放在自己的桌子上，然后像一个研究生一样，开始写关于《易经》的论文。

徐灵胎

271

这个同学真的很不寻常啊，也不知道是谁教给他的这套学习方法，其效果之好出人意表。有小孩的看官和自己正在苦读的看官您注意了，我要在后面讲述徐灵胎同学的这种学习方法，其威力之大难以形容，您若是领会了，那么他日蟾宫折桂者，又焉知不是您呢？

让我们睁大眼睛看着吧，徐灵胎同学令人瞠目结舌的表演开始了。

在把《易经》已经领会得差不多的时候，十几岁的徐灵胎同学开始对老子的《道德经》产生了浓厚的兴趣，这回干脆不用问老师了，自己来吧。于是他又找来了有关《道德经》的各家注释，开始研究，有问题不懂的就翻这家注释看看，再翻那家注释看看。但并不是这样看就算了，他决定开始着手自己注释《道德经》。

我的天啊，各位看清楚了吧，我们的徐灵胎同学在十几岁的时候就开始自己写书了，他是一边学习一边写，学完了，也写完了。

反正他也不着急，一天写点儿，一天写点儿，这本书一直写了二十年，然后出版了，被收入《四库全书》。

《四库全书提要》评价："其训诂，推求古义，取其上下贯通者；其诠解，主乎言简意赅……在《老子》注中尚为善本。"

您可别误会了，千万别认为他这二十年什么都没干，光在这注解《道德经》了，如果这样，那就不算是天才了。

在他十八岁的时候，他的父亲对他说：不要仅仅盯着文科那点东西，要学习一下理工科，我看水利工程这个专业就不错嘛，你可以研究一下。

徐灵胎同学正有的是精力不知道往何处用呢，听了父亲的话后忙问："水利工程有什么用呢？"

徐父："当然有用了，水利工程可以使更多的农田得到灌溉，可以防范洪水，其用大矣！"

徐灵胎同学很高兴，原来水利工程如此有用！于是又拿来了成堆的水利工程专业的书，开始狂读，然后写关于水利工程方面的论文，很快颇有心得（看官中如果有学习这个专业的可以私下里和徐同学交流一下）。

二十岁的时候县庠入泮，补诸生。也就是这个时候，他又突然对武术产生了兴趣（估计是晚上偷着看武侠小说了），加上自己的身体弱，于是开始拜师学习武艺，两年以后直练得一身武艺，熟练地掌握了散打母子枪棍技击之法。还试着练习举重，从轻的东西开始举，每天增加，后来能举三百斤巨石。当时没有奥运会，否则徐灵胎也很可能来试试举重。

同样是在二十岁的时候，他又用了半年的时间，系统地学习了天文学。学习的方法同样是把汉晋以来的天文著作拿来，一边研究一边找星星，于是徐家的人就经常发现一到晚上徐灵胎同学的眼睛就开始放光，拿着书跑到庭院里，对照着书本开始在天空中寻找星星。

大家不要以为徐灵胎同学找到星星就算了，那种层次太低级了（当然，现在不是一定级别的天文爱好者基本上这个级别也都做不到），他还考证了各个星星的运行状态，"经度行次"，也就是说，真正系统地研究了一下天体的运行状况。

传说中的"夜观天象"的功夫就这么练成了！

◎ 这才叫学习方法

估计您该晕了，这位爷这根本就不是向着医学家的方向发展的啊，该不是写错人了吧？

是啊，按照这样的课程安排来看是好像和中医不搭边儿了，我以前学习中医的时候也只知道徐灵胎是清代著名中医学家，等到后来看到他的学习经过也是目瞪口呆。更离谱的是，有一次偶然翻中国音乐史，看到其中写着"中国古代音乐家徐大椿（徐灵胎）"，我更是诧异不已，仔细一看，他的音乐著作《乐府传声》在中国古代音乐史上还占有非常重要的地位！

有搞水利工程的同学可以帮助考证一下，估计在中国水利工程史上这位徐同学也该有个位置。实际上终其一生，他都在搞水利工程，为当地的老百姓造了许多福。

不但您晕，我也晕啊。做学问做到这种所向披靡、无往不利、落地开花、处处结果的地步简直令人匪夷所思。

难道这个人是个天才吗？难道他有什么学习秘诀吗？

为了解开各位心中的这个谜团，现在让我们来连线前方记者，采访一下相关教育专家，请专家帮助分析这位徐同学的学习秘诀。

教育专家："感谢给我这个机会。这位徐同学在学习的过程中之所以

徐灵胎

如此顺利，是由于他应用了现代教育理论中的自主学习的理论，这种自主学习的理论目前在欧美等发达国家被广泛应用，不知道徐同学是怎么搞到这种秘诀的。"

记者："那么请问，什么是自主学习模式呢？"

教育专家："这个问题问得太好了。咱们打个比方来说吧，这传统模式在传授知识的时候，那就是一个'灌'字儿，就是老师狂讲，同学狂记，然后回去狂背，最后狂考，这路讲法儿老师讲十成，学生记住往大了说也就是十成，一般铆足了劲儿记住有个七八成就不错了，而且往往不会举一反三地应用。而美国的学校也讲，但是课后让你写有关这个知识的论文，你自己去查阅资料，然后把资料搁到你的论文中，这与徐同学的学习方式比较类似，这样论文写完以后，估计你翻阅的资料已经大大地超出了老师讲的范围，老师讲的是十成，你翻阅的资料甭说十成了，可能已经是三十成四十成了，就是说，你会举一反三了，有论文做得好的同学，可以说已经就是这个行业的专家了。美国的教育基本以此为蓝本，幼儿园给小朋友留的作业就是回去写关于大鲸鱼什么的论文了，小朋友和家长去图书馆检索，上网检索，最后写完论文后连鲸鱼的叫声、种类、分布规律等全都了解了，就是说小学前就已经会自主学习了。在澳大利亚文科硕士研究生的作业基本上每周都是两米厚的书籍，回去自己翻去。"

记者："那么，两者有什么本质的不同呢？您能给仔细谈谈吗？"

教育专家："这个问题问得好，记者小姐，您总是切中要害！自主学习模式应用的是构建主义的思路，也就是说要由学生自己来构建自己的知识结构，这样知识是你自个儿的，因为你是在应用中学会的，现在构建主义教育思想占欧美教育的主流；而在灌输式教育体系中，知识是老师的，你在背的过程中并没有应用，所以会忘记得很快，等到真正应用的时候，要再翻一遍书，再走一遍构建主义的道路。"

记者："好的，谢谢您接受我们的采访。各位，今天我们专家谈的什么什么主义的教育思路非常重要，这帮助我们理解了徐灵胎同学为什么学习效果如此之好，各位如果也能掌握了这个秘诀，相信一定会功力大增！好的，现在返回主播。"

各位听明白了吧，原来徐灵胎同学成绩突出，是因为人家方法好啊！

不过我倒是对教育专家的论点有点不同意见，说这个构建主义的自主学习模式是欧美教育的主流，好像是他们发明的似的，实际上我们的徐灵胎同学早在清代不就开始搞了吗？建议徐灵胎同学回去写个教育学论文，论述一下我国清代的构建主义萌芽。

◎ 重大的打击

让我们再来看看徐灵胎同学吧，二十几岁的他已经比较有学问了，而且八股文作得也不错，似乎应该走上科举之路了。

这个时候，古代医生成长过程中一再出现的悲剧再次上演。

徐灵胎的家人开始患病了。

徐灵胎一共哥儿五个，他是老大，他的二弟叫如桐，三弟叫如彬，四弟叫景松，五弟叫景柏。

先是三弟病了，家里一片忙乱。请来了很多著名的医生，给看病开方。

徐灵胎好奇地看着这些医生看病，他的眼睛睁得很大。

医生们开出的药方，在煎煮的时候，徐灵胎都要亲自动手。这个时候，他对中医有了直观的认识。

接下来，他的四弟景松、五弟景柏也都病了。医生们手忙脚乱，水平的不足显示出来了。

很快，四弟、五弟病故。

然后父亲因为过度悲伤，也病倒了。

最后三弟也病故。

什么是悲剧？就是美好的东西在你的面前瞬间被毁。

生气勃勃的徐家五兄弟，现在只剩下孤单单的徐灵胎和二弟两个人。

往日热闹的景象成了过去，不会再有兄弟间欢笑嬉闹的快乐场面。

面对着空空的庭院，徐灵胎的心里满是悲愤。

医术，到底是什么东西？难道这种学问是如此之难吗？

这些医生以这样的医术行医，世界上不知道会有多少兄弟失去手足！

难道历代的医术都是这样的吗？还是现在这些医生有问题？

问题到底出现在哪里？！

对难题有着执着的探索精神的徐灵胎觉得全身上下都紧张了起来，这个问题不搞清楚，不知道有多少人还会在糊里糊涂中失去生命！

于是，他决定一定要把医学的问题搞清楚！不弄清楚决不罢休。

就这样，他这架功能极其强大的学习机器重新开动了起来，目标是：医学。

这架机器一旦开动，雷霆万钧。

从此，中医历史上多了一位了不起的中医批评家和中医学家。

他如一阵狂风，摧枯拉朽，向中医界的某些腐朽之处发起了猛烈的攻击。

中医应该怎么学啊？中医可是很难搞的一门学问啊，别担心，如何学习是人家徐灵胎特擅长的东西，人家还是采取的这个策略——自主学习。他把家里的书翻了个底儿朝上，找出了全部的医书，嘿，还真不少。于是拿出《难经》，还是那个路子，找来各个学问家对此书的注释，然后参照这些书籍，开始自己写一本注释《难经》的书。

当徐灵胎同学抱着厚厚的参考书走过厅堂的时候，家里人都知道他要干吗了，纷纷问："灵胎，又要写书了？"

徐灵胎同学低头默默地走过，眼里闪着为弟弟们复仇的光。

《难经》是本什么书呢？它是把中医里面的一些基本问题，用提问与回答的形式总结出来，共八十一难。徐灵胎先是看了一段时间的这本书，发现里面有些问题，"此书之垂已二千余年，注者不下数十家，皆不敢有异议，其间有大可疑者"，于是就用《黄帝内经》来做参照，参考各家，对《难经》进行注释。还是那个路子：起点特别高，从写书开始学（这话写出来特别扭，没这么干的），一边写一边学，等写得差不多了，也学得差不多了。

这本《难经经释》在他三十五岁的时候出版了，此时的徐灵胎对中医的了解估计已经比其他的同志强了。

然后他还很不满意，击鼓再进，又顺手注释了我国最早的药物学专著《神农本草经》，也不能说叫注释，应该说是对《神农本草经》中一百种他比较熟悉的药物进行了研究。

这本书后来也出版了，叫作《神农本草经百种录》，是在他四十四岁的时候出版的。

后来他快马扬鞭，在取得了丰富的临床经验以后，又写了著作若干。

我一直觉得写其他的医家比较容易，写这位徐灵胎比较困难，不知道怎么下笔。这位徐同志的路子鬼神莫测，与别人大相径庭，学习什么东西也没见他怎么着，就会了，而且还成了专家了。

别人都是拜个老师吧，我还可以写写师生情谊什么的，到这位徐同志，好嘛，整个一个拿着书自个儿琢磨，如果写，我只能反复地写着一句话："夜深了，他还在拿着书思考着，脑中灵光闪现"，别的基本什么都写不出来。天啊，我怎么选了这么位高人来写啊！

他到底是在多大年龄的时候开始成为一个能够看病的医生的，到现在大家也没搞清楚，反正没几年就成高手了。但如果真的按医生的标准来衡量，他又似乎一辈子都不是医生，因为他一直在搞政府的水利工程，看病是业余爱好，谁有病了就找他看，似乎也不怎么收钱，有时候还自己搭钱进去。比如后来那位江南大才子袁枚来看病，病还没看呢，徐灵胎先搭上了自己家那只正在下蛋的老母鸡，煮了给人家下酒吃了，外加酒钱若干。

从他写东西的内容来看，在他四十岁的时候，他对中医的理解已经很牛了，并且这名气也已经很响了，当时一个著名的医学大腕儿尤在泾写了一本叫《金匮要略心典》的书，就是请徐灵胎来写的序，如果当时徐同志的影响不大的话，这是无法想象的。

而且从这个序中观察，徐灵胎对中医的理解还真是那么回事儿，比如他就指出了《伤寒杂病论》中的方子不都是张仲景创的，"其方亦不必尽出仲景，乃历圣相传之经方也，仲景则汇集成书，而以己意出入焉耳"。这种认识较中医界一味尊崇的风气则更加深刻与客观。

◎ **长袖善舞**

徐灵胎同志难写的另外一个原因是，该同志长袖善舞、四面开弓，总是同时做好几件事情，而且这几件事情还互不相干，让我这个习惯于一竿子叙述到底的后辈无法兼顾。比如说吧，三十二岁的时候，本来这边好好

徐灵胎

地学着医学呢，突然听说县里面要修运河，徐灵胎同志就开始高兴了，这是好事啊，为百姓造福啊，心里感到很痛快，还为此多喝了几杯小酒。

徐灵胎就是这么个热心肠的人，对老百姓好的事情，没有不乐意做的，这是其他同志们的客观总结。

可是，等到听说了修整的方案，徐灵胎觉得有些问题。

毕竟是专业学过的，比起县衙里那些业余水准的师爷们还是要强了不知几倍。很快，徐灵胎就看出了问题。于是把中医书往旁边一放，研墨、铺纸，开始给县太爷写信。

看来人家徐灵胎同志是真有学问，信写的是条条在理。

原来县太爷的意思是，在运河里靠近堤坝的位置挖，越深越好。这也不知道是哪位笨蛋出的主意，反正确实省事，距离岸边近好挖啊，挖完了土往旁边一放就可以了。

徐灵胎写信告诉县太爷，您被蒙了，千万不能在堤坝边上挖！这样水来了冲来冲去这个堤坝就容易毁了，现在您省事了，到时候您还得修！

还有，挖深是为什么？是为了运粮的大船走啊，您见过什么河两边深，中间浅，大船贴边走的吗？

县太爷看信也傻了，是啊，我怎么没想到啊，那小徐同志你说该怎么办呢？

徐灵胎又说了：应该在河的中间，远离堤坝的地方挖，从那个地方取土，不用挖那么深，因为河中心本来就深些嘛，这样就省力气了，大船走河当中，小的船走两边，多好啊。而且您别忘了，这样堤坝也安全啊，不用担心被水冲垮了。

县太爷一想，也是啊，我怎么就没想到呢，嘿，这位小徐同志有两把刷子啊。这样吧，打今儿个起，县里面有什么水利的工程，你就帮助参谋参谋吧！另外，前面那个主意是谁给我出的？拉出去打个二十大板，如果以后还出这样的主意就把你的劳保给扣了！

结果是，这个工程下来，"工省三成，塘以保全"。

我说过，这位徐灵胎是位两面开弓的同志，按照一根筋的路子写他是不行的。他这边水利工程搞得热火朝天的，您想我就干脆好好写写，他都是怎么搞水利来利国利民的吧，您转过身来一瞧，他那边又给人看上病了！

这天，徐灵胎同志在县衙里，感到很不爽，因为东山那边的一个搞水利的同志（东山水利同知）把徐灵胎的水利书给借走了（借余水利书）。按说是好借好还啊，可这位兄台，一去不复返，跟没那回事儿似的，托人带了几次口信，都装不知道。徐灵胎这回决定亲自出马，跑到东山那边去跟他要，唉，早知道不借他多好啊！

徐灵胎同志坐着小船到了东山，取回了书，刚出东山的衙门，只见一个人影飞似的扑了上来。

大家都吓了一跳，但见来人扑通跪倒在车前，口中大喊"救命"。

徐灵胎心里纳闷，我又不是县太爷，有什么冤屈对我讲没用啊，找错人了吧您呐！

来人高喊："没错！找的就是您，我不是来告状的，我是来要救命的仙丹的！"（我非告状，欲求神丹夺命耳！）

徐灵胎这才松了口气："是啊，告状找我也没用啊，怎么着？谁病了？家在哪里？"

"家就在衙门口对面，人已经死了三天了。"

徐灵胎差点没打马车上掉下来：我晕，这人都死了三天了！还来找我！

"您听我说啊，本来都死了三天了，等要入棺的时候，死者的眼睛和嘴突然动了一下（方欲入棺，而唇目忽动），都说您能起死回生，您就帮忙救人一命吧！"

徐灵胎心里话：这回该我喊冤了，这都哪位造的谣啊，说我能起死回生，这不是害我吗？！

来人一看徐灵胎犹豫了，就拼命地磕头，搞了一脑袋的土。

徐灵胎这样的古道热心的人哪儿受得了这个啊，一想，死者的眼睛和嘴动了一下，也许还真的有可能没死？

"得，你也甭磕头了，快起来，我随你去！"

于是一行人来到了死者的家，徐灵胎诊视一番，又刻意将手放在死者的胸口，果然感觉有一丝暖气。本来想推掉不治的，当他手在胸口摸到暖意后，心里开始有了谱了，于是对家属说："我的神丹在我的小舟里呢，你随我来拿吧。"

患者家属乐坏了，果然有神丹！

于是乐呵呵地跟徐灵胎回到了舟里。徐灵胎哪儿来的什么神丹啊，就是一种叫作黑神丸的成药，是用来"产后安神定魄去瘀生新"的，有活血化瘀的功能，主要成分是陈墨，我们的徐灵胎就给患者家属拿了两丸，告诉他们回去用水化开，给患者服下。

徐灵胎心里琢磨啊，他认为这个患者不过是瘀血冲心，昏迷过去了而已，此药虽然不是治疗这个病的，但应该是对证的。

虽然到底能不能救活，徐灵胎心里也不是完全有把握，但值得一试。

结果药服下去以后，这个患者就活过来了。

这事儿，徐灵胎想起来也后怕啊。他说，对这些急救的药物："医者苟不预备，一时何以奏效乎？"

有的时候出差，也会碰到各种患者。那天出差到扬州，乘着小舟路过苏州，肚子饿了，得上岸吃饭啊，就叫船家把小舟停到桐泾桥边，然后上岸。

谁也没有想到，这船停的位置，正好挡在一家人的门口。

这家姓倪，是以卖柴火为生的。

此刻他们家的老爷子已经病危，家里人看病人已经不行了，就哭哭啼啼地开始准备后事了。

船家恰巧看到了，可怜不过，就跟人家说：刚上去吃饭这位，就是大名鼎鼎的徐灵胎，你们还不赶快求求，没准儿能活呢！人家刚救活了一个死了三天的！

徐灵胎可真冤啊！

倪家的儿子一听，有这么巧？我们已经听说过这事儿了（谣言传得真快啊），这位高手请都请不来啊！天哪，我老婆昨天烧的香还真灵哩！

晚上的时候，徐灵胎回来了，正要登舟，倪家的儿子拦住了他，"哀泣求治"。

徐灵胎听完，二话不说，进了屋子来诊视患者。

诊视的结果是，这个患者患的是伤寒，已成阳明腑实之证，应当用泻下之法，但是由于没有使用，结果邪热内炽，"昏不知人，气喘舌焦"。

徐灵胎说："这是大承气汤证啊，就用原方，不必加减！"（大承气汤是张仲景的《伤寒杂病论》中的药方，主要功能是通过泻下来清阳明腑实之邪热与燥结的）

然后提笔写了大承气汤的方子，告诉患者："喝了一剂药如果大便没有泻出来，就接着服，一旦患者泻了，就千万不要再服用了！"（一剂不下则更服，下即止）

然后登舟，扬帆而去。

当在扬州办完了事儿，回来仍旧路过苏州。

这已经是一个月以后了，巧的是，小舟仍然停在倪家的门口（不知道是不是船家故意的）。

再看倪家老爷子，正扛着柴火干活呢，"其人已强健如故矣"。

一家人忙拜谢徐灵胎。

徐灵胎微微点头笑了笑，又踏上了归途。

水波中，小舟已经荡出好远了。

还可以依稀看到一家人在那里招手呢。

多年以后，当徐灵胎在记录这则医案的时候，还在感慨，张仲景那个时候的古方，如果方子与病、证相吻合的话，那真是效果如神啊，可是周围的医生往往不会用，就是因为总是不能塌下心来认真地阅读《伤寒杂病论》啊。

◎ 不把上级当领导

各位看官，您看我写他诊病写的热闹吧，实际上我们的徐灵胎同志忙里偷闲，一转身，又去搞水利工程去了。

因为政府又要修整运河了。

这次是大修，不仅仅是县里的小动作了，声势浩大得很。

徐灵胎听说后，心中又兴奋了起来，政府终于要为百姓做好事了。

于是也兴致勃勃地赶到了现场，看看各路修河大军云集的大场面（估计他是代表县里面来的）。

果然是大场面，督办大员的气魄很大，指挥得挥洒自如。

看到那些运河上泄洪用的涵洞，督办大员手一挥：全部给我填死！

徐灵胎差点没一头扎到河里去，把泄洪涵洞堵死？别是我听错了吧？

忙问问别人，别人告诉他：您的听力正常（看来古代也有很多拍脑门做决策的官员）。

徐灵胎急了，这不是开老百姓的玩笑吗？于是跳将起来，直奔督办大员。

同事们吓坏了，忙死死地拉住他：疯了吧你，这是朝廷派来的督办大员！人家说怎么样就怎么样吧，你不想在圈里混啦！

徐灵胎：我就是不混了也不能让他这么胡来啊，这里关系着周边四个地区的百姓安危（此四府咽喉），能说堵死就堵死？不行，我得让他收回命令！

大家直吐舌头，得，您自个儿爱怎么折腾就怎么折腾吧。

徐灵胎直奔督办大员，直指堵死涵洞的错误。

督办大员哪儿下得来台啊：你哪位啊，这么跟我说话，我下的命令就是朝廷的命令，你算老几啊？

徐灵胎见人家不听，好，你给我等着，我虽然是一介草民，但我说的是真正的道理，我还有一支笔，你就给我等着吧！

一转身，腰杆挺直地走了。

徐灵胎回到家里，再次铺好纸，又拿出笔，开始狂写。

于是，一封封上访信如同一支支利箭，从徐灵胎的家中射了出去。

好嘛，这位督办大员还没反应过来呢，身上已经和刺猬差不多了。

好在政府里也有为老百姓考虑的官员，各级领导开会一讨论，人家徐灵胎说得有道理啊，这泄洪涵洞堵死了，大水来了怎么办啊？我们不也得喂鱼了吗？

于是，这个堵死泄洪涵洞的命令就被取消了。

徐灵胎同事们吐出的舌头这才缩进了口中。

徐灵胎同志也感觉很爽，转身又给人看病去了。

我说过，这位同志长袖善舞，我只能尽力把事情按照医学和水利工程两条线索来叙述，如果再把他在音乐方面的杰出工作，还有勘探地理方面的一起搞进来写，这事情就乱了，您看着也一定发蒙——这都哪儿跟哪儿啊。

写到这里，我就代替大家一起问一个问题吧，这位徐灵胎同志到底想干什么啊？难道他真的是个天才吗？

如果按照我这么写下去，那他在我的笔下的确就被塑造成为一个天才了（反正从各种资料来看他也的确是个天才）。他兴致勃勃，在各个领域都是专家，他凡事必出头，他紧张忙碌，他成了一个永动机，他成了一个文艺作品中的典型人物。

但这些似乎又都是表面现象，凡事都总是有缘由的，他的动力在哪里？他到底是怎么想的？让我们来仔细地琢磨一下吧。

首先，从他的性格来看，这位徐灵胎绝对是一位热心肠的同志，他长得身材魁梧，额头宽大，上了岁数后还留了一缕长须，有练武之人的侠义之风，好打抱不平，看见不合理的事情非管不可。

以上是从性格方面来分析，但是并非所有的侠义之人都像他这样学问特好，更多数的人都走上了好勇斗狠的道路，动辄掀桌子亮兵器，一言不合便动手，最后成了武侠小说人物的原型，其结果往往是在各种比武的场合中挂了。所以，我们还要从其他方面找原因。

让我们来看看徐灵胎学习的最初阶段都学了些什么吧。

像大多数的人一样，他学的是如何写八股文，主要是以四书为学习内容的。这四书大家都熟悉，就是《大学》《中庸》《论语》《孟子》，里面讲的都是应该如何做人的道理，可能一般人、通常的书呆子学了有的会成为死读书本的典型，但热血心肠的徐灵胎不但没有读死书，反而把书中精细的道理都理解了，成为他做人的准则。

估计徐家对四书中的《孟子》情有独钟，因为徐灵胎同学的父亲，徐养浩同志的名字就出自《孟子》中的"我善养吾浩然之气"，所以徐灵胎同学也深受影响。那么孟子的思想是什么呢？

这位孟老先生的一个重要思想就是重视老百姓。

徐灵胎深得其要。

我们纵观徐灵胎的一生，凡事没有不从老百姓的角度出发的，为人看病，那是因为老百姓病了，诊病可以解除老百姓的痛苦；兴建水利，那是因为水利可以使老百姓得以丰收，家园不必被水冲垮。袁枚记载他："葬枯粟乏，造修舆梁，见义必为。"也就是说他平时为人就是这样，别人家丧葬没有钱了，谁家的粮食没了揭不开锅了，他都觉得自己的心里难受，能帮忙的一定出手；乡里修造了桥梁道路的，此类方便百姓的事情，他是见义必为。

他对朋友讲的是个"忠"字，对家里的父母讲的是个"孝"字，他之所以还研究了一下音乐，那是因为他的母亲年龄大了，眼神不好，他就花钱聘了昆曲演员为母亲唱戏来让母亲开心，他觉得演员唱得需要改进，就捎带地研究了一下昆曲，结果研究成了音乐家，实际上全出于一片孝心。

这份孝心有多大，您自个儿衡量一下吧。

这就好比说是您的母亲就喜欢商店里的那个雕刻工艺品，您就说了，妈，他们雕刻的那个还不够好看，我给您雕吧，然后您就为了母亲的欢欣开始狂雕，结果废寝忘食，天长日久，雕出来东西一看，您都够雕刻家了。

您说这份孝心有多大吧。

人家袁枚是大学问家，他总结得好，他说：《记》称德成而先，艺成而后，似乎德重而艺轻。不知艺者也，德之精华也；德之不存，艺于何有！人但见先生艺精技绝，而不知其平素之事亲孝，与人忠，葬枯粟乏，造修舆梁，见义必为，是据于德而游于艺也！"

得了，我啰嗦了半天的事情，人家袁太史几句话就给解决了。

就是这样，如果单单看历史文献的记载，那么这位徐灵胎就是一个天才，太潇洒了，纵横驰骋，挥洒自如。但是如果您切入这些文献的内部，你就会发现，所有这一切表面现象的内核是一个人的德行，如果这个人怀着一颗仁慈的心，具有高尚的品德，那么，他所做的所有这一切就都是合理的了，他不但不会觉得自己太忙了，还会觉得自己忙得不够——怎么时间不够用啊！我们就不会再说他生来就是一个天才，而只能说他为了心中的信念，把自己逼成了一个天才。

这就是隐藏在纸面下面的真相。

如果没有这些道德层面的内核，那么我觉得我是在写一个精力过剩的躁动狂。

而有了这些内核，我才感觉自己是在写一个正常的人。

一个心中充满了信念的正常人。

有了这样的认识后，让我们再来看看徐灵胎是如何给人诊病的吧。

◎ 这个医生很特别

这一年的夏天，天气尤其的热。

江南之地，更是热得让人难以忍受。

有的时候在太阳下走一段路，仿佛都能被热昏过去。

有个叫毛履和的人，他的儿子毛介堂病了，是因为感受了暑热而病，这种病在中医里面是归入温病的范畴内的，身上发热（暑病热极），大汗不止，但是脉搏微弱，四肢冰冷（脉微肢冷）。

这时候把徐灵胎请来了。

徐灵胎来了一看，前面的医生判断是热证，仍然在使用清热的药物呢。

没错儿啊，这么大热的天儿，当然是热病多了。

徐灵胎诊断后，告诉患者的父亲毛履和："的确是暑病，但是你的儿子的阳气马上就要消失了，应该赶快用人参附子之类的温热药物来回阳救逆！"（这一幕看着眼熟，在李东垣诊病的时候也出现过）

毛履和听了，面有难色，小声嘀咕："人家医生都说了是温病了，应该用清热之药啊。"

可见此时温病的概念在老百姓里已经有了一定的地位。

徐灵胎急了："这是温病没错，可是温病也有变证啊，病情变化了，药物也要随之变化啊。"

这位毛履和还是觉得不对："您看这患者身上还发热呢，还出汗呢！"

徐灵胎可真的急了，因为病情正在变化啊，他走上前，抓住毛履和的衣服，瞪着眼睛说："我们是朋友啊，所以我不能坐视不管（辱在相好，故不忍坐视），如果我没有把握的话，又怎么敢随便拿这种病重的人来做试验呢（岂有不自信而尝试之理）？"

毛履和被吓呆了，傻傻地望着变得陌生的徐灵胎。

徐灵胎接着说："如果您不相信我，那么患者服了我的药后，假如死

了，我情愿以身偿命！"（死则愿甘偿命）

这不是徐灵胎好打赌，而是因为病情太急，迟则晚矣！故徐灵胎置个人的利益于不顾了！

好说歹说，才劝患者的家人同意，把药给患者喝了。

结果是一剂药下去，患者的汗就止住了，四肢也暖过来了。

然后徐灵胎再调换了方药，前后用了十天的时间，这个患者痊愈了。

徐灵胎在医案里记录的他诊断的依据："苟非脉微足冷，汗出舌润，则仍是热证。"清末著名温病大家王孟英在后面评注道："舌润二字，最宜切记。"

学习中医的朋友可以详细体会一下。

后世的王孟英很喜欢徐灵胎，对徐的医案爱不释手，一方面是因为学问，另一方面是因为他们都是古道热肠的医生，在王孟英的行医生涯中，也多次出现过在危急情况下愿抵命来救治的事情。

这是一种让人感动的医生。

这是达到了至高境界的医生，有了至高的境界，让他们获得了至高的医术，有了至高的医术，他们才能做出如此至情之事。

他们做的都是小事，也就是给人看看病，没什么了不起的。

但是，他们的身上，有某种东西，让人的心里觉得感动。

这种境界还体现在他对待金钱的态度上。

这一天，苏州市里又来人请徐灵胎了。

徐灵胎跟着来人就上路了，患者的家还比较好找，就在当时苏州衙门的旁边，姓杨。

出了什么事儿呢？

原来这杨家的儿子是个浪荡公子，都三十多岁了，还不务正业，整天往那个烟花柳巷里钻，这不，前些天又偷了自己父亲的一千两银子，跑到妓院给花光了（以狎游私用父千金）。事情不知怎么就暴露了，把这个杨老爷子气的，给这个不争气的儿子一通打，这位杨公子本来就又丢人又现眼的，再加上这么一顿打，郁火没处发泄，就病了。

病的是一个什么样的症状呢？先是有点儿像感冒似的，然后精神不振，身体感觉沉重。

先请了位医生，这位先生一看，这是个大虚之证啊，于是就用大补之药，方子里面每天都有人参三钱，结果病不但没好，还把身体搞得像尸体一样硬（身强如尸）。

这下可坏了，这杨家上下以为这位杨公子要挂了，就悲痛万分，杨夫人还痛责杨老爷子，儿子不就花你点儿钱嫖了一下吗？至于打成这样吗？

杨老爷子没办法，只好请来了徐灵胎，心想，死马当作活马医吧。

徐灵胎到了杨宅，一进内室就被吓了一跳：一家人正围在窗边痛哭呢，跟遗体告别似的。

徐灵胎还得劝：别这样啊，我还没诊脉呢，大家先强忍悲痛，等我诊完脉再说吧。

于是众人让开，徐灵胎诊了脉。

然后又按了按患者的身体，发现他浑身上下有许多的痰核，在皮肤里，肌肉外，有大有小，上千个吧（大小以千计）。

诊完以后，徐灵胎哈哈大笑。

当时杨家上下都晕了，有几个手快的已经捡来砖头准备扁徐灵胎了。

徐灵胎把脸转向大家，问："你们都是在哭他要死了吧，现在你们可以到边上的衙门里，把行刑用的大板子借来，再打他四十大板，他也不会死的。"

杨夫人已经气得大脑短路了，杨老爷子强忍着表示不相信，说："我儿子，现在他吃人参的钱已经有一千两银子了，如果能痊愈了，我愿意再出一千两银子作为给你的酬金！"

徐灵胎止住笑容，淡淡地说："这种许诺可以打动别人，但是对我没用，我就是尽我的道义而已。"（此可动他人，余无此例也，各尽道而已）

杨老爷子一看，这位说话不同寻常啊，看来心里真有东西。

于是冷静下来：请先生开方吧？

徐灵胎开了些极其平淡的清火安神的方子，然后用一种神秘的粉末药物来冲服。

大家都傻了，这么简单的方子，能行吗？

先别议论，或许行呢，没看见人家有那种神秘的粉末秘方吗？

徐灵胎在众人疑惑的目光注视下，离开了。

三天以后，患者就可以讲话了。

五天以后，患者就可以坐起来了。

一个月后，患者就行动如常。

真是神了！杨家老小喜出望外，正好赶上牡丹花开的季节，杨家的牡丹花开得也分外地好，于是杨家的亲戚组织了一次赏花宴，也把徐灵胎给请来了。

在宴会上，徐灵胎同志郑重地提出了诊费的问题。

他对杨公子说："你服用了一千两的银子买人参，使得病重了，服了我的粉末药却康复了，我的药钱能给我吗？"

杨公子的舅舅急忙说："当然要给的喽，您就说个价吧！"（必当偿，先生明示几何）

徐灵胎微笑着说："使病情加重的药价值千金，我的去病之药的价格当然要翻倍了。"

杨公子吓得差点打椅子上翻过去——嫖妓用了千金，人参用了千金，这又来了两千金！我不活了！（病者有惊惶色）

徐灵胎看到杨家张皇失措的样子，安慰道："别害怕，逗你们玩儿呢，不过八文钱而已。"

大家又傻了："啊，什么秘方这么便宜啊？"

徐灵胎："萝卜子啊（中药叫莱菔子），还有些服剩下的，大家可以看看。"

于是从兜子里拿出些剩下的莱菔子，大家纷纷抢过来看，果然是萝卜子啊。

大家纷纷大笑（杨公子的笑一定是发自内心的，因为从两千金降到了八文钱）。

原来这位杨公子身上的痰核，都是误服人参后，一身的痰邪（这是中医里特殊的概念，中医称体内液体不正常地黏稠者为痰，与平时吐的痰不是一回事）凝结而成，服用莱菔子半年后，全身的痰核方消。

（注：莱菔子炒用药性下行，可以消食除胀，降气化痰，生品药性上行，可涌吐风痰。朱丹溪谓莱菔子治痰，有"冲墙倒壁之功"，意其力大。）

其人性情至真若是，本来确实可以奇货可居的事情，却淡然处之，还颇为有趣地逗逗那些有钱却仍小气的富贵人家，真是爽啊。

◎ 批评家是怎样炼成的

我在前面说过，我把徐灵胎划入中医批评家的队伍中，不知道是否还有人这么想。其实他对某些名医的怀疑从他弟弟的治病过程中就开始了，后来，随着他自己的阅历日深，他越发地发现了一些问题，尤其是在他给人看病的过程中，总是会碰到一些被庸医治坏的患者，所以他的怀疑与愤怒与日俱增，最后终于无可抑制了。

下面，让我们来看看批评家徐灵胎是如何炼成的吧。

首先，让我们来分析一下为什么偏偏是徐灵胎成了中医批评家？

是啊，天下古往今来的中医那么多，为什么只有这个徐灵胎这么突出呢？

我的答案是：首先因为他不是圈里人。

许多事情，自己如果身处其中那是看不清楚的，有的时候糊里糊涂地就随波逐流了，可是如果您身处其外就不一样了，就可能看得特清楚，哪件事好哪件事坏的。

长期以来，中医是有圈子的，大家互相维护着，互相担待着，有时候这是好事儿，有的时候可就不一定了。比如说有位患者，前面那个医生没看好，患者到您这来了，您也别说是前面那个医生的毛病，千万别互相骂，因为没准哪天某个患者您没瞧好，他又跑到前面那位医生那里了，这如果要是结过梁子，那人家可就不一定说出什么来了。

如此之类的事情很多，所以中医不擅长自我批评，您什么时候瞧见哪位中医怒火冲天地骂前面的大夫了？一般的老中医都是慈眉善目的，即使您抱怨，说前面给我瞧病的那位大夫不怎么样，吃了两个多月了还没见效，这位老中医也都是笑眯眯的：方子开的还行，就是火候上……然后微微一笑，谁都不得罪。

过去圈子里这些事情讲究着呢！

正因为我们这位徐灵胎他不是圈里的人，人家归水利部管，所以他可以不用顾忌地批评别人，而且，同时也可以看到一些大家看不到的东西，所以他的角度比较特殊。

徐灵胎同志等于是打入中医圈内部的圈外人。

我这么说是有根据的。

有一天，有位大官的公子，觉得自己身体搞得太厉害了，这么下去可不行啊，该保养一下了，就请来了两位专家，来专门请教一下养生的问题。

两位专家一位就是徐灵胎，另一位就是一个圈里的老中医。

徐灵胎步入这位公子家大门一看，嘿，这个气派啊，雕梁画栋的，真是有钱。

等两位落了座，大家先是客套了会儿。

然后这位公子进入正题了，他很虚心地请教徐灵胎："先生，这次我把您请来，是想麻烦您件事。"

徐灵胎看人家真虚心，也挺客气地回答："什么事啊，尽管说。"

贵公子："我想向先生要一下长生不老之方！"（向余求长生之方）

徐灵胎差点儿打椅子上跌倒，气得鼻子都歪了，心想：这位白痴吧？

这样想着，嘴上也没客气，就回答说："公子您的问题真的不同寻常，这样吧，您先帮我找到一个长生不老的人，给我看看，然后我再帮您配一个长生不老的方子，如果您没法儿找来长生不老之人，那我的长生不老之方也就没法儿弄了。"

这位贵公子听了很高兴，就开始想身边哪位是长生不老的呢？打街坊邻居开始想，想出好几十里地了也没想出来，这就开始翻白眼了，很不高兴（其人有愠色）。

于是就把那位老医生拽到了一旁，又跟这位老同志讲：这位徐灵胎很不够意思，干脆，您就把长生不老之方给我吧。

老医生也没谦虚一下，就把长生不老之方给了这位公子。

于是这位公子回到大堂，手里拿着这长生不老之方，来气徐灵胎来了："这长生不老之方人家老先生已经给我了，你还真小气，这有什么吝啬的啊？我给报酬啊。"（乃傲余曰：长生方某先生已与我矣，公何独吝也？）

徐灵胎眼睛瞪得跟铃铛似的，心想我不是做梦吧："那您把这长生不老之方让我见识一下呗？"

贵公子："看就看，我可比您大方，拿去看吧！"

徐灵胎接过来一看，原来都是些血肉有情的温补之品（估计一定包括些鹿鞭驴鞭之类的），只是故意把制作方法搞得非常的复杂，使得看上去很不同寻常罢了（估计有找原配的蟋蟀这一项）。

徐灵胎差点喷了出来，今天可真是开了眼界了！

最后实在忍不住了，等到没人的时候问这位老先生："大哥，您的这个长生不老之方，是哪位老大传授给您的啊？太让我开眼界了！"

老同志很惭愧，小声地说："老弟，你别笑话我，你不是靠行医来吃饭的圈里人（子非入世行道之人耳）。"

徐灵胎："这跟圈里人有什么关系啊？"

老同志："凡是富贵之人，什么都不缺，就是怕不能长生不老永远纵欲罢了，所以一遇见名医，就要问长生不老之方，如果不知道这个方子，就显得你学问很低，人家别人都知道，你怎么不知道啊？还怎么混啊，我不是故意要骗他啊，实在是人在圈里混，身不由己啊。"

徐灵胎听了恍然大悟，原来所谓的秘方都是这么回事儿啊！（余因知天下所传秘方皆此类也）

果然，在告辞的时候，贵公子给了那位老医生一大笔银子。

回去以后，徐灵胎同志也没客气，本着批评与自我批评的精神，他把这件事写进了他写的书里，书名叫《慎疾刍言》，后来出版了。（这有点儿像现在的记者化妆成小贩打入制造假货的圈子，取得第一手资料后予以曝光）

也不知道这位贵公子在吃了那么多的驴鞭后智商是否有所提高，看了这本书以后是什么感想。

我们唯一可以确定的是，那位老同志一定很不爽：太不够意思了！这不等于把我的行业秘密给曝光了吗？我以后还怎么给人家开长生不老之药！

可是徐灵胎同志一定是不怕的，因为：我不是圈内人。

成为一个中医批评家的另外一个条件是必须要博学。

徐灵胎

也就是说，您看的书必须多，您得见识比别人广，否则您没法儿批评人家。

看书这对徐灵胎不成问题，他在这方面有严格要求自己的毛病，他在《慎疾刍言》的序言中说他自己在学习了中医以后，看过的中医书"批阅之书约千余卷，泛览之书约万余卷"，这可不得了啦，这句话算是把徐灵胎的成才秘诀都给泄露了！

您说他是怎么就成了天才了？您说他怎么没有拜个老师就成了国手了？人家下了苦功了！人家读过的书，比你专业搞医的人读得都多不知道有多少倍！您说人家能不成才吗？

当时另外还有个名震天下的医生叫叶天士，他比徐灵胎年龄大些，他们算是当时的医界双璧。这位叶天士是圈内人，他和徐灵胎正好是两个路子，他是拜老师出来的，一共拜了十七位老师，尽得其学，终成一代大家。有一次叶天士曾对门人讲：吴江来了一位秀才徐某，"在外治病，颇有心思，但药味太杂，此乃无师传授之故"。后来，叶天士得到了宋版《外台秘要》拿来一看，吓出了一身冷汗，又对门人说："我前谓徐生立方无本，谁知俱出《外台》，可知学问无穷，不可轻量也。"

看到了吧，连专业搞中医的叶天士都有没读到的书，而人家徐灵胎却读了，不但读了，还使用得颇为得力。这就没什么好说的了，人家的见识太广了，批评你几句那是顺手的事情，您就别冤枉了。

而且像徐灵胎这种无门无派出来的最适合做批评家，人家公平啊。

这中医界一直以来有个毛病，就跟这武林有点儿相似，分门派，一见面，您是哪派的啊？搞不好会互相说些过头话，古代有的时候还会互相骂起来，声势很是骇人。

这可就给人家徐灵胎机会了，人家是圈外人啊，人家无门无派啊，所以，人家看得更清楚，他可以把所有人的缺点，一齐都给批评了。

◎ 愤怒的火焰

成为一个中医批评家的最后一个条件是：他的心一定曾经被愤怒的烈火烧伤过。

这种愤怒的烈火我们一定感觉熟悉，让我们回忆一下，在徐灵胎的弟弟们相继去世后，当他抱着一堆厚厚的书走过中庭的时候，他的眼睛里曾经闪烁着愤怒的火焰。

这么多年过去了，这股火焰我们似乎看不到了。

但是，它们并没有熄灭，它们仍在他的内心深处继续燃烧。

而且，一再被庸医所刺激，最终它们变成了徐灵胎向庸医开火的动力。

说句实话，这种被庸医所刺激的故事我有点儿不愿意写，太伤心了，但是我也本着批评与自我批评的态度，还是举两个例子吧。

话说有一天，有人来请徐灵胎来了。

来的人是谁呢？是嘉定的张雨亭。

只见他行色匆匆，满脸憔悴，进屋就冲着徐灵胎说："徐先生啊，帮帮忙，救命吧！"

徐灵胎忙问："怎么了您这是？急成这样？"

张雨亭说："我的姻亲家姓施，原来是崇明的，现在住在盘门，他的儿子患上了血痢，这个病可不得了啊，这一昼夜拉了有上百次了，痛苦得要死了！您快去给瞧瞧吧！"

徐灵胎一听，那是病得不轻啊，搁谁这么拉都受不了啊，赶快吧！

于是二人雇了小舟，一路来到盘门。

徐灵胎诊了患者的脉后，告诉家属："这是热毒蕴结于肠中啊，应当用黄连、阿胶等药来调治。"

于是开出了方子，患者服后，很快就感觉病去了十之七八分，肚子不再那么痛了。

大家都松了口气，于是徐灵胎告别回来了。

等到第二天出诊，徐灵胎看见患者"神清气爽，面有喜色"，诊脉后又开了方子，于是就又走了，临走的时候，约好隔一天再来。

结果还真的天有不测风云，第二天就来狂风，估计是个小型的台风吧，这水路可就中断了，徐灵胎干着急，没办法。

到了第三天水路才通，于是就赶快雇条小舟，到病家去看看。

一进门，徐灵胎就发现这屋子里的气氛不对了。

因为徐灵胎发现这位患者正怒气冲冲地瞪着自己呢。

奇怪啊，这可与前两天的态度截然不同啊。

徐灵胎就问："您这两天怎么样啊？"

患者厉声回答："都是你开的好药，病已经重了！"（用得好药，病益重矣）

然后噼里啪啦故意摔打着手里的东西。

徐灵胎仔细琢磨了一下，没错啊，应该见效了？怎么成这样了呢？

没办法，见患者不理睬自己，徐灵胎又看看患者的父亲，问："除了我这个药，患者曾经服用别的药了吗？"

患者的父亲面色尴尬，低头不语。

好嘛，我们徐灵胎同志长这么大也没被人如此给吊过脸子啊。得，什么都问不出来，那就告辞吧。

刚刚走出大门，就看见两个医生正在往门里进。徐灵胎心里明白了，这是请了别的医生了。

于是就跟这位张雨亭说："劳您驾，您回头就给我打听一下吧，怎么回事儿，看了这么多病这还是头一回呢。"

没几天，这位张雨亭先生回来了，叹着气对徐灵胎说："您知道他为什么恨您吗？"

徐灵胎："为什么啊？"

张雨亭："他父亲因为您没去，就给他请了当地的名医，结果名医说患者阳虚，不能解毒，就开了人参、干姜等药补阳，然后骗患者说这还是您开的那个方子，结果服用后更痛了！所以恨你入骨啊。"

徐灵胎很着急："果然如此，那么现在患者呢？"

张雨亭长长地叹了口气，说："他服药以后，口干得像冒火一样，特别想吃西瓜。医生说：痢疾吃西瓜必死。他想喝口凉水，那更是坚决不给喝，于是他就骗书童说要取井水漱口，然后抢过碗，喝了一半，最后号呼两日而死，惨啊！"

徐灵胎瞪着眼睛，半天说不出话来。

悲愤之情油然而起。

一个鲜活的生命，就这样消失了。

这个人，他有父亲，有母亲，有自己的老婆孩子，但是转眼之间，人们再也见不到他了。

怒火，怒火开始燃烧了！

后来，徐灵胎在记载这个医案的时候总结道："近日治暑痢者，皆用《伤寒论》中治阴寒入脏之寒痢法，以理中汤加减，无不腐脏惨死，甚至有七窍流血者，而医家病家视为一定治法，死者接踵，全不知悔，最可哀也。"

又一天，有位朋友来邀请徐灵胎出诊，说是嘉兴的朱亭立身体一直不太好，这位朱亭立同志（怎么像个姑娘的名字啊，实际是个大男人）曾经当过广信太守，徐灵胎很高兴，就跟着朋友来到了朱宅。

进了屋子后，大家见面，都很高兴，朱亭立比较虚弱，精神头也差了点儿，说："早就听说先生的大名了。"

徐灵胎也客气："哪里，业余搞搞，业余搞搞。"

接下来问问患者的情况吧："您觉得怎么不舒服啊？"

朱亭立叹口气，说："我一直'病呕吐，时发时愈，是时吐不止'，现在已经有三天粒米不下了，别的医生都说我患的是膈证（中医的四大重证之一，与现在的食道癌胃癌类似），难以救治，连个药都不开就走了，先生您给看看吧。"

徐灵胎给诊了脉，说："得，您别怕，这是翻胃证啊，不是膈证。先别把您自个儿给吓死了，这膈证是胃腑干枯，翻胃是痰火上逆，两种病的轻重还差得不是一星半点儿的，您先别害怕！"

朱亭立同志一听，来了精神头，忙说："那您赶快给开个方子吧！"

徐灵胎遂铺开纸墨，开了个以半夏泻心汤加减的方子。（半夏泻心汤：张仲景《伤寒杂病论》中的药方，用来治疗中焦寒热错杂，气机逆乱）

开完了方子，嘱咐了如何煮药。这位医圣张仲景的方子的熬药方法都是有说道的，比如这个方子，那是要用十分的水，煎熬成六分后，把药渣倒掉，然后剩下的再煎成三分，就可以了，每次喝的量是一分，每天喝三次。

然后才告辞。

再来出诊的时候，这位朱亭立同志可就精神多了，拉着徐灵胎的手，告诉他：自己慢慢可以吃饭了。

再过些日子，就恢复到了健康时的状态。

从此两人成为知己。

这个病并没有完全好，有的时候还小小地发作一下，而且不是那么特别能吃饭，但也没有什么大的问题，就这样平稳地度过了几年。

在这几年里，全靠着徐灵胎的调理，朱亭立同志是有病就找徐灵胎，非徐灵胎的方子不服。

后来，有一次徐灵胎路过朱亭立的家，就顺便进去坐了坐。

朱亭立对徐灵胎说："我遇到了一个杭州的名医，他说我的身体虚啊，说我非服用些人参附子等温阳的药物不可。"

徐灵胎慢慢地皱起了眉头："那您服用了吗？"

朱亭立："服了！现在服用了他的方子以后，感觉身体强壮了很多，胃口也大开，能吃东西了。"

徐灵胎说："此乃助火以腐食，元气必耗，将有热毒之害啊"。

朱亭立笑而不答，脸上带出的意思是：您说的不对，您别不是嫉妒这个医生了吧。

言谈之间，透露出恨不早遇此医的意思。

徐灵胎见他已经痴迷至此了，也不好说什么，就告辞了。

事情很快就过去两个月了。

突然有一天，徐灵胎家有人急促地叩门。

徐灵胎打开门一看，是朱亭立的朋友，跑得大汗淋漓，满脸焦急。

徐灵胎忙问："怎么了您这是？"

朋友上气不接下气地说："快跟我走吧，朱亭立不行了，让我来请您啊！"

徐灵胎的心里，感觉到了一丝凉意，连衣服都没披好，就赶快登上了小舟，到傍晚的时候，到了朱亭立的家里。

一进朱亭立的寝室，徐灵胎吓了一跳，只见床前血污满地，忙问怎么了？（骇问故）。

这时朱亭立已经无法说话了（亭立已不能言），只有在那里流着眼泪，和徐灵胎在做绝别的动作（唯垂泪引过，作泣别之态而已）。

徐灵胎问了一下周围的人，别人告诉他，吐血吐了有一斗多了。

徐灵胎悲痛不能自已，盖血涌斗余，已经无药可施。

到天刚亮的时候，朱亭立就去世了。

痛彻心扉，这是一种失去朋友的悲痛。

徐灵胎一句话都说不出来，用手使劲砸着门旁的柱子，眼泪喷涌而出。

这都是一些什么样的名医啊！害人之药锋利如刀！

后来，他写下了这样的话："十年幸活，殒于一朝，天下之服热剂而隐受其害者，何可胜数也！"

关于这个病，可能性有多种，也可能朱亭立患的就是一个重病，但是徐灵胎用平淡的方式告诉他不用担心，去掉了他的心理负担，然后用药使得他在平稳的最佳状态中存活了多年，但庸医不明轻重，只用两个月就破坏了这种平稳，使患者一朝丧命。这是今天也要重视的一个问题。

总之，在临床中不断地遇到这种悲剧，徐灵胎的心被深深地刺痛了。

他的怒火终于要喷发出来了！

网友提问，为什么庸医都是用温热补药出的事儿啊？

这个问题问得比较好，正问在点儿上。

这要从古代中医的传播方式说起。古代的信息传播不像现在这么发达，那时候除了师徒相传，就是靠刊行的书籍了，一本书刊行了，流传开后，大家都看，影响很大。

可古代某些人写书有个臭毛病，就是特不客观。

本来事物是一分为二的，可如果这位老兄觉得自己在某一方面有体会，就狂写这方面的，不管另一方面了。打个比方，饭和菜应该是就着吃的，可这位老兄对菜的作用很有感觉，就狂写吃菜的好处，甚至狂贬吃饭这件事。

这种毛病在古代中医的著作里经常出现。

到明朝末年的时候，非常流行温补，什么熟地、附子、肉桂、干姜等温热药非常流行，主要是由于写使用这些药的书比较流行，结果导致到了清朝，有很多大脑思考问题不谨慎的民间医生看了书以后就跟着附和，用药喜欢用这类风格的，出现了许多的误治现象。

后来，等到清末王孟英又狂写清凉药的好处，他的书卖得特火，大家又跟着学，结果等到民国初年四川的祝味菊（外号祝附子，以善用附子闻名）到上海的时候，发现上海已经没人敢使用附子了。

这种现象现在还存在。

本来中医是最讲究阴阳平衡的，不知道怎么到了这些同志手里就只剩下一头了？

看来批评与自我批评是必要的啊！

此时，愤怒的火焰正在徐灵胎的心中燃烧，他正准备找个地方开火呢，一本书很不合时宜地跳入了他的眼睛。

这本书算是倒了大霉了，被徐灵胎这样的高手撞上了。

徐灵胎从此开始了他的勇猛的跟帖生涯。

◎ 跟帖高手

这本书名叫《医贯》，是明朝的赵献可写的，让我们来从头谈谈这位赵献可的《医贯》吧。

话说明朝初年有位太医叫作薛立斋，是位高手，尤其外科那是真厉害，但他看内科病有个特点，就是总那么几个方子，六味地黄丸、金匮肾气丸、逍遥散、补中益气汤等的。但他高明的地方就是，在这些方子里面来回加减，出入其间，效果还不错，虽然他不太擅长用寒凉之药，但总没出大格。

后来的赵献可一看，这好啊，这么来看病省事啊，学会这几个方子就该差不多了，于是就设计了一套理论，来解释为什么只用这几个方子就够了。

其中他还尤其重视补阳，认为命门之火在人的身体中至关重要，所以大力提倡温补命门之火（说白了，就是补肾阳）。

这书当时影响很大，很多人照着做（其中估计就有我们前面故事里的庸医们）。

当然，后来此书的影响就没那么大了，因为徐灵胎同志开始跟帖了。

徐同志跟帖的方法和现在网上的跟帖差不多，具体的操作流程是：拿来你的书，你写一段我跟着驳斥一段，一段不漏，全部给你贴上。

赵献可同志在九泉之下如果知道有这么个跟帖的主儿，一定脑袋都会气爆的。

现在让我们来把原帖和跟帖节选若干，来看看当年"网络"大战的盛况吧。

赵献可写道："余所以谆谆必欲明此论者。欲世之养身者治病者。的以命门为君主。而加意于火之一字。"（他的意思是说：我之所以如此絮絮叨叨地来回讲这个补阳的道理，是想让世上喜欢养生的同志和治病的同志，都要知道肾阳的重要，要随时注意在补火上下功夫）

徐灵胎同志马上跟帖："养身补火已属偏见，况治病必视其病之所由生，而一味补火，岂不杀人乎！"（徐同志跟帖马上说：用补阳来养生已经是偏见了，看病就更需要看病是怎么得的，您用一个火字就全给盖了，您就不怕害死人吗？）

得，赵献可算是白写了。

赵献可又说了，如果您把命门火这事儿搞明白了，那"明乎此。不特医学之渊源有自，而圣贤道统之传，亦自此不昧。而所谓一贯也，浩然也，明德也，（徐灵胎同志此处跟帖：假如孔子云参乎吾道是火，孟子云吾善养吾火，《大学》云在明明火，岂不绝倒耶！）玄牝也，空中也，太极也，同此一火而已。"（徐灵胎同志此处跟帖：太极是一团火？有是理耶？）

得，赵献可同志又被人抓住短处了。

再来看看。

赵献可又说："人之初生，纯阳无阴，赖其母厥阴乳哺，而阴始生。"

徐灵胎同志跟帖："如此说，则小儿止有命门，并无左肾，直待乳哺方生出左肾来？"（中医认为左肾属阴，右肾属阳）

赵献可同志一定很后悔——说话不严谨点儿是不行的啊。

赵献可在《医贯·伤饮食论》中写道："经曰：下焦虚乏，中焦痞满，欲治其虚，则中满愈甚；欲消其痞，则下焦愈乏。庸医值此，难以措手。疏启其中，峻补于下，少用则邪塞于上，多用则峻补于下。所谓塞因塞用者也。"

徐灵胎同志在"经曰"两字后面跟帖："下文经语，皆是自造，无忌惮已极，想彼料天下人断无看《内经》者故。"（意思是说，赵献可下面所引用的《内经》的话，都是他自己编出来的，这位同志太肆无忌惮了，连《内经》的话都敢编，想必这位同志闭着眼睛估计天下人都不看《内经》吧）

看来徐灵胎同志一点儿都不客气。

公平地说，赵献可同志的书也并非一无是处，他书中有些观点还是有价值的，古代医家中人家也算是一派，但问题是他行文总是偏颇，还捎带露出些小马脚，没办法，还是学历低了点，总给徐灵胎同志抓住漏洞。

以上只是节选几段，各位如果想观看这场网络跟帖大战的全貌，可以找来徐灵胎同志写的《医贯砭》参观一下，每一段话都有跟帖，蔚为壮观。唯一遗憾的是，赵献可同志没有办法回帖，因为他是明朝的人，早就作古了。

评完了《医贯》，徐灵胎同志并未就此满足，后来又跟帖了叶天士的《临证指南医案》，这书不是叶天士写的，是他的弟子们收集的叶天士看病的记录整理出来的。徐灵胎的跟帖非常有趣，好的地方他也交口称赞，不好的地方他毫不留情。有的时候叶天士说了半天，他在后面跟帖里只写两个字："瞎论"，有的时候是"不切""不伦""不典"等的，有的时候就长篇大论一番。《临证指南医案》我读过若干次了，后来倒是觉得如果没有了徐灵胎的跟帖好像少了点儿什么似的。

遗憾的是，叶天士也没法儿回帖了，他早徐灵胎二十年去世了。

所以我给徐灵胎同志封的官职是：纠风办主任，主管纠正医疗系统的各种歪风。

什么医疗界的歪风他都管，比如当时有个风气就是医生喜欢用人参。

医生为什么喜欢用人参呢？因为人参在当时那是极其贵重的药了（现在改栽培了，快跟萝卜的价格差不多了，但真正的山参仍巨贵），这医生喜欢开贵的药是有自己的小算盘的——回扣多呗，古代这样的问题也有，医生为了自己的收入，就在开方子的时候加上些人参，然后让到某个药铺去买药，这样就形成了一个利益链条。

于是医生们异口同声说人参这东西好啊，吃了大补，有病了不吃人参怎么行呢？

最后到了什么地步呢？根据徐灵胎同志的描述是这样的：如果孩子有病了，家长没给买有人参的药，那就不是慈爱的家长了，街坊四邻该议论了：这家人，真不仁慈，这孩子别不是捡来的吧。

父母病了，如果做儿子的没给买人参，那不孝顺的帽子绝对扣您头上了，等着出门被邻居们指指点点吧！

夫妻兄弟病了，您没给买有人参的药，那还是要遭到唾骂：伤天害理啊，别不是为了财产想让家人快死吧，要不是因为财产怎么连人参都舍不得买？

总之当年的流行语一定是：今年过节不收礼，收礼只收好人参。

翻开当年的报纸也全是广告，某某患了癌症，服用了人参后居然惊奇地发现肿瘤消失了！奇迹啊！

估计当年的情景一定盛况空前。

结果是，很多家庭本来就没有什么钱，结果患了病后医生给开了人参，为了在道义上过得去，家人砸锅卖铁，好多人把房子都卖了来买人参治病，其实好多人都不适合服用人参，最后是家破人亡，人财两空。

这个问题被徐灵胎同志发现后，他感觉很有必要纠正一下这股歪风，于是马上拿出辛辣的大笔，写了一篇《人参论》，放在他出版的书《医学源流论》中。

他说，您看那些想谋害人的坏蛋，他顶多是给人一刀，他没本事连被害者的家一块给弄破产了；同样，如果一个人做生意破产了，那钱没了人却还活着。这先把被害者的家给弄破产，然后再取人性命，有这本事的，那就是这庸医手里的人参啊。

这人参补气是不假，但也得分个时候啊，当患者的病证中有风寒暑湿、痰火郁结的，再给用人参，那就会把邪气补住（当然，他说的这个话也有点过了，药方中配合其他药还是可以用的，但一味蛮用是错的），所以天下的人千万别以为人参是有病必服的补药啊。

无论如何，使用如此贵的药确实是要慎重的，对于过分使用人参的后果，徐灵胎写的这段话比较好，我给全文录下："遂使贫窭之家，病或稍愈，一家终身冻馁。若仍不救，棺殓俱无，卖妻鬻子，全家覆败。医者误治，杀人可恕，而逞己之意，日日害人破家，其恶甚于盗贼，可不慎哉！吾愿天下之人，断不可以人参为起死回生之药，而必服之。医者必审其病，实系纯虚，非参不治，服必万全，然后用之。又必量其家业尚可以支持，不至用参之后，死生无靠。然后节省用之，一以惜物力，一以全人之命，一以保人之家。如此存心，自然天降之福。若如近日之医，杀命破家于人不知之地，恐天之降祸，亦在人不知之地也，可不慎哉！"

实际上，各位也看明白了，徐灵胎谈论的是一个人参，但人参其实只是一个符号。在现代社会里，这个符号所代表的东西就更多了，大家可以自己体会。

◎ 兼职音乐家

在这种一边看病，一边还负责给医疗界纠风的岁月中，一转眼，徐灵胎已经到了五十岁了。

一天，他看到正在庭院里晒太阳的老母亲闷闷不乐。

徐灵胎问："母亲，您怎么看上去不高兴呢？"

母亲回答："老了，眼神不好了，眼前的美景都看不到了。"

徐灵胎心中涌出一丝伤感，望着老母亲，竟然一时无语。

两个老人在太阳地里沉默了好久。

过了几天，徐灵胎偶然在镇上听到了有人唱昆曲，婉转动人，他脑中灵机一动。

何不请个演员到家里，让老母亲开心？

于是徐灵胎就花钱请来了昆曲演员，来唱戏给母亲听。

唱戏的结果是徐灵胎也喜欢上了昆曲，还想学上几段。

不但学，这个喜欢做学问的人还把古代的音乐文献都看了看（估计好多文献我们现在是看不见了）。

还自己对着镜子仔细地练习了古代文献中的发声方法，什么入声派三声法、入声读法啊，什么平声唱法、上声唱法、去声唱法啊，什么起调、断腔、顿挫啊，总之像模像样的，还自己唱给母亲听。

您可以想象一下，一位五十岁，身材高大，胸前一缕长髯，形象如武林长者的老同志，在堂前对着自己的老母亲唱歌是个什么样的情景。

还真挺感人的，如果我是拍电影的，我就把这个场景的声音慢慢抹去，单放这没有声音的图像，慢慢地播放着，让大家细细地体味。

不知我五十岁时能否做到。

最后，徐灵胎同志把自己总结的结果写下来，出版了，就是中国音乐史上一部著名的音乐理论著作《乐府传声》，该书填补了那段音乐历史的空白，现在还有音乐学院的人写文章论述其重要性呢。

做学问做到这个份儿上真是让人没什么好说的了。

◎ 面见乾隆皇帝

在乾隆二十几年的时候，皇上下令各地推荐本地名医，大司寇文恭公秦蕙田保举徐灵胎。乾隆二十六年（1761），徐灵胎六十九岁，他踏上了第一次进京面见皇上的道路。

乾隆二十六年正月。

京城。

也许是命运的安排，徐灵胎两次进京，都赶上了京城下雪。

紫禁城在雪色中宁静而又威严。

这是徐灵胎第一次如此近距离地观察到皇宫的面貌。

他知道，自己面临的将是挑战。

那么，为什么宫廷的太医院高手云集，还会请徐灵胎进京呢？

原来，清朝的历任皇帝非常了解医生的好坏对自己的重要性，他们总是想把世界上最好的医生留在自己的身边，为自己的健康服务。

但是太医院里的医生却经常让皇帝们不满意。

太医院的医生们都是经过选拔、考试、实习、临床等环节，一点点地熬上来的，按说也是经过了正规训练的，而且没到四五十岁您是甭想熬上御医这个职称的（下面的职称分别为吏目、医士、恩粮等）。但太医院的医生有个最大的毛病，就是看病有顾忌啊，重的药轻易不敢开，一般的方子中每味药也就是一二钱的分量，有毒的绝对不敢开，药性偏重一点的药有时候都要上呈中堂（紧急的时候）或者其他上级批示，结果是使得御医在某些方面难以施展。所以您别觉着这御医好当。

但皇上不管啊，他一方面要求你疗效好，一方面对你用药还有要求，在这两方面一衡量，御医们的选择是：我一般就开些不温不火的药，不出大问题，疗效嘛，别急，一点点调养吧，这样总不会出大错——这是御医之间代代相传的秘密。

所以皇帝经常很恼火，乾隆帝在批示御医的奏折时经常态度很不好，有的时候甚至是很气愤，经常批些"用心治！""快快的治！"等话，明摆着，急了。

在这种情况下，皇帝们就非常希望把民间的中医高手调到自己的身边，雍正帝曾经连下八道一模一样的圣旨，让各地的官员推举当地的名医进京，其中非常有趣的是，还特意嘱咐推举的时候不要强迫人家，要好言安抚，推举错了人朕也不怪你们，朕自有考察这些医生的办法，等等。

那么皇帝考察这些医生好坏的办法是什么呢？办法之一就是先让他们给手下有病的大臣看病，来观察效果如何，然后评价这个医生的好坏。

多么聪明的办法啊，一箭双雕，大臣们还以为是皇恩浩荡呢。嘿，瞧咱们皇上，真够意思，我病了还特意从全国各地调来名医给看，臣真是感激涕零，愿肝脑涂地以报皇恩啊（这些词儿还真是他们在奏折里常写的）！

皇上心里面在偷着乐：拿你做了一下试验品，你还真的感觉很爽啊！

徐灵胎也不例外，在到京报到后，被安排与太医一起给大学士文恪公蒋溥诊病。

在给蒋溥诊病后，乾隆帝派一个大臣问徐灵胎："诊脉结果如何啊？"

徐灵胎："蒋公的病……"

大臣："怎么样？"

徐灵胎："就实说了吧，诊得的脉象是阴液已涸，六脉俱沸，恐怕不可为矣。"

大臣："实在没办法了？"

徐灵胎："阴涸以后，无法承受天气的酷热，所以估计能拖延到立夏的时候，立夏后天气转热，那时候恐怕就无计可施了。"（据说后来果然如此）

于是大臣就向乾隆汇报了，乾隆不相信，还自个儿亲自跑去一趟，看了看，果然如此，就对那个大臣说："难得这个徐灵胎学问做得不错，人还比较诚信（学问既优，人又诚实），你能不能过去给他透个话，看看他能否留在太医院？"

结果徐灵胎就被留在了京城，授太医院供奉。

那么，徐灵胎会成为一个御医吗？

回答是：没有可能。

为什么呢？乾隆皇帝很看好他啊，而且能够留在乾隆皇帝身边，那在当时可是无比荣幸啊，为什么徐灵胎没有留在太医院呢？

让我来给各位分析一下这个谜团吧。

徐灵胎是什么人呢？其性格豪爽，有江湖侠士气，是个自由惯了的人。

您再看看太医院的太医们过的是什么日子，我来给大家描述一下吧。

太医们给皇上看病叫请脉，那是要跪着进殿，跪着给皇上号脉的，现在电影电视剧中基本把御医的地位都给抬得太高了——还坐着呢，没可能。

当值的御医一次进去两位，分别在皇帝的左右每人各诊一只手的脉，然后对调位置，再诊，诊完了要倒退出去，不能背对着皇上。

出去后两人分开，各自写自己的脉案，然后由当值人员进行对比，跟考试一样，要相同了才算可以，不相同要讨论。

然后把脉案上呈主管，有时干脆是皇帝自己看，皇上给批阅，折子里要写上自己的名字"某某与某某请得皇上圣脉如何如何的"。

个别懂医的皇帝还会给改改方子（当然也包括不懂装懂的皇帝和自以为懂的皇帝），"朕看把香附去了，改加熟地吧"，这都哪跟哪儿啊，可这么改完了御医连个不字都不敢说，千万不能说："皇上，您给改错了"——您还想混不想了？

然后熬药熬成四份，后来改三份了，当值的太监要喝一份（苦啊，看来太监也不是那么好当的），御医自己咕咚再喝一份，这都是表示药里没毒，然后皇上再喝剩下的一份。（您知道为什么御医开的方子都分量那么小啊，我们私底下开玩笑议论过，怕出事儿是一个方面，另一个搞笑的原

因可能是方子小了熬出的药少点儿，御医自己还能喝下去，方子要是大了，熬出一盆来，御医自己要是总这么喝就该挂了）

药喝下去要是见了点效还可以，如果不见效就等着训斥吧。

可是见效也不容易，因为在民间看病是一个医生一直给你看好了为止，可御医是当值制度，每两人当一天的班，今天您开了方子，明天换人了，您知道他又要开什么方子吗？没准儿思路就换了，所以这御医是难当极了。

有位网友问为什么太医院那么多高手治不好病啊，您想这疗效能好吗？

您再看看徐灵胎那种豪爽的性格，在这种条件下，他能坚持几天啊，按我的想法半个月算是不错的了，人家徐灵胎真是条好汉，硬是挺了五个月，在五月份的时候，终于熬不住了，跟乾隆皇帝打了报告："万岁爷，您自个儿混吧，我老迈年高就不陪您了，我先撤了！"

乾隆一看这也不好强留啊，于是就批准了。

徐灵胎终于回到了思念了半年的老家。

第一次进宫平安返回。

虽然没有治好人家的病，但被皇上招呼过一次在当年也算是长脸的事儿。

◎ 大文人袁枚

在日复一日的忙碌中，徐灵胎慢慢地老了。他选了吴山边上的画眉泉做了自己的最后立身之地。他在这里盖了房子，从此居住在这里，一直到最后的日子。

在他晚年的时光中，一位不速之客的到来，给他平静的生活增添了几分色彩。

此人就是大文人袁枚。

如果您对他不熟悉的话，您一定会熟悉一句话，"书非借不能读也"，就是这位袁枚说的。

袁枚有一天突然觉得自己的左胳膊弯曲不能伸直了，找了别人看没有效果，于是就想，到画眉泉去找名医徐灵胎吧，但是自己又不认识徐灵胎，怎么办呢？没办法，硬着头皮乘小舟就冒昧地来了，先是让人递上了名片，没想到的是徐灵胎一听说是袁枚来了，还没等袁枚怎么着呢，自己就高兴地把大门打开，亲自出来迎接，握着袁枚的手就给请进来了。

然后就把自己家里正在下蛋的老母鸡给杀了，做成了红焖鸡块，然后两人把酒畅谈了一天，最后，临别时徐灵胎将丸药赠予袁枚。

那么，为什么徐灵胎会对袁枚如此的重视呢？他们的交往难道真的像某些人猜测的那样是徐灵胎巴结名流吗？

实际上，当时徐灵胎的名气并不比袁枚小，从袁枚在出发之前的心情忐忑，担心徐灵胎闭门不见自己，和他回家后朋友对他说的"你真幸运啊"这样的话来看，根本没有巴结的可能，况且袁枚的年龄比徐灵胎小二十余岁，当时应该是抱着去拜访一位兄长的心理去的，所以这个论点是不成立的。

那么，为什么徐灵胎对袁枚如此重视呢？

因为，两者的脾气相投。

徐灵胎应该早就看过袁枚的诗文。袁枚其人生性闲适，在做官的时候，能够为老百姓做实事，政声很好，三十三岁父亲去世，于是袁枚辞去官职，买地建了随园侍奉母亲，从此寄情山水，是个非常有品位的文人，写文章最讨厌陈腐的套路，这一切无不与徐灵胎的品位相投。

最重要的是，袁枚其人有豪放之气，对朋友那真是好。他的一个叫沈凤司的朋友去世后，由于没有后代，没有人去坟前祭祀，袁枚就每年都去他的坟上祭坟，三十多年从不间断。其对朋友的这份情谊，实在令人感动。

徐灵胎亦是性情中人，因此，听说袁枚到来，自然是喜出望外，出门相迎了。

事实证明，徐灵胎并没有看错人，两人一见如故，从此成为朋友。这种友谊一直延续到了下一代，徐灵胎的儿子徐曦也与袁枚成了好朋友。后来，徐灵胎的孙子还曾跟随袁枚学习。

这是一种令人羡慕的友谊啊，这个故事让人何时读起来都会有一种心情畅快的感觉。

徐灵胎

不知道友谊为什么有如此大的魅力。

当一个人不在了，另一个人还会感受到它。

当两个人都不在了，后世的人却仍然能够感觉到它的温暖。

◎ 老人的告别

在七十二岁和七十五岁的时候，徐灵胎分别出版了《兰台轨范》和《慎疾刍言》两本书，其中《兰台轨范》尤其值得学习中医的朋友一读，其中把一些病证的治疗方法，从《内经》到《伤寒杂病论》，再到后世的《备急千金要方》《外台秘要》等，给梳理了一遍，都是他精选的方子，会给您的临床以启发的。

人的一生真是短暂啊，一转眼，徐灵胎就到了七十九岁了。

在这个时候，不知道为什么，乾隆皇帝又想起了他，征召他进京效力。

为了自己，皇帝有时候是不考虑别人的利益的。一个已经马上八十岁的人了，要千里奔波到北京，在过去没有飞机火车的年代岂是容易的事情？

这个时候，徐灵胎面对的是两难的选择。

如果去，那么他根据自己身体衰老的状况，断定自己一定无法回来了。

在接到圣旨的这些日子里，徐灵胎陷入了沉思之中。

到底去还是不去呢？

他来到画眉泉边，长时间地沉默着。

徐先生，您都在想些什么呢？

我在想我的这一生，都做了些什么。

您别这样想，您还应该活好多年呢。

不会的，我自知余日无多了。

那您就别去京城了，这事是可以推掉的。

我自认为，我的一生，唯讲"忠义"二字，从来没有松懈过。

徐先生，您是说？

现在，我已经老得做不了什么事情了，但我想，用我这把老骨头，再给后人写一个"忠"字！

可是您要知道，后世可能连皇帝都没有了。

是吗？可是，没有了皇帝，还有父母、朋友啊，我相信，这"忠义"二字永远是不会消失的！

徐先生，您还是别去了。

大家别拦着我了，让我为自己的生命做个体面的了结吧。

农历十月二十五。

大风。

江南草木皆动。

徐灵胎与儿子徐曦力疾登程。

腊月初一，徐氏父子抵京。

于是出现了本文开始的那一幕。

这一天，京城又是大雪。

城中百姓都沉浸在年底的喜庆气氛中。

谁也没有注意到，徐灵胎父子两个人，带着两个仆人，踏着厚厚的积雪，悄然来到了北京。

徐灵胎已经显得很虚弱了。

他们找了处旅店住下，然后休息。

两天后，徐灵胎把儿子和几个朋友请到自己的房间，对他们说："此次奉诏进京前，我已经知道自己命数已尽，但忠义二字不可违，故不惜残命，冒死进京。非常不幸的是，现在我估计可能无法等到再面见皇上了，就把各位找来，与各位告别吧。"

大家很诧异，但老人的态度却平和，与往日没有什么区别。

接着，他与大家从容议论阴阳生死出入之理，又写了自己的墓前对联：满山芳草仙人药，一径清风处士坟。

至夜，徐灵胎谈笑而逝。

在若干年后，他的老朋友袁枚并没有忘记他，他亲自来到了徐灵胎的家乡。

在江南迷蒙的烟雨中，他久久伫立，回想着自己当年乘舟前来拜访的情景。

然后他拜访了一些被救治过的患者，写出了一篇著名的《徐灵胎先生传》，收入了自己的《小仓山房文集》中。

此文流传千古，人们看到这篇文章，就仿佛又见到了昔日豪气冲天的徐灵胎本人。

他的二儿子徐曦后来成为清代著名的音乐理论家、剧作家。

徐灵胎被葬在吴江二十五都，他早年去世的三弟如彬、四弟景松、五弟景柏都葬在这里。

在另一个世界，他又看到弟弟们了。

估计他会说：弟弟们，我无愧了。

徐灵胎其人，虽然外表豪放爽朗，但却实在是做了文人该做的一切，他是真正做到读书破万卷的人，他的学问不偏不倚，根基深厚，他视恶如仇，对医学界的不良现象毫不留情，实在是中医界少有之人。

王孟英

◎ 那个年代

　　清朝政府虽然实行闭关锁国的政策，但是民间却完全是另外一回事儿，沿海城市与外界的交流频繁，上海、宁波等港口里每天都停留着许多的外国商船，上海已经成为中国第一大港。

　　外商带来的有新鲜的玩意儿，还有要命的鸦片。除此之外，这些洋人还从南亚次大陆给我们带来了一个特殊的礼物，当这个礼物的包装盒被打开以后，所有的人都会闻风丧胆的，这个礼物有个恐怖的名字，叫作"霍乱"。

　　在若干年以后，这个叫作"霍乱"的怪物将会与我们的主人公王孟英相遇，他们将展开一场殊死搏斗，其战况异常惨烈，我们后面再说。

　　在那个年代，嘉庆皇帝已经把和珅给扳倒了，老百姓很乐观，认为这下嘉庆皇帝算是吃饱了。其实这很不客观，因为嘉庆的老子，著名的好大喜功的乾隆皇帝已经把国力给消耗了很多，从嘉庆这里开始，大清帝国逐渐走进黄昏时代，从那以后的历史书上，我们将看到一连串的"战败""不平等条约"等令人气愤的关键词。

　　在那个时候，日后鸦片战争中侵略中国的那帮外国人已经出生，虽然目前还只是个吃奶的黄头发小孩，煞是可爱，但是，若干年后，他们将露出凶恶的面目，用枪炮打开中国的大门，抢走大量的银子，并与清政府签订一系列的不平等条约。

　　这就是王孟英出生年代的大背景。

◎ 体弱的童年

　　清嘉庆十三年（1808）。

王
孟
英

313

浙江钱塘（现在的杭州）。

一个婴儿诞生了，家里人给他起名叫王士雄，字孟英，这就是我们的王孟英，因为在医书中多称呼他为王孟英，所以我们下文就用王孟英来称呼他吧。

这个家庭是个文人家庭，很清贫，王孟英的曾祖是个名医，到祖父和他父亲那两辈儿也都懂点医。

但是很倒霉，他们家曾经连着生了三个男孩都死掉了，到王孟英是第四个。

估计有看官该问了，怎么您写的古代医生的家里都那么倒霉啊？不是这个死就是那个死的，这是不是太雷同了啊？

这事儿还真得跟您汇报一下，这绝对不是我故意挑选的，过去老百姓的生活水平就是那样，生下孩子能多活几个那是幸运，全死了也不例外，父母都健在的那也是福气，没爹没妈也得自己挺着，因为这种现象太多了。所以，这绝不是我故意安排的，这是生活的本来面目。

当王孟英出生以后，他们家里乐坏了，不知道出于什么原因，他们就认为这个孩子会长寿，并对他寄予了很大的希望。

但是，情况并没有人们预计的那么乐观。实际上，王孟英从小就是个多病的孩子，还在喝奶的时候就患过泄泻，就是我们通常说的闹肚子，这个病王孟英一患就是一年，估计这对他的体质造成了很大的影响，后来王孟英终其一生体质都不大好，基本上他也是在和自己身体疾病的斗争中度过一生的。

在三岁的时候，更倒霉，我们这位王孟英患上了天花。要知道，这绝对是一种致命的疾病，好在王孟英命不该绝，居然死里逃生，在死神的面前晃了一圈儿，却又活了过来，实在是命大啊！

总之，我们怎么看这位王孟英都不像个做名医的料，反而倒是一些倒霉事总跟着他。那么他是怎样扭转命运，扼住命运的咽喉的呢？

让我们慢慢来叙述吧。

童年的王孟英似乎学习倒是不错，大家一致反映这孩子聪明，说他"书一览即领解"，这总算给了王家的人一点希望。要知道，王孟英的弟弟就显得没有那么聪明，于是家里人就都把希望寄托在我们的王孟英同学身上了。

值得记录的一点是，根据当时的同志们反映，王孟英同学的算术成绩特别好，估计这对王孟英日后的逻辑推理能力起到了一定的培养作用。

◎ 英雄人物浦上林

这么说吧，在病病歪歪中，我们的王孟英同学日益长大了，当我们从文献中再发现他的时候，他已经十二岁了。

那年，他的父亲病了，患的是温病（一种热性外感病），病得很重，于是请来了杭州城里的名医。这些名医来看了以后，全都认为是外感风寒导致的伤寒病，看到患者的病证中有泻肚子这个症状，就主张使用柴胡和葛根等药来治疗，想把毒邪向上提，从上面排出，结果也没有止住泄泻。有的医生一看，说坏了，这是漏底证啊，估计要坏事儿，还是赶快服用些附子什么的大补一下吧，于是又开始温补。结果是病情越来越糟糕，最后到了濒临死亡的地步，连棺材都开始准备了（病日以剧，将治木矣）。

就在这个令人绝望的时刻，英雄人物出现了，这个人叫浦上林，从那一天开始，这个人将成为少年王孟英的偶像，应该说，王孟英的日后从医与此人关系极大。

当时是王孟英父亲的朋友推荐的浦上林，当这位浦上林同志来到王家时，王家的人吃了一惊，原来这浦上林同志年龄不大，可能当时仅仅能够被列入青年的行列，脸上的胡子还没有几根呢（过去的人是以嘴边的胡子的数量来衡量一个人的能力的，所谓"嘴上没毛，办事不牢"），于是大家对浦上林同志的期望值大打折扣，大家都苦着脸看这个医生怎么来处理。

没想到，这位年轻的浦上林同志诊断完以后，很干脆地说："这是个温病啊，是不是以前按照伤寒来治疗，用了大量的温热药？"（是温证也，殆误作伤寒治，而多服温燥之药乎）

"是啊，您说得没错儿！"大家这才发现，这位医生和以前的医生说的话都不一样啊，以前的上来就是附子人参的，这位是反着来的啊！

这位浦上林医生神清气爽地说："这个患者，幸亏大便能够泄下不止，热邪还有出路，否则这个人早就该不在了！还能轮得到我来治疗？"（幸而自利不止，热势尚有宣泄，否则早成灰烬，奚待今日耶？）

浦上林医生的形象在少年王孟英的心目中瞬间高大起来，王孟英瞪大眼睛，好奇地听着。

这位浦上林医生，先是让王孟英家准备甘蔗。然后吩咐大家一齐来榨甘蔗汁，给患者大量服用（中医认为甘蔗性凉）。然后，他开的方子也与前面的人相反，他用犀角（现在不让用了）、石膏、金银花、天花粉、鲜生地（这个药现在也很难弄到，没法儿保存，药店给省了）、麦冬等药，组成了一个方子，用的药量特别大，然后熬成三大碗，放在患者的病床前，让患者只要有精神头，就喝上一口，频频服用。

当时王家这些长辈看了，都吓坏了，有这么干的吗？上来先甘蔗汁伺候，然后用那么多的凉药招呼着，能行吗？估计此时他们脑海中浮现的话语一定是那句"嘴上没毛，办事不牢"，但是他们虽然嘴边胡子很长，却也没有任何办法。

幸亏王孟英父亲的朋友金履思同志，慧眼识珠，认为浦上林这个小同志是很有学问的，于是极力主张服用这些药物。

结果是在服用下去以后，王孟英父亲的病就开始一天天好了起来，最后竟然痊愈了。

高人啊！真是高人啊！此时，王孟英对年轻、潇洒、有学问的浦上林同志钦佩不已，他羡慕地望着浦上林离去的背影，心里想，如果我以后能够像他那样，该多么的好啊！

这个想法，像一个火种，播种在了王孟英的心里，日后，当条件合适的时候，它将燃烧成为熊熊大火。

◎ 告别少年时代

两年以后，让这个火种燃烧的决定性因素到来了。

在王孟英十四岁的那年，他的父亲又病了，而且很快，就病危了。

在以后的人生之中，王孟英将面临数次与亲人的诀别，但是，这是第一次，王孟英感到了天像要塌下来一样，他紧紧地握着父亲的手，第一次感觉到自己是如此的无用。

那是个夏天的黄昏，纸灯边的飞蛾在无聊地绕来绕去，热热的风从门窗吹进来，王孟英的父亲已经瘦弱不堪了，他在神志清醒的时刻，努力对王孟英说了自己放心不下的事情。

他说："孟英啊，为父我可能要不行了，但是我有一件事情放心不下啊。"

王孟英流着眼泪，问父亲是什么事情。

父亲："你是家里的长子了，也是最聪明的，我对你有所希望啊！"

王孟英紧紧地握着父亲的手，说不出话来。

父亲："你要记住啊：人生天地间，必期有用于世，汝识斯言，吾无憾矣！"

王孟英流着眼泪，把头抵在父亲的手上，忍住不让自己哭出声音来。

他用力点着头，用这种方式来回答父亲的嘱托。

然后，王孟英的父亲就离开了人世。

在送葬的时候，王孟英披麻戴孝，走在送葬人群的最前面，他擦干眼泪，努力地挺直了腰板，因为，年仅十四岁的王孟英，此时已经成为家中最大的男子了。

那天，是个雨天，江南的小雨像雾一样漫天飞下，远处的青瓦白墙掩映在迷蒙的雨雾中，一种凄凉的感觉让人的心里觉得凉透了。

王孟英在父亲的坟前跪了很久，在这里，他永远地告别了自己的少年时代。

送葬回来以后，王孟英独自找到了自己的舅舅，和舅舅谈了一番话。

他对舅舅说（泣告母舅）："舅舅，我父亲在临去世的时候让我做个对世界有用的人，要想做个有用的人，还有比学医更实际的吗？可是医学的道理是那么的精微，如果不用心学习，那是无法掌握的啊，所以我想埋头十年来学习医学，想把家托付给舅舅您，可以吗？"（夫有用于世者，莫如医，甥敢不专心致志，以究其旨哉！第义理渊微，欲埋头十载，而以家累吾舅，可乎？）

王孟英的舅舅听到这番话，仔细地打量着这个十四岁的少年，吃了一惊，这哪里是一个少年说的话啊！

于是，他点头回答："你如果真有这样的志向，那你的父亲将瞑目于九泉之下啊，我又怎么能够推辞呢？"

从此，王孟英的舅舅就开始帮助照料他的家里，并且经常鼓励王孟英学习医学，他给王孟英学习的房间起名叫"潜斋"，意思是让他潜心学习，这个潜斋的名字王孟英以后一直在用，后来他写的一本书就叫作《潜斋简效方》（其中包括《潜斋医话》）。

但是，王孟英很快就发现这样是不行的，因为，家里没有饭吃了。

您该问了，不是有他舅舅照顾吗？是啊，可是，那个年头，谁家都不富裕啊，大家都没有饭吃，何况王孟英家里还有好几口人呢？

当时王孟英家里的情形，王孟英后来多次提到过，那就是"厨无宿舂"，意思是隔夜的粮食都没有了，各位现在可能没有体验过这种生活，但是在那个年头，第二天早晨去哪里弄点儿米来吃，那是家长心里最大的一桩事情了。

饥饿，饥饿的感觉是痛苦的，尤其是当晚上饿着肚子看书的时候，看来不能再这样下去了。

于是，王孟英开始找父亲生前的朋友，希望哪位能够给自己介绍一个工作养家糊口。

这个时候，他父亲的老朋友金履思再次帮助了他们家，他给王孟英介绍了一个去婺州（今天浙江金华市）工作的机会，由于王孟英的算术好，因此推荐他去那里的盐务部门去当个会计。

就这样，王孟英在十四岁的时候，告别了自己的母亲，来到了婺州，开始了自己的打工生涯。

在离开家乡的时候，王孟英跪在地上，给母亲磕了个头，对母亲说："母亲，我不能在您身边孝敬您了，我会把自己赚的钱带回来，让您和我的弟弟妹妹们吃饱饭的！"

然后，他头也不回地上路了，他的母亲含着眼泪，望着王孟英幼小的身影消失在地平线上。

让家人能够吃饱饭，这是王孟英当时心里的一个最大的念头。

各位可以顺便想想，自己在十四岁的时候还在干什么呢。

◎ 我要读书

当时在婺州的孝顺街集中着一些盐务公司，王孟英就在其中的一家帮助做会计的工作，白天的活儿是很忙的，货物进进出出的，王孟英要忙着点货记账什么的，总之，经常是忙碌得水都喝不上。

到了晚上，忙碌了一天的人们开始休息了，大家喝喝茶，聊聊天，去街上逛一逛。

这个时候，十几岁的王孟英却不像其他伙伴那样休息，他不顾自己一天的疲惫，回到自己窄小的房间，打开医书，开始苦读。

文献记录说，此时的王孟英，下班以后连屋门都不出，就在屋子里看医书，经常一看就是深夜，有的时候实在看不明白了，就仔细地琢磨，甚至直到东方的天空发白。（披览医书，焚膏继晷，乐此不疲）

等到别的伙计玩回来要睡觉了，他就把油灯拿到自己的蚊帐里，在床上接着读书。

如果说这么学习一个月两个月的也就不错了，但是，王孟英如此学习，却一直坚持了近十年。

十年啊！多么漫长的时光，他就是在这种白天干活养家，晚上苦读医学的日子中度过的。

其实，我很担心王孟英的身体，因为这样整天熬夜，估计对他的身体很不好。

怎么办呢？让我们来劝劝他吧，不知道他能不能听进去我们的劝告。

孟英，你这么白天干活，晚上读医书，不累吗？

王孟英叹了口气：累啊，可是，如果我不干活，家里人就会没有饭吃了啊，你们学医的时候不用干活吗？

不用啊，我们是在明亮的教室、宽敞的图书馆、现代化的医院里学的啊。

王孟英的眼睛中流露出羡慕的光芒：你们，可真是幸福啊，你们能看到的医书多吗？

多啊，我们可以看到古今中外所有的医书，还可以不买，免费借来

王
孟
英

读呢！

王孟英咽了口吐沫，搓着自己瘦小的手：真的啊，我的书，都是我借来抄下来的，有的时候还得求人家借给我呢。

孟英啊，你这样读书，身体会搞垮的啊，要注意身体啊！

王孟英苦笑了一下：不要紧的，没办法啊，我觉得自己的时间不够啊，我只好这样了。你们，你们不熬夜吗？

噢，有很多同学也熬啊，他们到一种叫网吧的地方，花钱包下一整夜，打游戏，也经常是通宵地玩啊。

王孟英吃惊地睁大了眼睛：你们真幸福啊，你们，整晚的打那个游戏，靠什么吃饭呢？

父母给钱啊，到时候就邮寄过来了！

王孟英失望地低下了头：原来是这样啊，我还要给母亲和弟弟妹妹钱呢。

半晌，他再次抬起了头，我吃惊地发现他的眼中竟然有泪光闪烁，他说：你们，一定要多学些医术啊，你们能看到的书比我多，你们不需要像我这样劳作，希望你们，将来去救更多的人啊，你们知道不知道，我真的好羡慕你们啊！

我望着王孟英消瘦、苍白的脸庞，突然无语了，本来想劝人家，反而自己却被感动了。

是啊，还是回来检讨一下自己吧。

◎ 该出手时就出手

机会，总是光顾那些有准备的人，在王孟英这样苦读了三年的时候，救人的机会终于来了。

他们当时的盐业是由政府负责管理，政府部门的那个主管叫周光远，这位周主管二十七岁了，白白胖胖的，很像个领导干部的样子。出事的那天，他刚上完厕所，忽然就觉得自己身体发冷，然后冒了大量的虚汗，连嘴唇都变白了，说话的声音也非常低微，躺在那里简直无法动弹了。

这下周围的人吓坏了，领导患的这是什么病啊？于是赶快派人把医生请来了一大堆。

这些医生一诊断，说："这是患了痧病啊，需要用一些芳香开窍的药物！"

这个时候王孟英恰巧就在这里，于是他也偷偷地上去把了把周领导的脉，为什么要偷偷地把脉呢？因为你不是医生啊，你只是一个小伙计，怎么能正大光明地给人看病呢？

可是，这一把脉，王孟英却大吃一惊！此时周领导的脉已经是"微软欲绝"！

这下王孟英可顾不得那么多了，人命关天啊，于是他就大声地说："这是阳气马上就要消失了啊！绝对不是痧邪内闭，如果此时服用芳香开窍的药物，是在加速他的危险进程啊！（中医认为芳香开窍的药物可以耗气）"

大家全都愣住了，这是哪位在说话啊？口气这么大？

再一看，原来是个十几岁的小伙计，大家都嗤之以鼻，嗨，一个小伙计，你懂什么啊？

但王孟英却是认真的，他急了，就大声解释自己的主张。

这位周领导虽然躺着，但神智还算清醒，他听了王孟英的话，就不住地点头，然后告诉手下，就听这个人的！

啊？！大家都觉得大跌眼镜，怎么能让一个小伙计来治病啊，这不是——（压低了声音）胡闹吗。

王孟英此时也急了，可是抓药已经来不及了，因为眼看周领导的气息更微弱了，于是王孟英急中生智，突然想起自己的妹妹曾经送给自己一块随身佩戴的干姜，这是一块三年的女配姜（过去的人有随身佩带姜块以祛寒邪的习俗），重约四五钱，于是急忙解下来，给熬成了浓汤，让周领导喝了下去。

这下，所有在场的人都开了眼界了，只见周领导的神气慢慢地缓了过来，嘴唇也变红了，精神头也恢复了，然后，王孟英让人速去买来了人参、黄芪、白术、炙甘草等药，熬好了，给周领导喝了下去。

最后，周领导居然好了，在大家的一片称奇声中，周领导又重新回到了自己的岗位。大家这个奇怪啊，怎么那些医生还没有我们一个小伙计有本事啊？这个小伙计是谁啊？

周领导也很好奇，就把王孟英找来问了个究竟，在了解了王孟英的家世以后，就说，这样吧，以后你就到我们政府部门来做会计吧，跟着我来做事，我会罩着你的。

于是王孟英就来到了周领导的手下，周领导也真够意思，把王孟英当作自己的弟弟一样地看待。而且，这位周领导也特愿意宣传，逢人就把自己被王孟英救活的事情从头到尾地讲述一遍，绘声绘色的，结果是很多有病的人就开始找王孟英来看病了。

这位周领导够意思的事情还不止这些，作为一个领导，他的确有着独到的眼力，他一眼就看出王孟英将来是有前途的。他拉着王孟英的手说："王老弟，我看你将来前途无量，这样吧，你把你看病的医案都记录下来，以后我掏钱给你出版成书！"

后来，他并没有食言，王孟英的一本医书《回春录》就是他给掏钱刻印的。

就在这样白天干活，晚上苦读医书，然后有时给人诊病的日子里，十年过去了。

这个时候，王孟英已经二十多岁了，他已经长成为一个消瘦但是精干的青年人了。

尤其值得高兴的是，在他二十四岁的时候，还娶了妻子徐氏，也就是说，现在他是一个有家的人了，这是很让王孟英感到高兴的事情，因为，至少能够吃上碗热饭了，而且，从医案里的细节来看，他的妻子还负责早晨给王孟英梳头（这个习惯我们现在没有了，但那个时候男士的头发后面还是个小辫子，估计头绳什么的都是和老婆共用的）。

此时，他也通过自学，对治疗疾病有了更深刻的认识，已经俨然是一个成手了。

于是他告别了婺州的朋友们，回到了杭州，开始了自己的行医生涯。

◎ 做个好医生

消息传开后，开始有患者找上门来了。

有位许自堂的孙子叫子社的，是个年轻人，患了外感病，一个多月了也没好，一直拖延到了秋天的时候，天都开始凉了，此时"诸医束手"，全都没辙了，不晓得到底该怎么治疗。这个小伙子的伯母鲍玉士夫人正好听说了王孟英在婺州治病不错，现在回到杭州了，于是就推荐了王孟英来诊病。

　　王孟英来了一诊断，也倒吸了一口冷气，为什么呢？因为这位许子社同志的病情太严重了，他的左手脉数，右手脉俨如鱼翔（鱼翔脉，中医诊断中的真脏脉之一，认为是虚阳浮越的脉象，为病危之脉），同时症状是咳痰，呼吸急促，自汗，抽搐，舌苔灰厚，口渴得一直想喝水，看来是个病危的情况了。

　　怎么办？继续治疗吗？已经有几位医生，一看这种情况扭头就走了，为什么呢？在过去，这种经过别人治疗，最后病危的患者到了你的手里是很棘手的，因为你给治疗好了还可以，如果一治疗不好，最后人们就都说这是你给治疗死的，所以古代的医生一般都不愿意接手这样的患者。

　　那么王孟英会怎么办呢？王孟英回头一看，只见患者的祖父、孀居的母亲、年轻的妻子都围着他，"环乞拯救，甚可悯也"。王孟英咬了咬牙，心想，这个家庭，如果失去了这个年轻人，那就会失去生活的支柱啊，自己怎么能不管呢？

　　这就是王孟英，在他以后一生的行医生涯中，他接手了大量的这样被前医给误治的病重患者，其数量之多，在医案书中比比皆是，简直无法统计。

　　于是王孟英对患者的家属说："如果根据这个脉象来看，确实是没有办法下手治疗了，但我会竭力想办法治疗的，还有希望，只是有个条件。"

　　大家忙问："什么条件？"

　　王孟英不无担忧地说："我怕你们还没有完全信任我，一会儿又找其他的医生，又拿出其他治疗方案来干扰我，那他就绝无生的希望了！"

　　患者的母亲听了，忙给王孟英鞠个躬，说："王先生请放心，我们就相信你了，你给开什么药我们都相信！"（唯君所命，虽砒鸩勿疑也）

　　王孟英这下放心了，于是就开了竹叶石膏汤（《伤寒论》中的方子，用来清气分之热），一共开了五剂。

王孟英

等到这五剂药都喝完了，再看这位许子社同志，居然喘气不那么急促了，咳嗽也见轻，汗也收了些，舌苔开始变黑了，舌尖也露出了绛色。

各位在这里要注意了，到了王孟英这个时期，舌诊的理论已经发展成熟了，王孟英经常根据舌象来判断病情。在这里，舌苔由灰变黑、舌质露出绛色是因为伏邪从身体的内部开始向外部透发了，是病情开始好转的表现。

于是王孟英就开了玄参、生地、犀角、生石膏、知母、天花粉、竹叶、金银花等药，用来清透热邪，这个药开出来，周围的亲戚朋友就都吐出了舌头。

因为这个时候天气就开始凉了，大家都认为这个药太寒凉了，患者那么虚弱的身体，能受得了吗？

王孟英没有管他们，接着让患者服用了五剂，结果这位许子社同志的抽搐也开始减轻了，舌质的红绛的颜色开始退去。

这个时候，大家有点儿开始乐观了，于是许子社同志的岳父很搞笑地登场了，他登场的方式比较隆重，是带着一帮全副武装的道士来的。

这帮道士一到患者家里，就开始建坛，点香，又画符又弄水的，干什么呢？原来是想请神来给许子社治疗。

此时您再看，这个屋子里这份闹腾，有道士在敲锣，有道士在敲鼓，总之是喧嚣非凡。

这下好，不但神仙没有请来，反而倒把我们的许子社同志给吓着了，只见他神智昏沉，胡言乱语，像喝了酒似的浑身乱动。

这回，轮到道士们害怕了，天哪！哪个环节出问题了？怎么神仙没有请来，却把鬼请到患者身上了？！怎么办？快跑！

于是道士们落荒而逃。（羽士反为吓退）

这搞得许子社同志的岳父很是狼狈，没想到这帮道士如此不给自己长脸。

这时候大家看着胡言乱语的许子社同志，全都没有办法了，只好把王孟英连夜请来。

王孟英来了以后，给患者服用了些紫雪丹，患者的神智就开始清醒了，然后用前面的药方再重加竹沥，用来豁痰，连着服用了八剂。

这个竹沥是什么呢？就是南方的青竹子，用火烤，流淌出来的液体，是味甘寒的药物，入心、胃经。您可别小瞧这么简单的药，作用可大了，对热痰壅盛的，服用以后可以起到立竿见影的效果，这药王孟英常用，经常让患者家属砍它几十根竹子，在家慢慢地烧。

在喝这八付药的过程中，患者就开始解大便了，都是黑色的，而且患者的黑色的舌苔也开始退去了，右手的脉象也开始清晰了起来，能够查出个数来了，只是口渴的情况还没有好转，于是，王孟英就让患者的家属买来许多北梨（我们现在的白梨），让患者随意地吃，结果，口渴就好转了。

这里大家要了解的是：中医认为梨具有生津润燥、清热化痰的作用，在患热性病口渴、干咳的时候，服用梨或者梨汁是非常有好处的，王孟英是一个食疗大家，因此他在给患者看病的时候常常用平常的食物来解决问题。

又服用了六剂药，舌质的颜色才不那么红绛，小便才出来，但小便时尿道还是热的。

此时，光服用的犀角就已经有三两多了（我的天啊，看来那个时候犀牛还是蛮多的啊，现在这么多犀角简直没有地方弄啊），旁边的亲戚朋友们看得都吓晕了，没见过这么治病的。

再服六剂，患者感觉手脚才能自如地动了。（手足始为己有）

再服五剂，许子社同志的抽搐问题被解决了，而且可以喝下一些稀粥了。（可见这么多日子以来一直挺着来着，那个年头没有营养液静脉滴注，看来真够他受的，估计多亏了梨汁了）

再服七剂，患者不再渴了，脉象也开始和缓。

十天后，饮食基本正常了。

再过十天，大小便的颜色开始正常了，从治疗到这个时候，已经一共排泄黑色的大便四十多次了。

然后，王孟英给许子社同志开了些滋补的善后药物，服用了以后，患者就彻底康复了。

这个时候，大家才长长地松了一口气，当一个神气清爽的许子社同志重新出现在家人面前的时候，大家都感慨万千，他的伯母鲍夫人由衷地说："我嫁到他们许家二十多年了，亲眼看着他们家已经有好几个人服用温补的药死去了，这次病到这个程度，居然救活了，真是闻所未闻啊！"

于是大家就把这个医案写了下来，等到王孟英的朋友帮助他整理医案书的时候，就拿出来加进去，在加进书里的时候，编书的人加了句话，原文是："孰知如此之证，有如此之治，求之古案亦未前闻，传诸后贤，亦难追步。盖学识可造，而肠热胆坚，非人力所能及。"

大概的意思是：王孟英的学问大家能够学会，但是他的一心赴救的精神，确是更值得大家学习的啊。

◎ 一个很光荣的外号

在治疗了一些患者以后，王孟英开始获得了自己的一个无上的荣誉——外号。说起这个外号，实在是令人哭笑不得，原来，王孟英诊病的时候，心里只是想着患者，于是不管多重的病，他都给看，尤其是那些被前面各位医生给治疗得基本上已经病危的，他都毫不犹豫地冲上前去，给人家治疗，朋友们都说："你真是傻啊。"

有的患者，开始找他，治疗好点儿，然后又换了医生，治疗坏了，再找他，他还去，有的是这样折腾了无数次，他都无怨无悔地，跟什么都没发生似的，这事儿要是搁一般医生，一定会说："怎么着？我治了一半，你找别人了，现在坏了又找我来了？你早干什么了？"估计一般是不大愿意去了，如果去，也要教训患者一顿，像王孟英这样的的确少，您说呢？

还有就是在收钱的方面，最后接手的这些病危的患者，累死累活的，熬了多少个昼夜，把人从死亡线上抢回来了，怎么着也多收点钱吧？哪怕多收一点儿也行啊。人家王孟英不干，还是那点诊费，结果弄的王孟英治了一辈子的病，还是一贫如洗，最后带着老婆孩子搬回老家海宁的时候，什么家当都没有，只有一块当年从家里带出来的砚台，所以那时他写的一本书的名字就叫作《归砚录》。一个医生，整天给人看病（忙得不得了），却什么家产都没有，这基本上跟做官最后离任的时候家里只有几件破衣服是一样的，无论从什么年代来看，这都是个另类。

在总结了上面的这些条以后，朋友们一致认为王孟英做人比较傻，所以光荣地送给他一个外号——半痴。意思是，这个人基本上属于半个痴傻之人。

王孟英一听，没生气，却认为朋友们敏锐地发现了他的优点，于是从此干脆给自己起了个号，叫半痴山人。

朋友们也不客气，把这个名号到处乱叫，于是在王孟英的医案书里，经常可以见到这样的句子：某某病重，急迓半痴至……

这个名号很不雅，我觉得，但有医生对患者如此痴心，想必是患者的福分。

王孟英比较喜欢喻嘉言，所以看病时对患者的那种古道热肠的态度，简直和喻嘉言如出一辙。而且，他也学习了喻嘉言的长处，比如开方之前要先议病，把病情的来龙去脉给患者讲清楚了，然后再开方子。

王孟英认识了一个朋友，叫张养之，他小的时候就没有了父母，然后自己又患了病（不知道是什么病），结果历时七年都没有治好，一共请过一百一十三个医生（估计把杭州城的都请遍了），也把家里的财产都耗光了，病也没有起色。于是这位张养之同志就自己买来医书，自己看着治疗，最后病居然好了，但是留下了后遗症，就是鼻子已经坏了。在清代，五官不齐的人是不能考科举的，于是他只好自己闷在家里，学习书法，专门练习楷书。王孟英自从认识了他以后，心中很是同情他，于是就把他当作了自己的好朋友。

做中医的人一般都有个毛病，就是喜欢观察周围人的气色啊、步态啊等等的，这是个职业病，因为中医四诊中望诊是排第一位的。我们的王孟英同志也不例外，他就观察这个张养之，见这位怎么总是面色发青，然后感觉很怕冷的样子，夏天也穿着厚衣服，嘴里还经常吐出白沫，于是就很好奇地询问他是怎么回事，张养之也就告诉了王孟英，说自己怕冷，已经患阳痿这个病多年了，现在自己还经常服用点温热的药补补。

王孟英听了，心里很是狐疑，但也就是劝劝他别自己乱吃温热药，也没好多问。

过了许多日子，这位张养之就病了，他的症状是恶寒怕冷，头痛，自己服用了一些温散的药物没有效果，于是就找来了王孟英给看看。

王孟英来了以后，先诊了张养之的脉，发现脉象极沉，按至骨却感觉到了弦滑，再看此时张养之的房间里，九月份的天气，挂了一层层的帐子，点着炉火，披着棉衣，而张养之却仍然觉得还不够御寒的。

各位，这种情况其实一点也不夸张，在临床中是经常会遇到的。

现在张养之还是嘴里有很多涎沫，一点也不口渴，胸腹也不感觉胀闷，只是不停地咳嗽，而且告诉王孟英，说自己大便干燥，小便不多，嘴里的气味很大。

以上就是全部症状，乍一看，的确很像一个寒证（都怕冷到那个地步了），需要用温阳的药物来治疗。

但是，王孟英做出了与此不同的判断，他说："此积热深锢，气机郁而不达，非大苦寒以泻之不可也！"意思是说这是热邪藏在里面了，需要用苦寒的药物来泻热。

啊？都冷成这样了，披着棉衣呢，还要泻热？张养之听后很怀疑自己的耳朵，别不是听错了吧。

没错，王孟英见张养之很疑惑，就像喻嘉言那样，开始写治疗方案，洋洋洒洒写了很多，其中文辞"辩论滔滔"。

张养之看了治疗方案以后，也感觉很在理，就一咬牙，相信王孟英吧，于是就大声说："弟弟我的生死，关系到我们一家人的性命啊，希望孟英你一定要救我啊！"

王孟英安慰他说："我不被这个疾病外表的假象所迷惑，而直断这是实热内蕴，并不是自己在那里凭空想象的，而是你的脉象已经显露真相了，你不要担心，只需要服药静养而已。"

于是就开了苦寒的方子。但是，在服用了两三剂以后，张养之的病情却并没有什么变化。

这下张养之的这帮亲友们就开始议论开了，早说这药开得不对吧，哪有冷成这样还开苦寒泻热的药的？看见了吧，哈哈，没有效果！

这里面有位姓于的亲戚，更是在张养之的亲属中扬言，说："养之之命，必送于孟英之手矣！"

此时的张养之家里可就热闹了，真是"众楚交咻，举家惶惑"。

张养之也没了主意，于是就听从亲戚的安排，请了陈某和俞某两位医生来一齐给看病。

这个消息，也传到了王孟英的耳朵里，不知道各位遇到这种情况会怎么处理，一般的医生一定会说：好啊，居然还请别的医生，等治疗坏了可别再来找我啊！

那王孟英又是怎么处理的呢？此时王孟英的半痴劲头又上来了，只见他披上衣服，二话不说，直奔张养之家。

进了张家的门，一言不发，连看都不看正在客厅坐着的两位医生，直奔内室张养之的床前。

张养之看到王孟英来了，很不好意思，刚要打招呼，只见王孟英却先说话了："养之，如果你不是我的知己，那么你随意服用谁的药，我权当没听见！如果兄弟你特富裕，那么任你请多少位医生，我不敢阻拦你！现在兄弟你是一介贫士啊，又是我的好朋友，我怎能不管！现在你请来的这两位医生，如果真的能够洞悉病情，投药必效，那我也应该极力支持你，只是估计即使能够洞悉病情，开方下药也未必有我这么力大效专啊。可是如果他们不能洞悉病情，只是认为这是虚寒，开口就补，兄弟你一定会相信他们，那你的病就危险了，我怎么能坐视不救呢？！现在这两个人的方子都是如此，请你速速将他们辞去，把这个钱留着，作为买药的钱，也能够起到很大的作用。况且，你连服三剂苦寒的药物，病情没有变化，说明药是对证的，否则病情早就恶化了，今天我再给你加大药力，使得热毒下行，那么你周身的气机自然就流动开了！"

张养之伏在枕头上，半张着嘴，听着王孟英的肺腑之言，也被感动了，并且也似乎听懂了王孟英说的道理，于是就辞去了两位医生，按照王孟英的吩咐来服药。

王孟英在药里又重用芒硝、大黄、犀角（估计亲属们被吓得再次晕倒），煎药服下。

两天后，张养之泻下了黑漆色的大便，"秽恶之气，达于户外"。

但是怕冷的感觉却轻多了，并且可以喝些稀粥。

十天后，大便的颜色就正常了。（各位注意，这是王孟英判断一个患者是否康复的标准，显示消化系统的功能开始恢复，还有其他的诊断标准我会在后面陆续介绍给大家）

百日以后，这位张养之同志的身体彻底恢复了正常（康健胜常）。从此以后，即使在寒冷的冬天也不再怕冷了，而且阳痿这个病也好了，没多久，老婆还生下了个小宝宝。

后来，在王孟英的朋友编书的时候，张养之把这个医案介绍了出来，还在医案的后面加上了句话，原文如下："孟英之手眼，或可得而学也；孟英之心地，不可得而及也！我之病，奇病也，孟英虽具明眼，而无此种热情，势必筑室道旁，乱尝药饵，不能有今日矣。况不但有今日，而十余年深藏久伏之痼，一旦扫除，自觉精神胜昔，可为日后之根基。再生之德，不亦大哉！"

有王孟英这样的妙手侠心的医生在身边，还真是很幸福啊。

其实，王孟英的一些医书我已经看过不下十几遍了，但我每次在看的时候，还是会经常想象王孟英到底是一个什么样的人，比如，他的爱好。

别的人下了班可以喝茶吹牛，上上网发表一下自己的看法，或者找朋友喝点小酒甚至唱唱歌什么的，王孟英同志却一个爱好都没有，如果和别人在一起，就是探讨学术问题，其他的时间全部用来在家里看书，他还动手批注了很多以前的医家写的医书，比如我们前面讲过的徐灵胎的《洄溪医案》就是王孟英给收集，并在批注以后给刊行的。

在王孟英交的朋友中，也都是些爱好医药的人，有很多是他的患者。王孟英曾认识了一位叫杨照藜的朋友，两个人探讨医理，十分投机，后来杨照藜回家奔丧，路过杭州，王孟英听说了，就把他请到家里，两个人握手言欢，"历叙契阔"，在离别的时候，王孟英送杨照藜到船边，还让挑夫担了一个大筐放到舟中，搁一般人想，这应该是些什么家乡特产或者金华火腿橘子香蕉留着路上吃的？

船开了以后，杨照藜打开了大筐，里面全是王孟英所赠送的书，这些书里，还有王孟英新写的《温热经纬》。从此这千里路程，有了这些书的陪伴，杨照藜感到不再寂寞了，他说："匡坐篷窗间，回环雒诵，奇情妙绪，层见叠出，满纸灵光，与严陵山色竞秀争奇。"

其与朋友知心若此，实在可叹。

同时，我也算知道了王孟英为什么一生清贫了，估计他收的诊费，除了吃饭，就是买书了，连送朋友都是成筐地送。

◎ 周领导的病

王孟英从婺州回到杭州以后没有多久，原来的老领导周光远就又追到杭州来了，干什么呢？看病呗！

原来，这位周领导很不幸，被传染上了疟疾，这种病俗称"打摆子"，忽冷忽热的，有节奏地发作，很是痛苦，经常会死人的，曹雪芹的祖上就是患了这个病，连皇上从北京给送金鸡纳霜都没来得及等到就死了。现在这个病还在全球肆虐呢，非洲的一些地方还是重灾区，古代一般的中医治疗这个病的疗效也不是很好，但王孟英的治疗效果却特别的好，有兴趣的朋友可以给总结一下。

我们回头再看这位周领导，他在婺州先找了医生看了，开始的医生说是需要解表，就用了些解表的药，结果没有效果，接下来的医生说要滋补，又没有效果，用周领导自己的话说，是"大为医人所误"。

这病在婺州被拖延了一个多月，再看这位周领导，本来白胖的一个人，现在身材改麻杆状了，整天一会儿冷得浑身发抖，一会儿又狂热，而且总是呕吐，吃不下东西。

最后，周领导终于忍无可忍，干脆，我谁也不用你们治疗了，我谁都不相信，我只相信王孟英！于是立刻买了船票，来到了杭州，找王孟英来了。

王孟英一看见周领导，也吃了一惊，几年没见，怎么瘦成这样了？

于是周领导叙述原委，王孟英这才明白，于是为周领导诊脉。

诊完了脉，王孟英告诉他："这是足太阴湿疟啊，应该用不换金正气散来治疗。"（不换金正气散，《太平惠民和剂局方》中的方子，功能是行气化湿，和胃止呕）

于是开了不换金正气散，只开了三剂，喝完三剂以后，在婺州被折腾了一个多月的疟疾就这样好了。

周领导这个感慨啊，这张船票钱，花得太值了！

王孟英继续又给他开了些调补身体的方子，服用以后，身体就恢复健康。

于是周领导就带着欣慰的笑容，又重新返回到婺州的盐业战线去了。

但是，这个事情并没有就此结束，在第二年的秋天，周领导居然疟疾再次发作，这可有些令人奇怪，难道这个东西还会选时间？

反正也顾不得那么多了，各位属下立刻又为周领导找来了许多医生。

"停！"周领导告诉大家："都把医生领回去，我现在谁都不相信，只信王孟英的！"于是，只见周领导找出了自己上次去杭州时带的公文包，在里面一点一点地翻。

各位属下都瞪大了眼睛，心想领导的船票都报销完了啊？还翻什么？

过了一会儿，只见周领导眼睛一亮，高兴地拿出了一张旧纸，上面居然是王孟英去年给他开的方子。（即于箧中检得孟英原方）

周领导很高兴，告诉属下："就按这个方子，去给我抓三剂！"

原来，这位周领导是个聪明人，他感觉自己这次的症状和上次的没有区别，就放心地服用了王孟英以前开的方子。

结果，三剂药喝完后，病又好了。

下属们都惊叹不已。

后来，周光远又找了个机会，来到杭州，把这个事情向王孟英讲了，王孟英沉思了一会儿，说："这个病看来发作是有规律的啊，恐怕明年的秋天它还会发作，这样吧，我开个方子，明天夏天的时候你就服用上，提前来堵截它。"

于是，就开了个培土胜湿的方子。在第二年的夏天，周光远就按时服用了这个方子，结果秋天就没有犯病，而且，从此以后，这个病也再没有犯过。

◎ 到底有什么治病的秘诀

这么看来，王孟英治疗疟疾确实很厉害，要知道这是个很缠手的病啊，它是由一种叫"疟原虫"的致病微生物引起的，曾经在全球肆虐，清朝宫廷里也曾经畏之如虎，各位御医也是束手无策，后来是洋人进献的金鸡纳霜才算解决了问题，那么我们王孟英到底有什么诀窍呢？

让我们来跟着王孟英一起治病，来偷窥一下他的诀窍吧。正好这个时候，又有一位张同志也患了疟疾，这位的症状是：寒少热多，每两天发作一次，刚刚发作两次，人的身体就感觉消瘦了下来。

张同志的消息比较灵通，听说王孟英治疗这个病有点绝活儿，就赶快托人把王孟英请到了家里。

王孟英来了后，一诊脉，也皱起了眉头，说："您的脉是弦细脉，而且脉搏跳得比较快，尺部感觉明显。你的病都在什么时间发作？"

张同志急忙回答："都在子夜发作。"

王孟英："还有什么症状吗？我看你的嘴唇有些干啊？"

张同志突然想起来了："是啊，就是口特别的干，总想喝水！"

王孟英点点头："明白了，你这是足少阴热疟啊（这里用到的是六经辨证），只发作了两次就突然消瘦了，千万不要轻视这个病啊！"

张同志忙点头："我也知道来者不善啊，所以才急着找您啊。"

王孟英："我这里有对证的药物，但是有个条件，您服用就可以了，千万别再找其他的医生商量。"

张同志很纳闷："为什么呢？"

王孟英笑了："他们一定说这不是治疗疟疾的药啊，所以，您就只管自己服用吧，好吗？"

其实这位张同志早就知道王孟英是高手了，于是欣然同意。

王孟英就开了一剂药，成分如下：（请各位准备好笔和纸）玄参、生地、知母、丹皮、地骨皮、天冬、龟板、茯苓、石斛、桑叶。

张同志也感到对此问题必须严肃对待，于是做好了打硬仗的准备，立刻喝下了一剂药。

喝完一剂药以后，这个疟疾就好了。然后王孟英又开了点滋阴的药物善后。

您瞪着我干吗？我说的没错，是的，服用了一次，病就好了。

您没看清楚诀窍？您以为我看清楚了呐，我也没看清啊！

只见他开了些滋阴凉血的药物，也没见专治疟疾的什么青蒿啊，柴胡啊，还有什么现代药理研究能够杀死致病微生物的清热解毒类药物啊！

您不服？我也不服啊，这是个世界难题啊，怎么就被他这么轻描淡写地就……我们再来！

王孟英

接下来的这位名字叫相简哉，是个学医的，跟的老师叫赵菊斋，这位相简哉同学的老婆患了疟疾，这位相同学虽然自己也学医，但是轮到自己的老婆有病，也傻眼了，手紧张得直哆嗦，于是就请来医生。

这位医生很搞笑，是个比较会创新的医生，诊了病以后说："贵夫人这个疟疾，是胎疟啊，是从胎里带来的，现在需要用发散的药物，把它给发散出去！"

这位相简哉同学也是第一次听说"胎疟"这个词，觉得非常高深，可能自己的学问不够吧，也没好意思深问，也没上网到论文库里检索一下，就同意这位医生使用发散之法。

结果发散以后，疟疾没见好，人倒是更加虚弱了，立刻消瘦下来，瘦得非常厉害，跟仙鹤似的。（形瘦似鹤）

这位善于创新名词的医生一看，不好，就跑了。

怎么办，接着请医生吧，于是就又请了一位，这位来了一看，人都瘦成这样了，说："这是脾胃之气不足啊，应该使用补中益气的方法！"

结果是用了补中益气的法子也没见效。此时再看这位相简哉同学的老婆，在经过了一个月的治疗后，已经是萎靡不振，骨瘦如柴，肚子里总觉得有股气往上顶，呼吸急促，出汗特多，脑袋还眩晕，左边的肋骨那里肌肉跳动，口渴得要命，晚上也无法入睡。

相简哉同学看到自己的老婆变成了这个样子，非常难过，一时心酸，竟然痛哭了一场，在痛哭了以后，才想起了自己的老师赵菊斋，于是就请赵菊斋来给看看。（早干吗来着）

话说这位赵菊斋老师接到了邀请，心里也是七上八下的，这可是世界性的难题啊，国际上那么多的大专家都没搞明白，宫里的御医也被折腾得够呛，我能弄明白吗？

可是，也不能在学生面前丢面子啊？怎么办呢？他左思右想，终于想出了个好主意，对了，王孟英不是治疗这个很厉害吗？那我就拉着王孟英一起去吧。

于是，赵菊斋先生就"拉孟英往诊"。

到了相简哉同学的家里，王孟英问了情况以后，笑了，说："这个胎疟是什么意思啊？是从胎里带来的？没听说过在娘胎里患的疟疾，等到嫁人后才发病的，说是第一次患疟疾叫胎疟？那第一次患感冒就叫胎感冒了？第一次患痢疾叫胎痢疾了？"

相简哉同学羞愧地低下了头："我以为这是最新的科研成果呢。"

王孟英笑了笑，接着诊了患者的脉，脉象是弦细而数，按之不鼓。

诊完脉以后，王孟英的心里就有数了，他对相同学说："这个病的治疗，'不可再以疟字横于胸中'，那么很快就会好的，如果还是一味奔着治疟疾去，那就无法治愈了。"

"啊？"大家都晕了，患了疟疾，不治疟疾治疗什么啊？

王孟英见大家如此困惑，就进一步解释："大家都是人，为什么同在一个屋子里，妻子患了疟疾，相同学却不患呢？那是因为他妻子的身体内部出现了自身的问题，失调了，所以疟邪才会入侵。一般'医者治疟，而不知治其所以疟'，就是不知道治疗导致疟疾的原因，那就怎么治也治不好，我们要调整她的身体，使其正常，这叫'治其所以疟'，当她的身体恢复正常了，她的身体自己就会把疟疾祛除出去了。现在她的身体就是阴虚，我们只要补阴就可以了。"

于是就开了下列药物：西洋参、熟地、牡蛎、紫石英、龟板、鳖甲、枸杞子、当归、冬虫夏草、龙齿、阿胶、麦冬、龙眼、甘草、蒲桃干、红枣、莲子心、小麦等，几次用药都是在这些药物里选择组合。

药喝下去以后，没到十天，这个患者的病就好了。

相简哉同学上了一堂生动的中医课。

找到秘诀了吗？原来，中医在古代对很多疾病也是不了解的，他也看不到疟原虫，就像我们今天一开始也搞不清"非典"是什么引起的一样，但是中医认为人体的修复能力是很强的，祛除病邪的能力也很强，之所以自己不再起作用，是身体出了问题，我们只要把这个问题给他调整好了，那么身体自己就会依靠自己的力量把病邪祛除出去的。

这是中医治病的一个原则。

◎ 第一次与霍乱的遭遇战

其实，疟疾在王孟英的眼里并不是很严重的疾病，他自己说就是按照

温病学家叶天士治疗外感病的思路，看到疟疾，就把它按照湿温、暑热、伏邪等给分类，然后用治疗外感病的方法"清其源"，就治好了，"四十年来，治疟无难愈之证"。（搁现在，政府一定会把王孟英派到非洲去做医疗援助不可）

但是，谁都没有想到，一场更大的危机，即将扑向这个世界。

当时，江南的人口激增，贸易往来频繁，各个港口商船云集，一片繁华景象。

但是，如果我们翻开文献资料，就会发现那个时候的环境也是乱作一团。

大量的人口涌入城市，没有那么多的住房（房价涨得太快了），大家就临时搭建，结果居住环境一塌糊涂，厕所就是一个大水桶，等到满了，下雨时就都流到河里去了。

河水是大家取来饮用做饭的水，当然，刷马桶也是用这里的水（现在江南有些地方还是这样）。

杭州也没有好到哪里去，那时没有什么公共卫生的概念，文献记载说各家把什么收拾剩下的死鱼、剩菜等垃圾扫出屋门就不管了，走在窄窄的胡同里要躲着垃圾来回穿行。

这是当时的大概情况，但是，导致危机发生的，是另外一件很遥远的事情。

公元 1817 年，远在印度的加尔各答发生了一次大规模的霍乱流行，这次流行史无前例，死亡无数。

在经过了若干年以后，霍乱病毒随着商船，漂洋过海，来到了卫生条件很差的江南地区。

大兵压境，王孟英作为一个战士，没有任何选择，必须出战了。

什么是霍乱，不知各位是否有概念。现代传染病学告诉我们：霍乱是由霍乱弧菌引起的烈性肠道传染病，在我国今天被列为甲类传染病。它的特点是起病急，腹泻剧烈，同时呕吐，并引起脱水、电解质紊乱及酸碱失衡、循环衰竭，是一种能够很快导致死亡的传染病。

今天霍乱仍然是全球严防死守的一种传染病，1991 年在美洲大爆发，就报告了 40 万个病例。

现代医疗系统可以通过卫生防疫设施来阻止霍乱的流行，比如清洁水源，但是在治疗方面仍然没有什么好办法，只是进行补液等支持性治疗，抗生素只能作为辅助治疗手段，并且现在已经出现耐药菌株。

公元 1837 年的夏天，霍乱开始在杭州流行。

王孟英陆续接到霍乱患者的报告。

一天早晨，一个男子匆匆忙忙地来敲王孟英家的门，王孟英开门后，看到了这个男子慌张的脸，忙问是怎么了。

男子回答，他的老婆昨天夜里开始发病，泻肚子，然后嗓子就哑了，神智昏沉。王孟英一听这些症状，立刻意识到情况不妙，虽然此刻还不知道是什么病，但很危急就是了。

于是马上出发，掩着鼻子左跳右跳穿过胡同里的各个垃圾堆，来到了这户姓沈的人家。

到了屋子里一看，这个患者蜷缩在床上，捂着肚子，痛得要死。再诊她的脉，是弦细的脉象，两个尺脉跟没有似的。她感到非常的渴，但是只要一喝水就吐，腿上的肌肉因为抽筋硬得像石头。

王孟英感到了脑袋一阵发凉，这种病证，应该是霍乱啊，但是，怎么跟过去的霍乱有些不同呢？（注：古代中医也有霍乱这个词，指的是一种上吐下泻的胃肠道感染，此时的这个霍乱则是一种致命的传染病）于是王孟英给这个新的病种起了个名字，叫霍乱转筋。

怎么办？没见过这种病啊，可是，如果再不治疗，看患者的这个样子就快危险了，算了，没见过这种病也得治啊，就按照我们一贯的原则，辨证施治吧。

王孟英判断这是"暑湿内伏，阻塞气机，宣降无权，乱而上逆"。是什么在阻碍她身体的正常运行啊，是有湿气吗？那就把湿气去掉。还有暑热？那就把热也清掉，让她的身体恢复自己的能力不就可以了吗？于是王孟英就自己创了个方子，叫蚕矢汤，方子组成为：晚蚕砂、生薏苡仁、大豆黄卷、陈木瓜、川黄连、制半夏、黄芩、通草、焦山栀、吴茱萸。

这个方子，清热利湿，是治疗湿热内蕴的一个重要的方子，现在中医的《方剂学》教材中就收录了此方。

药熬好了后，患者喝进去，居然就不吐了。这时王孟英就让人用烧酒

王孟英

337

用力地擦患者转筋的腿部。

然后患者也不泻肚子了，到了傍晚的时候，又喝了半剂药，患者晚上居然睡了个安稳觉，第二天，只是觉得特别的困倦而已，王孟英就又给开了些调理的药物，这个患者就痊愈了。

王孟英终于长长地出了一口气，好险啊！

但是，还没等他歇过乏来，敲门的又来了。

这是位有钱人家的少妇病了，也是上吐下泻。王孟英赶快跟着仆人来到了患者的家，一看这位少妇，身体非常的消瘦，舌质是红绛的，眼睛也是红的，非常的口渴，想喝冷水，脉象是左弦有力，右脉滑大。

王孟英判断，这个人的身体是肝胃平时就有热，现在又加上外来感染的邪热，怎么办，把热去掉吧，于是就开了白虎汤去掉粳米和甘草，加上生地、蒲公英、益母草、黄柏、木瓜、丝瓜络、薏苡仁等药，在服用了一剂药后，患者就不吐泻了，再服一剂，病就好了。

然后王孟英刚回到家里，敲门声就又响起来。

王孟英在很短的时间内，接诊了大量的患者，他的治疗记录有一部分被他写进了《霍乱论》这本书，此时，王孟英也十分疲惫了。因为大家看到了，他治病的特点是完全根据这个人的身体状况，来使你的身体调整到正常的状态，因为每个人患病时的情况都不同，因此他是一个人一个方子，基本没有重复的，而且每天也在根据你身体的状况调整药物，进行加减，这样对医生的要求是非常高的，需要不断地消耗脑力，进行思考，不能有半分的差错。

而疾病，却根本不给你休息的时间，经常是刚刚闭上眼睛，敲门的声音就响起来。

总之，这次战役把王孟英累坏了，但是也积累了治疗这种危急重症的经验。随着时间的过去，这场瘟疫流行最终被平息了。

但是，疾病是狡猾的，它们开始产生变种，并且从海外又传来了毒性更强的菌株，在若干年后，它们将卷土重来，在未来的战役中，王孟英将面临更严峻的考验，并且将永远地失去自己的妻子和一个女儿。

在这次战役里，值得一提的是我们的一位老朋友，王孟英在婺州时的领导周光远同志。他在婺州工作了一段时间后，觉得还是回老家，待在王孟英的边上比较安全，于是就从领导岗位上退了下来，定居在杭州。没想到的是，这位周同志怎么如此倒霉，回到杭州就赶上了瘟疫，结果也被传染了霍乱。

发病的时间在晚上，开始上吐下泻，腿抽筋，自己又误服了点什么药，就更严重了。等到第二天早晨叫来了王孟英，再一看，这位老领导的脉搏都快没了，眼睛也陷进去了（这是霍乱脱水后的典型体征），耳朵也聋了，四肢也冷了，还出着虚汗，嗓子已经哑了（这也是霍乱的典型症状），身上的肥肉再次消失了（似乎已经消失好几次了，好在周领导补充得快）。王孟英心里明白，这已经是病危了，事不宜迟，他立刻"先请其太夫人浓煎参汤"，给周领导赶快灌下去，然后开了补气去湿的方子，再抓来煎了喝。（王孟英判断周领导还是阳气不足，所以给他的阳气补上，让身体自己恢复功能）

在喝了一剂药后，周领导的症状开始减轻，于是王孟英就调整了方子，在调理十来天后，周领导再次神采奕奕地出现在了人们的面前。

我在看这个医案的时候不禁感叹，我们的周领导还真是多灾多难啊，怎么都让您给赶上了？

从此，周领导更加坚定了自己的信念，一定要留在王孟英的身边，否则他也无法搞清楚会发生什么意外。

但是人算不如天算，若干年后，洪秀全一路唱着上帝歌打来了，王孟英逃回了海宁老家，周领导被围在了城里，结果他再次病倒，很快就去世了。

王孟英在一本书里悲伤地写道：听说周领导去世了，他的家人没有了音讯，不知道他的母亲和妻子如何了。

在另外一本书里，显然王孟英已经找到了周领导的家人，为他的母亲和妻子看了病，医案都记录了下来。

这是一段令人感慨的朋友关系，在王孟英生活最困难的阶段，身为领导的周光远帮助了他，在后来，王孟英数次拯救了周光远的生命，周光远后来也帮助王孟英出版了一本书，并且在王孟英的书里留下了他自己的笔墨，但是，最后两人还是人鬼殊途，留下王孟英继续给他的家人诊病。

其实周光远的医案只是王孟英浩瀚的医案中的一个小点，但是，我从里面看到了温暖的人情。

在时局动荡，灾祸横行的岁月里，个人的命运是微不足道的，但是，他们之间的感情却是真挚的。

◎ 王孟英有什么业余爱好

在从婺州回到杭州居住的这些日子里，王孟英的生活一直都没有富裕过，他连个自己的房子都没有买下（估计那时杭州的房价就开涨了），只是居住在父亲的老朋友金履思先生借给他的房子里，具体给没给租金文献没有记载，但是我们知道他整整住了十年，十年后又带着全家搬去了钱塘的髦儿桥。

再以后，王孟英在他的一生中，一直是个"租房族"，从来没有拥有过自己的房子，直到最后去世也没有。

我在看王孟英的医书的时候，总是忍不住去想象王孟英这个人的性格，到底他的人生动力是什么呢？一个人，家里一贫如洗，只有些书籍，还每天那么精神抖擞地去给人看病，看得还不是一般的病，都是别人治不了的，或者是给治坏了的重病，最后把自己累得都脱了层皮，天天殚精竭虑地熬着，却始终情绪高涨，他到底图的是什么呢？难道在深夜里，在夜深人静的时候，他就不为自己打算打算？不想想怎么让老婆孩子过上好日子？不想想怎么攒钱买套商品房？

但是从他的书中，无论我怎么翻，都似乎找不出他思考这些内容的任何痕迹，反而倒是有很多关于老百姓的，比如鸦片。

王孟英在《归砚录》中用了很大的篇幅来论述鸦片的害处（因为当时很多人把鸦片当作一味妙药），说鸦片"始则富贵人吸之，不过自速其败亡，继则贫贱亦吸之，因而失业破家者众，而盗贼遍地矣。故余目之为妖烟也。"在这个书里，王孟英还非常详细地记录了每年鸦片的进口数量，比如咸丰五年（1855），有六万五千三百五十四箱进口，"进口之数若是之广，有心人闻之，有不为之痛哭流涕者耶？"

看来，他并不是个傻子，而是个"有心人"，只不过，他的心思没有用在自己的身上，而是全部都用来关注老百姓了。

而且，晚上他除了批注古代医书，还要思考白天治疗的得失。比如他治疗康康侯副转的疾病，在治疗过程中也是历尽千辛万苦，旁边不断地有医生鼓动患者使用温补的药物，结果患者一会儿服用王孟英的药，一会儿听别人的温补，最后证明是王孟英的效果好，服用温补后病情反而加重，这才一直服用王孟英的药物了。但是到了最后，这个患者腿部的水肿怎么也消不下去了。王孟英回到家里，晚上"废寝忘食，穷日夜之力以思之"，最后想到用葱须一味药加入方子里，结果水肿就消了。

有的网友问：难道这些名医就不失手吗？自己失败的病例有吗？就没有个自我批评的过程？

我认为，达到了王孟英这种治疗境界的人，如果对病情还"穷日夜之力以思之"，基本上失手的机会是很小的，您说呢？

◎ 名医也有治不了的病

当然，也有他治不了的病，我给大家举两个例子。

比如有个书商，患了外感温病，几天后就开始说胡话，不睡觉，他的一个亲属也懂医，就使用了清解之药，结果是发热退了，大便也通了，但是，出现了一个新的毛病，就是忽然不说话了。当把王孟英请来后，王孟英就看到这个患者在床上正襟危坐，脸上看不出一点有病的样子，两个眼睛也开阖自如，只是你跟他说话，他像没有听到一样，毫无动静。

这可奇怪了，怎么改木偶啦？是什么怪病啊？王孟英也很纳闷，就诊了脉，脉象是左寸细数无伦，尺中微细如丝。

王孟英这下心里明白了，原来这个人是肾水下竭，真火即将飞散，已经无药可救了。

于是就摇头，表示自己无能为力。

正好赵菊斋先生（就是那位相简哉同学的老师，这位赵先生是王孟英的好友，后来还整理了王孟英的医案，出版成书）和另一位许少卿先生在现场，他们就劝王孟英：您再给尝试一下吧，您看他上有八十岁的老父亲，下有一岁的孩子，多可怜啊！

王孟英叹了口气，说："我真的是无能为力了，我刚刚从高家和孙家来，那两家的患者也是濒于死亡，加上这个，'并此为三败证'，我一天之内都给碰到了，都是无法用药了。我平生最不怕危重症，这是各位都知道的，但凡稍微有一点可能，我都不用你们催促就动手了，但是这种情况确实无法措手，可叹啊！"

结果这个患者后来就去世了。

还有一个当官人家的女孩子，本来都许配出去了，但是患了一种病，开始只是心悸头晕，后来就不能起床了，然后就无法说话了。从京城回到杭州，找了很多医生治疗，都说是虚，就服用了很多补药，结果饭量也少了，痰涎也多了，怕风，小便少，大便秘结，月经推迟，白带多，乳头开裂。

等要王孟英来诊病的时候，也让王孟英吃了一惊，只见这位就是说一个字都异常困难，但是用笔写却没有问题，神智正常，这把王孟英也搞晕了，琢磨了半天，最后判断："这应该是受到了惊吓发的病吧？"

女孩子点头，旁边丫环介绍，开始时是一个大花瓶掉到地上，她被吓了一跳。

原来如此，王孟英就开了清热、舒络、涤痰、开郁的方子，服下去以后，各种症状都轻了，可是仍然说不出话。

王孟英也没有办法，在记录这则医案的时候说："然余竟不能治之使语，殊深抱愧，录之以质高明。"

若干年后，在这本书再次出版的时候，王孟英已经又为这个女孩子治疗过一次，服用药物以后，她遍身发了疹子，而且还吐出了些痰，王孟英说这是毒邪外解了，再后来渐渐地能够说些话了，但是仍然没有记载她就此痊愈。

◎ 医生求患者

但更多的时候，是王孟英大胆排除其他医生的错误治疗方针（甚至错误认识来自患者），勇于承担，把患者从危急的病情中拯救回来。

有个叫石诵义的小伙子，特倒霉，患了外感病，请了多位医生，服用了很多药，病情却越来越重，拖延了一个月才找到王孟英。这个时候患者已经是开始说胡话了，晚上高烧，大便溏泻，尿赤，王孟英诊断后说："这是热邪仍然在肺经，并没有传经，一剂白虎汤就可以治愈了。"

但是患者的父亲北涯听说要用白虎汤，里面有生石膏，就想，这生石膏性寒啊，大便溏泻能服用吗？这位父亲特有蔫儿主意，居然敢把药扣下，没有给患者服用。

第二天，王孟英来了后，北涯特腼腆地说没有服用白虎汤，恳请孟英另想别的方法。

王孟英说："你为什么那么怕石膏呢？药以对证为主，如果用一些模棱两可的药，那你儿子的病可就要不妥了啊。"

北涯似乎明白了些，就想给儿子服用，可是等到这个患者自己一看到方子，却急了（看来这主儿也是特有主意），说"我觉得胸中一团冷气，喝水都要热着喝，还能服用石膏吗？"

于是，任凭谁来劝，就是不服药。

怎么办？为了给患者治疗，王孟英就开始费尽口舌，大讲了一番为何要赶快清掉气分之热邪的道理，讲得嘴里直吐白沫（中间大口喝水两杯）。

刚讲完，旁边不知道哪位多嘴，立刻在王孟英的后面给加上了句注释："我有个亲戚，刚喝完石膏就死了。"

得，王孟英差点把水吐出来，磨破嘴皮讲的那些话都白费了，患者更是不服药了。

第三天，仍然还是把王孟英给请来了（这家人很有意思，我天天请你，就是不服你开的药，不知道是什么心理）。王孟英来了一看，满屋子的医生和亲戚，而患者的父亲正在"求神拜佛，意乱心慌，殊可怜悯"。这要是搁一般的医生，早就气愤得甩手而去了，但是您看，王孟英却没有恨患者家属，而是觉得他们"殊可怜悯"，因为王孟英知道，并不是他们的错，而是因为他们不懂得此中的道理啊。

此时，王孟英害怕大家再讨论起来，那可就没完没了啦，于是就说：我也不谦虚了，各位也不必各抒高见，就按照我的想法来吧！然后拿起笔墨，仿照喻嘉言的模式，写了个议病式，仔细地论述了这个病的原委。

正好，今天请来的人里有顾友梅、许芷卿、赵笛楼等几位不错的医生，他们看到这个议病式以后，都说：这是最好的治疗方法了，除此之外，我们也没有办法。

都到这个份儿上了，患者才勉强喝了药，结果是马上咽喉就觉得痛快了，三剂药以后，就基本好了，后来开了几剂调养的方子，就痊愈了。

您说，容易吗？

◎ 温病是什么

在读王孟英的医书的时候，人们会为王孟英的高超医术所折服，同时也会产生这样的疑惑，那就是，为什么其他的医生显得如此的笨呢？为什么那些医生会制造出如此多的误诊医案呢？

就拿《王孟英医案》这本书为例，书的辑录者陆士鄂收录了王孟英的医案约598例，我们拿来一看，好家伙，几乎都是前面的医生给耽误了！其中前面的医生给开了方子，把病情给治得更加严重的，我曾经做过统计，共有352个医案，居然占了一半还多！

天啊，事情会这么严重吗？为什么会出现这样的情况呢？

下面我们来揭开这个谜团吧！

原来，王孟英虽然也精通《伤寒论》，精通古代医家的各种学说，但是，他却更擅长新兴的温病学说。

什么是温病学说呢？这里给各位聊聊。原来，以前人们都遵从《伤寒论》的论述，认为外感病是寒邪侵袭人体引起的疾病（其实《伤寒论》中也说过外邪不止寒邪一种，但是大家都没注意），但是后来在临床实践中发现，似乎只用辛温发散解表的方法不足以治疗各种外感病，就开始逐渐关注温热之邪的致病作用，发展形成了温病的思想。

明朝的吴又可医生把瘟疫从伤寒中给单独列了出来，后来，温病理论又逐渐从瘟疫中独立了出来，在清代，经过叶天士等医家的完善，这个理论最终形成，它流传最广泛的地方就是江南地区。

王孟英就是温病四大家中的一位，他的《温热经纬》一书，是温病理论的巅峰之作，学术价值极高。（《王孟英医案》和《温热经纬》书店皆有卖）

以前学术界以为，既然晚清的江南地区是温病理论的发源地，又有那么多的温病大家，那么民间医生应该对温病有着足够的认识吧，可是我经过研究发现，不但认识不足，而且是严重的不足！

在《王孟英医案》这本书里，352 例前医误治的医案中，居然有 191 例是可以断定的温病，被错误地按照伤寒治疗了，被错误地使用了温补的居然占到了 173 例之多。

所以我认为，在晚清的江南地区，广大的民间医生对温病的了解是不够的，这个新兴的学说虽然似乎有走红的迹象，但是并没有得到所有医生的认可，很多人还不懂什么是温病呢，一看见外感，上来就是麻黄、桂枝伺候，结果总是治疗不好。

王孟英他为了推广温病理论，收集了别人识别不出，自己最后用温病理论给治疗好的医案，写出来，印成书，广泛发行，让更多的医生认识到不能上来就使用温热发散药，要学会处理温热病。

王孟英的书发行得特别好，当年就拥有了巨多的粉丝，经常是走到哪里，碰到个新朋友，就是读过他的书的："您就是王孟英啊，我的偶像啊！"

这回大家清楚了，为什么其他医生会有那么多的失误，原来那个时候中医理论还没有完全成熟呢，对于温病好多医生还不会治疗，对于内伤病中的痰证等情况也不大会处理，是王孟英给宣传了以后大家才会的。

◎ 痛失家人

前面说过，在杭州流行了一阵子霍乱以后，这次瘟疫暂时平静了，但是零星的发病一直存在，其实王孟英终其一生，都没有停止过与霍乱的战斗。

这次，霍乱又来了，而迎头赶上的，居然是王孟英的妻子徐氏。

其实做医生是一个高风险的职业，您想啊，王孟英见天儿的和烈性传染病打交道，那个时候保护措施也不完善，能不被传染吗？王孟英一生中就几次被传染（本来他的体格就不怎么样），有的时候甚至病得几乎死去，最后又活过来了，这次他的妻子患病，我分析是被王孟英连累的可能

王孟英

345

性大。

这位徐氏夫人身体一向很好，在 1846 年夏月的一天晚上，还做着针线活儿，陪着王孟英校勘书籍（伴余勘书），到了半夜忽然泻了两次肚子，大家也没在意，第二天早晨在给王孟英梳头的时候，又泻了一次，王孟英说怎么回事儿？诊个脉吧，于是就给自己的妻子诊脉。

这一诊可不要紧，王孟英当时脑袋就乱了，原来，脉象非常不好（脉七至而细促不耐按），但是徐氏却没有什么别的症状，感觉没有什么要紧的。

王孟英没有敢对徐氏说，就让她上床休息，然后告诉了老母亲，老母亲说他：别一惊一乍的，哪会有那么重？王孟英也糊涂了，难道自己诊断错误了？

但是他还是很谨慎地给妻子的兄弟写了信（函致乃兄友珊），让他赶快来，同时请了其他医生来诊断一下。

然后妻子说饿了，就煮了一碗"山东挂面"（那年头就有挂面），刚吃几口，就吐了出来，王孟英知道，大事不好。这时另外一位医生也到了，两人一起诊断，都认为病情已急，赶快熬人参汤想要救急，这时已经灌不下去了，然后开始大泻，人也立刻瘦了下去，嗓子哑了，没多大一会儿，就去世了。

这是一位很贤惠的夫人，留下了尚在襁褓中的孩子，离开了王孟英。

她在婺州就来到了王孟英的身边，陪着王孟英度过了白天做会计，晚上读医书的时光，她跟着王孟英，基本上没有享受到什么物质方面的幸福，但是，却看到了王孟英治疗好了一个个患者。

最后，因为王孟英的这个职业，她献出了自己的生命。

她的去世，激起了王孟英对霍乱更大的仇恨，并最终成为古代中医历史上最著名的霍乱专家。

王孟英在这则医案中评价徐氏，说她"斯人也性极贤淑"。

王孟英擦干了眼泪，望着少了一口人的屋子，心中满是凄凉，他不知道，在未来，这家人口中还要有人被病魔夺去生命。

若干年后，被夺去生命的，将是王孟英的小儿子阿心。

其实，王孟英在外面对得起患者，在家里是非常对不起家人的。王孟英说他的这个儿子"长成太速，心性太灵"，说早就知道这个儿子体质不那么壮实。他的儿子那时候很小，结果患了什么病，正巧王孟英被叫出去诊病，怎么选择呢？当然是先给外面的人看。等到回来了，就问了一下，怎么样？家人告诉他没有什么大问题，于是王孟英就又到外面给人看病。等到回来了，自己的儿子就有些病重了，可又有人来喊急救，王孟英望着病中的孩子，心如刀绞，怎么办啊？

最终，他还是选择了去抢救别人，在他走出房间的那一刻，他不知道，他将永远地告别自己的孩子了。

当他把别人救活了以后，他开始拼命地往回跑，别人都不知道怎么回事儿，以为王孟英疯了？的确，可能他一生中都没有这么跑过，他含着眼泪在路上狂奔，他的心里只喊着一句话："儿子，等爹回来救你！"

等他跑到家的时候，等待他的是儿子"倏然而殇"的消息。

我遍读王孟英的医书，真的，说心里话，我感觉他很对不起自己的家人，非常的对不起。

虽然，他对得起自己的患者，对得起"医生"这两个字。

后来，他的三女儿杏宜也是病得很重，王孟英却不断地被人找去诊病，最后女儿几乎病危，王孟英才被家人按在家里，给女儿开方子，千辛万苦之后，最后算是把女儿救了回来。那是一篇很长的医案，收录在《王孟英医案》卷一中。

在自己家人和外面的患者同时患病的时候，先去救治的是外面的患者，做医生做到这个份儿上，我实在无话可说。

◎ 我们回家吧

后来，由于还有尚在襁褓中的孩子，王孟英又娶了第二任妻子吴氏，这位吴氏夫人从此开始跟着王孟英过起了动荡不安的生活。

在公元 1849 年到 1852 年期间，也就是王孟英四十几岁的时候，他的朋友们帮助他刊印了《回春录》《仁术志》《温热经纬》等书。

在公元 1851 年的时候，王孟英的老母亲去世了。

母亲的去世给王孟英的打击很大，母亲在临终的时候让他把自己葬在

王孟英

皋亭山，说这是回海昌老家的便道，方便以后孩子们来祭拜她。

这是那年的夏天。

江南天气湿热。

王孟英跪在母亲的坟墓前。

突然，他感觉自己开始思念家乡了，那里，是安葬着他祖辈的地方。

其实，王孟英也思念故乡很久了，此时太平天国的队伍已经要打过来，杭州城内的物价飞涨，像王孟英这样的贫困人家已经开始感到无力支撑。

但是，老家海昌祖上留下的几间房子已经被族人给分了，自己回去没地方住啊，怎么办呢？

这时候，一位叫谢再华的朋友出现了。

这位谢再华是怎么回事儿呢？原来，他是住在杭州城的保佑坊那里的，不知道怎么就和王孟英认识了，有一天王孟英就对谢再华说，你住的这个地方会有火灾，希望你赶快搬家，这位谢再华也特听话，回家收拾收拾打个包就搬走了。等到了秋天，果然保佑坊那里发生了火灾（反对中医的人一定认为是王孟英放的火，否则不会这么灵），谢再华侥幸躲过了，从此对王孟英感谢异常。在他听说王孟英想要搬回海昌老家，却没有房子住以后，就开始东奔西跑，为王孟英打探消息，结果功夫不负有心人，没多久，他领来了一位叫管芝山的朋友，介绍给王孟英，说：这位管芝山就住在海昌，他们家在海昌北乡的淳溪，那里风景非常的漂亮，民风也淳朴，如果您愿意回去，他可以带您去，你们可以做邻居。

王孟英大喜，有人带路，当然大大的好，也没客气，就立刻跟着管芝山，乘船来到了故乡海昌，一看，果然是世外桃源。于是，就租了一个姓朱的人家的房子，然后，立刻行动，就把家人（此时只有老婆和几个女儿，根据文献分析，可能还有几个侄儿）带来定居了。

其实，王孟英此时返回故乡，是很凄凉的，因为他的家里基本上是一贫如洗，什么都没有，值钱的家当也就是个砚台，我估计他搬家肯定特简单，也甭什么搬家公司了，自个儿包了几件破衣服，手里端着个宝贝砚台，就算搬家了。他说他在父亲去世以后，"即携一砚以泛于江，浮于海，荏苒三十余年，仅载一砚归籍"，所以后面出版的一本医案集的名字他就给起成了《归砚录》。

这一年，王孟英五十一岁。

一个五十一岁的人，在江湖上混了几乎一辈子，最后家当却只有一个砚台，从我们现在以金钱来衡量一个人是否成功的角度看，他活得太失败，几乎可以作为成功学励志讲座的反面典型了。

但是，他却为我们留下了大量的精彩的中医著作，救治了那么多的濒于死亡的患者，从这个角度来说，他是成功的。

至少，他实现了对父亲的承诺：做个对世界有用的人。

◎ 在家乡行医

从此，王孟英开始了在海昌的行医生涯。但是，由于杭州等地的人都知道他治病治得好，所以还常请他过去，于是我们再看这个时期王孟英的医案，经常可以见到他"游"这儿、"游"那儿的，其实什么游啊，您以为王孟英穷得只剩个砚台了还旅游呢？就是去看病，古代人特文雅，喜欢用个体面的词儿。

汇报一下这个时期王孟英的诊疗工作吧。

有位姓吕的女士病了二十多天了，请王孟英来诊病。王孟英来到患者的家里，一进屋，吓了一跳，原来这位女士光着身子躺在床上呢（裸衣而卧），虽然神志不清，但还知道来了人，自己拉个被盖在了胸口。

有的朋友问古代诊病如果患者是妇女，是不是就不能诊脉，隔着帘儿，还需要拉根丝线啊？从这则医案来看，似乎民间没有那么多的讲究，这还有一脱光的呢。

王孟英于是就诊了脉，脉象是细而无神，再看这位患者，最突出的症状就是浑身大汗，似乎是热的，但是身体的肌肤很凉，咽喉痛，不能喝下水，眼睛也看不见东西了，还心烦。

王孟英分析，这是外假热，内真寒啊，是肾阳极亏，虚阳外越，所以才在外面表现得像是热证似的，其实不是啊。

于是开了熟地一两，肉桂、附子各一钱，菊花三钱。药熬好后，等到晾凉了再给患者服用下去，一剂药以后，患者的症状就消失了（诸病如失），当天就可以喝粥。

继续服用药物十天后，就痊愈了。

各位，我为什么要从众多的医案中拿出这个来呢？因为这个医案王孟英使用的是傅青主的治疗方法，熟地一两，桂、附各一钱，这是傅青主开方的典型特征，对于需要补的，加大分量集中火力，有的时候傅青主熟地开到三两（如我经常使用的傅青主引火汤），对于引火下行的桂附等药，经常是一钱就可以了，这种方子对证后，常在一二剂间大效。

王孟英是带头不承认《傅青主女科》是傅青主写的，他认为该书文笔不好，玷污了傅青主的名声，但他认可陈士铎，认为陈士铎的方子好，可为什么陈要假托神仙呢？王孟英说他也不懂，其实他哪里知道清朝初年微妙的政治形势啊？

再汇报一位，这次是王孟英去梅泾的时候，王孟英的朋友吕慎庵请他去诊的病。患者是沈则甫的夫人，这位妇女两年前患了带下病，从那以后，就开始总是泻肚子，这一年夏天尤其严重，症状是每天早晨泻得严重（注意，这样的患者现在也很多），肠鸣，胸闷，有时呕，夜里睡眠不好，形色消瘦，月经渐少。

王孟英诊脉后，认为是脾胃虚，肝木来侮，生化无权（中医术语，意思是脾胃虚，吸收的营养不够，人体就没有生长的物质基础了），气血将要枯竭啊。

于是开了寒热并调，攻补兼施的方子：党参、山药、赤石脂、禹余粮、茯苓、白芍、煨诃子、橘皮、牡蛎、乌梅肉炭、酒炒黄柏、熟附子、炙甘草，米汤煎药，细细呷服。

开完了方子，王孟英就回海昌了，后来在曹霭山茂才处听说，患者喝了四剂药，病就好了。

再后来，患者家属还以诗什、芽茶为赠。

其实，现在这种慢性腹泻的人也特别多，西医对这个病基本是没有办法，我在肛肠医院的朋友经常抱怨，说很棘手。而王孟英的这个方子是张仲景乌梅丸的思路，按照这个乌梅丸方的思路来调治，效果非常的好，我曾经治疗了许多这样的患者，很快就痊愈了。

◎ 医道，什么是医道

就在王孟英给各处的患者看病的时候，洪秀全可就打过来了。公元1860年，杭州失守，王孟英的弟弟是在半夜从城墙缒根绳子跑出来的，最后也跑回了海昌。

我不知道史学界对太平天国运动最终是如何评价，似乎他们的政治纲领里也有给老百姓分田地这一说，按说应该还是不错的，可是我从王孟英医案里看到的却是，从此物价飞涨，饥荒遍地，老百姓在逃亡中死去无数。

这个时候，海昌也数次预警，王孟英就带着家眷跑到了濮院的朋友那里居住，濮院这个地方在嘉兴、桐乡之间。从此，王孟英开始了他长期的动荡生活，在以后的日子里，他将不再有家的概念，他将到处流浪，随处安家，他给自己的书斋起名叫"随息居"，很多读王孟英书的人特奇怪，这个随息居到底在哪儿啊？怎么一会儿在濮院，一会儿在上海的？其实，哪里还有书斋啊，就是睡觉的地方，"随息"的意思就是随处休息，也就是说，王孟英的铺盖卷放在哪里，哪里就是随息居。

从今以后，王孟英的生活状态是十分悲惨的，在动荡的生活中，一面要考虑妻子孩子的生活，一面要给人看病，但是，看病的患者也都是贫苦的老百姓，哪里还有多少诊费收呢？

所以王孟英是经常饿着肚子从患者家里出来的。

此时物价已经涨到了一石米要八千钱，一斤咸菜要四十钱，王孟英在书中写道："茫茫浩劫，呼吁无门！"

以王孟英家里一贫如洗的状态，哪里买得起米呢？

当他饿着肚子给患者诊病的时候，难道就不知道为自己发愁吗！

这是怎样的一种医生呢？难道他们的心中，除了生存之外，还有其他东西吗？

记得我在读博士二年级的时候，回到家里，有一天饭后，我坐在母亲的对面，问我的母亲，我的外祖父是一个怎样的人呢？他是怎样行医的呢？

在以前，我从来没有问过此类问题，在我的心里，一直认为他是乡村老中医，所受的教育不多，医学知识绝对赶不上我们。

在我到了这么大的年龄的时候，才突然很想知道他的细节，我让母亲告诉我她能回忆起来的细节。

于是母亲就开始给我讲。

她说外祖父那时治病，要翻山越岭，到患者的家里。那时候人都很穷，有时候给患者治完了病，看到患者家里一贫如洗，就不收钱，也不吃饭，收起针灸的包，就往回走。

母亲说，有一次外祖父走在山梁上，实在饿得不能支持了，就饿昏了过去，在那里不知道昏迷了多久，等到太阳慢慢地升高，照到他的身上，暖了过来，就又醒了，然后爬起来再往回走，回到家时，饿得几乎要虚脱了。

"这种情况，为什么还要去治呢？"

"因为人家有病，而你是医生啊。"

那天，就在那天的傍晚，在吃完饭的饭桌旁边，我流着眼泪听着一件件外祖父的故事，心中终于明白了什么是医道。医道，是一种境界，一种悲天悯人、一心赴救的境界，一种即使你的生命受到了死亡的威胁，你却仍然毫不顾忌地去拯救别人的境界。

王孟英此时已经没有粮食吃了，他吃的是什么呢？文献中为我们留下了记载，他吃的是麸子。

麸子，就是米剥下来的那个壳，有时也吃些糠，我们通常用来做枕头的填充物。

有的时候，粮食剥得不干净，会在里面剩下些碎米屑。

王孟英就是用这种东西来充饥，同时还给别人看着病。

在看病的同时，晚上却"闭户忍饥"，他说晚上"悠悠长夜，枵腹无聊"，于是就写了一本书。

什么书呢？就是中医历史上最著名的一本食疗的书籍，叫《随息居饮食谱》。

书中参考各种古代文献，结合自己以往生活小康时的经验，列举了三百三十多种食物在养生中能够起到的作用，是一本非常有价值的养生食疗书籍。

比如在果食类中，他就论述了梅、杏、桃、李、栗、枣、梨、木瓜、石榴、橘、金橘、橙皮、柑、柚、佛手柑、枇杷、山楂、杨梅、樱桃、银杏、胡桃、榛、梧桐子、桑椹、荔枝、橄榄、龙眼、槟榔、无花果、蒲桃、西瓜、甜瓜、藕、芡实、百合、甘蔗等五十四种食物的食疗养生作用。

我以前一直以为这样的书是在面前摆满山珍海味的情况下写的，当我看到原来王孟英是吃着糠，饿着肚子写的这本书的时候，心中真的非常不是滋味。

王孟英自己说自己是"画饼思梅，纂成此稿"。

我心中能够想象得到这样的情景，在惨淡的月光下，孩子们都饿着肚子睡了。

瘦弱的王孟英望着摆在桌子上吃剩下的糠，心中一阵发酸。

但是，他仍然拿起笔，来写下那些美味的食物的药用价值。

这本书，他显然不是写给自己的。

而是写给后世，能够吃到各种山珍海味的，我们。

◎ 大上海

这个时候，王孟英已经无法负担家里人的吃饭问题了，于是就把三女儿、四女儿嫁了出去，而四女儿嫁给的姚家，是在嘉兴边上比较僻静的地方。当年的四月份，太平军打到了王孟英居住的梅泾，"阖镇皆逃"，就是说老百姓都跑没了（太平军不是人民的队伍吗），于是王孟英没办法，就带着老婆和剩下的五、六两个女儿，一起跑到了嘉兴的亲家姚氏家里，住了下来。

这时，上海那边的朋友多次请他去看病，于是王孟英把老婆孩子托付给了姚姓亲家，来到了上海。

公元 1862 年，在阴历五月初三那天，五十多岁的王孟英一人来到了上海，呈现在他面前的是一个前所未见的繁华都市，他在自己的书里记载道："不但沧海渐变桑田，中原宛如外国"，"帆樯林立，踵接肩摩，弹丸小邑，居然成一大都会矣"。

刚到上海，王孟英先是住在一个叫周采山的朋友开的"德泰纸号"内。这个周采山的四弟曾经患病，想请王孟英来上海诊病，但是当时王孟英没能来，等到现在来了，这个患者已经去世了。

但是王孟英本着走到哪里，诊病到哪里的精神，在周家还是诊了大量的患者，当然，其中也包括周采山和他剩下的兄弟姐妹。

周采山这个人喜欢喝酒，总觉得心下（胃那个部位）有块地方坚硬得像有个盘子，吃饭很少，这两天忽然大泻，不想吃饭。王孟英诊脉后，开了补气涤痰、通阳化湿的方子，几剂药就痊愈了。

王孟英治疗周采山弟弟妹妹的病案我就不给大家举例了，也都是药到病除，所以周家兄弟都特佩服王孟英。

这里，有一个人要说一下，这个人叫陈春泉。这位陈同志的小女儿才三岁，患了病，症状是身上忽冷忽热，肚子胀，泻肚子，医生给治疗了很多天，小孩子的脖子都已经软了，四肢开始抽搐，涕泪全无。大家这个时候开始害怕了，有医生试着给服用了温补的药物，结果变得神智都不清了，这帮医生心里也没谱，又怀疑是邪气内闭，于是又用了犀角等药试试，结果病还是一天天严重。家里人已经急得要疯了，这么试着治病哪成啊？东试验一下，西试验一下，您当我们家孩子是实验室的小白鼠啊？您几位都回去吧。但是送走了医生，陈同志却仍然束手无策。

这时，有人说王孟英来上海了，于是陈同志就找到了周采山，求他让王孟英来给看看。于是王孟英来到了陈家，一诊断，就很轻松地说：这个孩子是饮食不节，脾胃不和罢了。

啊？这么简单？不可能吧，看这个病情可是严重得要死掉啦。

王孟英告诉陈同志，怎么不可能，你仔细想想，她病前是不是吃什么过量了？

陈同志仔细回忆，噢，对啊，那时候"因失恃无乳，常啖龙眼、枣脯等物以滋补也"。

这就对了，就是这个原因！

于是王孟英就开了一些消食导滞、清热利湿的药物。

只喝了一剂，就见到了效果，几剂药以后，就痊愈了。

天哪，这可真是高手啊！我们的陈同志佩服得简直是五体投地，眼泪都流出来了，前面的那些医生和眼前的这位怎么比啊？

感激之余，陈同志真够意思，立刻提出，自己在黄歇浦西（估计就是现在的浦西，房价特高）有三间房子，王先生您要是不嫌弃，您就在那里住下吧。

就这样，王孟英在上海解决了住房问题，没多久，他就把妻子和两个女儿给接来了。

这三间房子开始热闹了起来，患者不断登门，各类朋友纷至沓来，好多人都是原来看过王孟英的书，这回原版真人来到了这里，于是一时间"虚室生白，人皆羡之"。

在上海，王孟英遇到了西方医学。

其实王孟英很早就遇到了西医，到了上海以后，则可以更加近距离地感受西医了，那么王孟英对西方的医学是什么看法呢？

历来大家认为中西医是两门不同的学说，两者格格不入，不大好互相交流。

但是，我们从清末民初的中医学人的态度来看，大多数中医对西医是非常的包容的，是抱着学习的态度的。

从文献中看，王孟英就曾经很详细地研究过西医的解剖学，他认为西医的解剖做得非常的好，比如传统中医认为思考问题的地方主要在心，而王孟英在《重庆堂随笔》中就论述了西医在这方面是对的，"脑为主宰觉悟动作之司"。

终其一生，王孟英都在和霍乱做斗争，但却只能做到拯救半数偏强的患者，如果他知道日后西医有补充体液和纠正电解质紊乱等手段，能够为治疗抢得时间、降低死亡率，他又怎么能够不接受呢？

在他的心里，只有救治患者是第一位的，并没有中西医的分别，只要是对救治有利的，就是他要学习的。

这就是个正确的态度。

◎ 霍乱阻击战

霍乱，是王孟英在上海遇到的最大的敌人。

其实王孟英住在濮院的时候，霍乱就又开始流行了，等到他来到上海，"则沿门阖户，已成大疫"，"死者日以千人"。

上海那时候也乱着呢，不像现在这么繁花似锦的，那时虽然也有很多洋人，但老百姓居住的地方还是一个字儿，"脏"。垃圾成堆，王孟英曾经评价上海"臭毒"最厉害，垃圾都酿成毒气了，您说这该脏到个什么程度吧。

王孟英刚到上海，住在周采山家的时候，就开始挽起袖子治疗霍乱了。当时有家住了南浔的两个客人，都患了霍乱，一个姓韩的，"须臾而死"，没给王孟英匀出下手的机会；另外一个叫纪运翔，才十七岁，病情也特重，这位周采山也是个热心的人，就拉着王孟英去给诊治。

王孟英一看这位患者，此时是手和脸都黑了，眼睛也陷下去了，四肢冷，嗓子哑，尿也没有了，脉也摸不着了，大汗淋漓，舌紫苔腻，完全处于病危状态。

那也得治啊，王孟英判断，此时还没有到芒种，"暑湿之令未行"，不是暑湿的病证（各位注意，这就是中医的时间辨证，根据节气和当时的天气状况来判断病因），这是个伏邪晚发的病例（伏邪，是温病理论中的特殊概念，认为有些外邪可以潜藏在人体内部，等到机会适合，会自里向外而发，这个理论在现代治疗肝病、肾病等方面都有特殊的意义），于是就急忙在患者的曲池、委中两个穴位刺血，出来的血都是黑色的。然后开方：黄芩、栀子、豆豉、黄连、竹茹、薏苡仁、半夏、蚕矢、芦根、丝瓜络、吴茱萸，熬好冷服，等到药服下去了，患者就不吐了。

第二天的时候，患者的脉象稍微明显了一些，又喝了两剂后，身上的黑色淡了些，但是开始烦躁了，眼睛也红了，王孟英认为，这是伏邪从里面发到外面了，就于前方去掉吴茱萸、蚕矢，加上连翘、益母草、滑石，服下以后，患者就开始全身发斑（这也是伏邪外发的表现），但是四肢开始温暖了，小便也通畅了。

然后王孟英又开了些清热化毒的药物，患者就痊愈了。

这个病例的确是从死亡的边缘把患者给抢了回来，周采山同志看了以后很高兴，反正自己是开"纸号"的，纸有的是，就拿来把王孟英的这个治疗方法印了好多，当传单给发了，不知道效果如何。

从治疗了这个纪运翔患者以后，王孟英的名声就开始传开了，于是有很多人，患了霍乱，立刻就跑到这里来请王孟英出诊。

王孟英说一开始效果还不错，可是到了夏至以后，天气也热了，内外合邪，这病情可就一个比一个重了，"非比往年之霍乱"。这使得王孟英必须小心谨慎地随证而变，"甚费经营"，最后治疗好了很多重症患者。

但是，在王孟英的书里，也列举了很多最后功败垂成的失败病例。

比如王孟英的亲家褚子耘茂才家里的使女，患了霍乱，王孟英去诊病的时候身体已经开始发硬了，王孟英赶快用夺命丹给灌入口中，然后开了解毒活血的药物，几剂药以后就活过来了。

但是，后来，王孟英听说她仍然是"淹缠不健而亡"，可见治疗并未成功。

这个时候，有位叫作金簠斋的同志找到了王孟英。

一见到王孟英就说："我终于找到组织了！"

原来，这位金簠斋同志是个心肠慈悲的人，看到上海霍乱流行，可是清政府却"罔知所措"，每天都要死亡那么多的人，就伤心不已，到处收集王孟英三十多岁时在杭州写的那个《霍乱论》，但是当时的版都不好了，没有找到个合适刊行的。

现在，居然听说王孟英这个人的原版正身居然来到了上海，天啊，这种机会能够错过吗？于是就四处寻访，最后终于给他找到了。

就这样，他们两人促膝长谈，原来王孟英写的书这位金簠斋居然都读过，追星已久，现在居然能够相见，实在是缘分啊！

两个志同道合的人，从此成为好友。

金簠斋同志来见王孟英的一个重要目的，就是想请王孟英把《霍乱论》重新勘定，再出版一次，给各地的医生一个指导。

但是，王孟英由于太忙，并没有立刻做这件事。

直到两个月后。

王孟英

两个月后的一天，是八月二十八日晚，这位热心帮助霍乱患者的金簪斋突然开始泻肚子，人也感觉精神疲惫，等到第二天天亮，把王孟英请来的时候，已经无药可救了，在二十九日当天去世。

金簪斋应该说是王孟英在上海最好的朋友之一了，也是抗击瘟疫中的重要战友，他的去世，让王孟英感到了从未有过的悲愤。

然而，上天仿佛是觉得这样的打击还不够，就又给王孟英一记惊雷。

在九月初，王孟英接到了老家女婿来的信，信中告诉他，他的二女儿定宜，在八月二十九日那天患霍乱去世。

就在那同一天，王孟英失去了自己最好的朋友和女儿，因为同样的霍乱。

王孟英的二女儿定宜嫁给了一户姓戴的人家，这个戴家是个家风非常好的医生之家。在八月二十三日的时候，定宜突然开始泻肚子，然后四肢冰冷，脉伏，请来个崔姓的医生，认为是寒证，用了附子理中汤加减，但是泄泻仍未停止，舌苔却变得干黑，嘴唇也焦了（这都是热证的表现），于是就开始用犀角、石斛等药，仍没有控制住，最后用的是温补的桂附八味汤，二十九日舌焦如炭去世。

在女儿去世前的最后时刻，她对丈夫说："吾父在此，病不至是也。"

王孟英听到这个消息后，曾经哭得昏倒在地。

他甚至有些责怪亲家：你们也是医生，我写的医书你们家都有，怎么也不至于让我王孟英的女儿被温热药害死啊！

在凄凉的秋风中，这位老人写下了一副给女儿的挽联：

垂老别儿行，只因膳养无人，吾岂好游，说不尽忧勤惕厉地苦衷。指望异日归来，或藉汝曹娱暮景。

濒危思父疗，虽曰死生有命，尔如铸错，试遍了燥热寒凉诸谬药。回忆昔年鞠育，徒倾我泪洒秋风。

其满腔悲愤，尽露笔端。

擦干眼泪后，王孟英开始回到书房，整理纸笔。

别人都奇怪，这个时候整理纸笔要干什么？

王孟英：我要写书，我要重新写《霍乱论》！

至此，王孟英开始向霍乱全面宣战！

◎ 力战至死

在经过了多少个不眠的日夜后，王孟英写出了我们现在看到的《随息居重订霍乱论》一书。

在书中，王孟英提出了许多与现代防疫概念相同的理论。比如他提出预防的重要性，认为水源、空气等的污染是导致霍乱流行的主要因素，他说上海"附郭之河，藏垢纳污，水皆恶浊不堪"，一定要"湖池广而水清，井泉多而甘洌"，应该"疏浚河道，毋使积污，或广凿井泉，毋使饮浊"，并提出了要在水里放置药物，进行消毒的概念。

他还提出了房屋要通风，改善居住条件等预先防疫的观念。

这些措施，绝对是防止霍乱最重要的条件，当时的清政府根本就不可能做到，因此，王孟英等医生只能退而采取自己的诊疗手段，从死神的手中抢救生命。

在新中国成立后，20 世纪 60 年代霍乱曾经在世界范围内大爆发，于1961 年和 1963 年两次逼近我国南方，但都没能进入，只因为新中国政府的防疫措施得力。

但是那个时候，王孟英这样的医生是没有政府支持的，他们只能凭着自己心中的信念，独自去救治一个个生命。

彼时，医生的风险非常大，比如王孟英就记载了一个医生，叫余小坡，是个进士，擅长医药，当时也投入了救人的队伍。一天，在给人看病回来后饿了，就随手吃了一小盅的莲子，吃完后，就开始感到不舒服，随即就吐泻转筋，马上让人来找王孟英，王孟英还没到呢，人就去世了。

其夺命之速如此。

王孟英对此不是不知道，但是，他写完书后，就从此放开手脚，接诊更多的患者。

别人都问，王孟英怎么了？不要命了？

他的家人也很担忧，一旦你有个三长两短，剩下孤儿寡母该如何生活？

但是，王孟英已经无法想那么多了，他的眼里，只有如何让每天死亡的一千多人再少些，再少些。

这场同霍乱的战斗，与在战场上厮杀的死亡概率差不多，因为那个时候还没有很好的医生保护措施。

但是，如同一个真正的战士一样，王孟英义无反顾，挥剑而上，即使知道敌兵千万倍于自己，也毫不畏惧，毅然投入了短兵相接的战斗中。

从此以后，王孟英从文献记载中消失了。

至今医史文献界还在争论，王孟英到底是什么时候去世的，怎么去世的？

有的人说，他是在六十一岁时与霍乱的战斗中自己也被感染，不治去世的。有的说，他活到了八十多岁。

但是，两者都没有确切的文献证据。

从感情上讲，我宁愿相信后者，相信王孟英和妻子平安地白头偕老，享受了人生的快乐。

但是，从理智上来分析，我却更相信前者，因为以王孟英的创作速度，如果他活到八十多岁，那他还能写出十几本医案书来。

"将军百战死"，我想，对于一个真正的战士来讲，最光荣的死法，就是死在战场上。

让我们凭借想象，来重现一下王孟英最后一次离家的情景吧。

那是个清晨，薄雾还没有散去。

王孟英被急促的敲门声惊醒。

他穿上衣服，就要随着患者的家属出诊。

王孟英的妻子送他到了房门外，把他的蓝布大褂披了披。

王孟英盯着妻子的面庞，凝神地看了一眼，仿佛在说：这辈子，辛苦你了！

然后毅然转过身去，向着薄雾中走去。

在薄雾中，隐约显露的是无数的死神狰狞的面孔。

王孟英无所畏惧，消瘦的身躯挺得笔直，大步而去……

王士雄，字孟英，他从小体弱，家境贫寒，但是，他凭借自己心中的信念，扼住了命运的咽喉，最终成为一代温病大家，为中医理论的最终形成做出了巨大的贡献。他一生救人无数，但是自己却一贫如洗，人们在看到医案书中他谈笑风生、雷霆霹雳的时候，却很少有人了解他在背后却是忍饥挨饿、吃糠度日。在瘟疫来临的时候，他凭一己之力，向着世界上最凶恶的病魔——霍乱宣战，从病魔的手下抢救出了无数的生命。做医生若此，实在是一生无憾！

◎ 后记

北京，樱花东街。

老广酒楼。

那天，我的一些朋友来找我，我们在这里吃饭。

朋友们叫了一桌子的菜。

然后挨个问我，他们的身体适合吃哪个，哪个对他们养生最好。

这是这两年大家找我最主要的话题。

似乎大家突然关心起食疗来了。

于是我就开始介绍：这个茼蒿，是可以清心养胃的，可以利腑化痰，肥胖的人可以多吃点儿。那个竹笋，是可以升清降浊的，可以开膈消痰，但是中医认为是发物，手术后或者大病后的患者是不适合吃的……

介绍介绍着，一瞬间，我突然感觉有点恍惚了。

我似乎觉得，眼前的景物都开始模糊。

代之以另一幅画面：清冷的月光下，一个消瘦的老人，他的旁边，放着刚刚吃过一半的麸皮。

他用羡慕的目光，望着丰衣足食的我们。

然后，继续低下头，用毛笔写着一个食物又一个食物的食疗功用。

我的介绍，似乎都是在朗读着他所写的内容。

念着念着，在众人诧异的目光中，我的眼泪，缓缓地流了出来……

王孟英